光尘
LUXOPUS

阅读手册 ㊤

自主阅读

《育儿基本》作者

真心爸妈 著

新华出版社

图书在版编目（CIP）数据

阅读手册. 上 , 自主阅读 / 真心爸妈著 . -- 北京 ：
新华出版社 , 2024. 7.
ISBN 978-7-5166-7479-6

Ⅰ . G792；G782

中国国家版本馆 CIP 数据核字第 2024MC8123 号

阅读手册（上）：自主阅读
著者：真心爸妈
出版发行：新华出版社有限责任公司
（北京市石景山区京原路 8 号　邮编：100040）
印刷：北京中科印刷有限公司

成品尺寸：147mm×210mm 1/32　　印张：11　字数：220 千字
版次：2024 年 8 月第 1 版　　印次：2024 年 8 月第 1 次印刷
书号：ISBN 978-7-5166-7479-6　　定价：55.00 元

微店

视频号小店

抖店

京东旗舰店

微信公众号

喜马拉雅

小红书

淘宝旗舰店

扫码添加专属客服

终身学习现在几乎成为所有人的必需，未来更是如此。从小培养孩子的阅读能力，从而使他具备较强的学习能力，可以为他的终身学习打好基础。

——罗辑思维创始人罗振宇

帮助儿童拥有自主阅读能力是父母给他们的终身财富。在这件事上，徐老师伉俪做了很多探索，也有很多成功经验。他们的孩子阅读量惊人、知书达礼、乐于探索。他们的经验值得学习！

——帆书 APP 创始人樊登

真心爸妈是才华横溢的广告人、出版人，他们怀着为人父母的心，从专业角度出发，为大家献上了一本最全面的儿童阅读指南，从儿童阅读的方方面面为广大家长提供了构建孩子终身阅读兴趣的实用方法。相信从这本书里，大家都可以找到通过阅读让孩子幸福成长的秘诀。

——十点读书创始人林少

《阅读手册》是徐老师夫妇的倾心之作，全书围绕着"真正的阅读是自主阅读"这一核心理念展开，剖析了家长关于阅读应用的 4 个重要认知，提供了系统且易用的方法和技巧——引导孩子从小养成阅读习惯、掌握高效的阅读技巧、享受阅读乐趣，同时也解答了令很多家长困扰的问题——不同年龄段孩子阅读的注意事项、如何选书、男孩女孩阅读的区别、什么时候开始读名著等。《阅读手册》是真心爸妈多年在教育出版行业从业的智慧结晶，值得每个家长都好好读读。

——有书创始人雷文涛

目录

中篇　如何行动

关于阅读的常识

培养孩子的阅读能力成为父母的新挑战和新焦虑

父母如何帮孩子培养阅读能力？

作为成功让两个孩子都爱上阅读并享受阅读的父母、保持阅读习惯并信奉终身学习理念的成年人、家庭教育研究者，真心爸妈经常会被问到这个问题，也经常遇到因为孩子欠缺阅读能力而感到焦虑的父母：

为什么我带孩子读了那么多绘本，孩子上小学后却连读明白作业题都困难？

、

　　为什么我坚持做了那么多年"亲子共读"，却发现离开父母的伴读，孩子的阅读意愿、阅读能力、选书能力几乎为零？

　　培养孩子的阅读能力成了中国父母面临的一个新挑战，也在一定程度上成为一种新焦虑。

　　说它是挑战，是因为几乎所有父母在受教育阶段都没有上过正式的阅读课程，相当一部分父母原本也没有阅读习惯，不是成熟的读者，对"阅读到底是如何进行的""如何教会孩子阅读"这两个关键问题，并没有深入的思考和确切的答案。

　　说它是焦虑，是因为学校教育乃至整个社会都越来越关注孩子的阅读，如果不能参与这个热潮，把自己的孩子也培养成热爱阅读、善于阅读的孩子，父母们又不免有落伍和失责之感。这让阅读几乎成为和早教、英语学习并列的焦虑重点。

　　"阅读到底是如何进行的""如何教会孩子阅读"真的是新问题和新难题吗？

　　真心爸妈认为并非如此。

　　自孔子始，"做个读书人"的传统观念在中国已经延续了 2000 多年，阅读一直被视为一项有益人生的崇高活动。很多人在幼年、童年时代自然地开始阅读，并顺利成为成熟的阅读者。在学会阅读的过程中，他们并没有遭遇过严重挫折，更没有在多年努力后遭遇失败，其中绝大部分人也并不是都拥有一对学富五车且擅长教育的父母。

　　真心爸妈大约是在初中时爱上阅读的，迄今仍从阅读中受益无穷。相信像我们一样自少年时代起就享受阅读之乐的人都会认同：阅读能够非常自然地开始。

在我们的第一个孩子出生前，真心爸妈设定了一个目标：帮助孩子在三岁前爱上阅读。三年后，这个目标实现了。在第二个孩子出生三年后，这个目标同样实现了。现在，兄弟俩都已经是中学生，仍然在持续地阅读，并且因阅读而享受到更轻松、更有成就感的学习生活和更丰富的精神生活。

在培养两个孩子阅读能力的过程中，我们没有对孩子做任何刻意训练，也没有使用任何可能给他们带来压力的方式，一切都是在彼此合作的轻松氛围中自然地进行。整个过程对孩子和父母来说都是令人身心愉悦的享受，没有不快，更不是负担。

所以，我们坚信，培养孩子的阅读能力，不需要借助某种专业技能，孩子开始阅读并持续下去，也并不需要经过某种特殊训练。父母需要做的，只是遵从关于阅读的最基本的常识，让这件事自然而然地发生。

一旦将让孩子阅读视为"挑战"，家长就可能用力过猛；一旦培养孩子阅读能力令家长焦虑，家长就可能热衷某种过于刻意的训练。这两种状况，都可能让父母的引导偏离关于阅读的常识，破坏孩子的阅读活动自然发生和进阶的过程，让原本可以毫无困难地爱上阅读的孩子无法真正地享受阅读，错失成为一个终身以阅读为乐的阅读者的机会。

令人遗憾的是，这样的事情正在发生，并且广泛程度让人心痛。

回归关于阅读的常识

我们认为，大家需要这样理解阅读。

其一，阅读是一种良好的自然状态，并不神秘。

对一个真正的阅读者来说，阅读就像喝水、吃饭一样，都是再自然不过的事情。这种自然状态，包含我读、我想读、我会读、我持续读 4 个要素。

阅读是乐趣，不是任务。阅读者不需要他人驱动，即可开始阅读，不需要刻意准备，就可以进入阅读状态。阅读者想什么时候读就什么时候读，想读什么就读什么，想怎么读就怎么读，而且有熟练的阅读技术，读起来毫不困难。

其二，阅读是个人化的活动，需要由个人独立进行。

作为自我发展的重要途径，阅读，包括孩子的阅读，都是个人化活动，只能由个人不受干扰地独立进行。个人独立获得属于自己的阅读成果，才能真正实现阅读对个体的建构。

很多阅读培养机构和父母培养孩子阅读能力，常用"控制"和"灌输"替代"引导"。阅读活动被他人高度介入和干预，由此失去了对孩子的真正意义。

其三，阅读的作用在于帮助阅读者发展学习能力和建构人生。

阅读是人生大事。一个真正的阅读者会从阅读中获得两项人生助益：一是发展出更强的学习能力，既能取得更佳的学业成就，又能终身学习和成长；二是发展出独立建构自己的生活和人生的能力，获得更丰富的精神世界和更高品质的生活。

为某种具体的、功利的目标培养阅读能力，不但很难成功，而且即便有所进展，也只是将阅读这件美好的人生大事降格为用之即弃的工具。

基于这些常识，我们认为，培养阅读能力是为了帮助孩子逐步成为成熟读者。父母需要站在更高的视角，用更无为的方式，降低介入和干预程度，通过自然的方法和过程，帮孩子进入自然的阅读状态。包括：

1. 不把阅读与识字、写作文、提高学习成绩等功利性目标绑定，也不追求阅读成果的"速效"。

2. 把选书权和阅读权还给孩子，让孩子拥有读什么、什么时候读、怎么读的自由。

3.父母从阅读活动的主导者退回支持者和辅助者的角色，允许孩子享受属于自己的阅读乐趣，发展属于自己的阅读技术。在这个过程中，父母提供支持，但不施加控制。

概括起来，就是用"高自主、高合作"的方式，引导孩子自主阅读，让孩子能主动地读、自由地读。

"让孩子自主"是我们在第一本育儿手记《育儿基本：找到好方法，轻松做爸妈》（2017年出版）中提出的主张，基本原则是：

父母需要把孩子当成一个独立的个体，遵从"不断成长、充足陪伴、充分尊重、平等交流"四大守则，为孩子创造自己做主的条件，同时与孩子建立自主规则，培养和支持孩子学会自主生活、自主学习、自主阅读、自主发展良好情感和亲密关系。

"与孩子合作"是我们在第二本育儿手记《育儿基本2：与孩子

合作》（2018 年出版）中提出的主张，基本原则是：多施爱，少失控；多支持，少控制；多满足，少拒绝；多赋能，少施压；多赞美，少差评。"让孩子自主""与孩子合作"是我们在十几年育儿生活中一直坚持的理念和方法，它们帮助我们自己成为更温和稳定的父母，帮助我们培养出既高度自主，又与父母保持良好合作的两个孩子，也帮助孩子们在生活、阅读、学习、情感等方面顺利发展，让他们成为两个持续稳定成长的年轻个体。

所以，在这本书中，我们也特别愿意将自己的一些经验分享给关心孩子阅读培养的父母们。

关于培养孩子阅读能力的方法，有 5 个主要来源：

（1）前人的阅读经验；

（2）前人关于阅读的研究成果；

（3）我们自身的阅读经历；

（4）我们在培养孩子阅读能力的过程中的探索和发现；

（5）我们与数千位读者关于培养孩子阅读能力的讨论——在这些父母中，少部分成功帮助孩子爱上了阅读，他们和我们在理念和方法上有高度共鸣；大部分父母面临各种各样的困惑，以我们的浅见，这些困惑源于他们偏离了阅读的常识。

在研究家庭教育的过程中，我们也发现，对作业、阅读、学习成绩、升学、亲子关系等问题感到无比焦虑的父母，常常正是偏离阅读常识的父母；轻松胜任角色的快乐父母，不过是理解、尊重阅读常识的父母。

所以，我们希望本书既是一本帮助父母学习如何培养孩子阅读的技术之书，也是一本普及阅读常识的理念之书。

这本书能够为你提供的帮助

谈到培养孩子学会并爱上阅读时，太多声音都在讲"要对孩子做什么"，其中包含一个基本假设：如果父母不对孩子的阅读积极地做点儿什么，孩子就不想读也读不好。

我们的观点是，父母对孩子的阅读生活介入太多，很可能产生负面作用。父母从主导者退回支持者和辅助者的角色，然后基于这个新定位，充分做好曾经被严重忽视的那些工作，才能真正引导孩子爱上阅读。

我们将讨论"父母如何帮孩子培养阅读能力"，厘清"阅读到底是如何进行的""如何教会孩子阅读"，分析为什么被极度推崇的亲子共读和绘本阅读没有也并不能带来很多父母期待的效果。

这本书无法为你提供某些具有"奇效"的方法——我们也很怀疑这些方法是否真的存在，但将尽力提供基于常识并且在家庭中很容易操作的方法，支持各位父母在日常生活中自然轻松地帮助孩子爱上阅读。

在上篇中（第一章至第四章），我们将与你讨论父母培养孩子阅读能力的相关理念，包括真正的阅读是自主阅读，阅读对孩子的价值在于发展学习能力和建构人生，父母对书的基本认知。

在中篇中（第五章至第十章），我们将分享父母培养孩子阅读能力的具体方法，包括如何引导三岁前的孩子开始早期阅读，如何把选书权交给孩子，如何帮孩子享受阅读，如何帮孩子发展阅读技术，以及父母在这个过程中应该扮演什么样的角色。

在这部分的最后一章，我们将讨论亲子共读——它被很多父母视为培养孩子阅读能力的必经之路、唯一途径。我们会分析为什么亲子共读做了那么久，孩子却根本没有爱上阅读，阅读能力依然很差。我们还会分享如何从亲子共读过渡到自主阅读。

在下篇中（第十一章至第十五章），我们将与你讨论培养孩子阅读能力的过程中一些重要的选择和可能进入的误区，包括绘本该读到什么时候，什么时候开始读名著，培养孩子阅读能力是否需要区分性别，阅读与识字如何互相促进，为什么阅读与写作适度剥离更有益于孩子阅读能力和写作能力的发展。

在阐述自主阅读理念和方法的同时，我们也将适时讨论目前儿童阅读的现状呈现出的一些明显的偏颇之处，以及这些偏颇如何影响孩子自主阅读的进行和阅读能力的提升。包括：

以高介入、高干预为特征的亲子共读（第十章）；

对绘本阅读的过度重视（第十一章）；

以"给孩子讲书"替代儿童自主阅读（第九章）；

以"给孩子听有声书"替代儿童自主阅读（第四章）；

要求孩子"指读"，包括"指读阅读"（第八章）、"指读识字"（第十四章）；

将"朗读"等同于阅读，包括"让孩子朗读"（第八章）和"给孩子朗读"（第十章）。

我们的讨论将尽量具体、平实，给出的建议也将最大限度地贴近日常生活并具有可操作性，如果这本书能帮助你放下对培养孩子阅读能力的焦虑，解开一部分困惑，掌握有建设性但不施压、不产生副作用的方式，帮助你引导孩子自然地开始阅读并逐渐成长为一个真正的阅读者，那将是我们最希望看到的事。

此外，这本书由真心爸爸徐智明、真心妈妈高志宏合作完成，书中可能使用"我""我们"，除非特别声明，"我"和"我们"都指代两人；我家大儿乳名天真，小儿乳名开心，所以提到我们家时，我们可能使用"真心家"的说法，特此说明。

谢谢你打开这本书，让我们一起踏上将孩子培养成终身阅读者的旅程。

理念
准备

第一章

真正的阅读是自主阅读

我每天会在社交媒体上见到很多条晒"孩子正在阅读"的消息，这些消息都来自热心培养孩子阅读能力的父母，消息的模式几乎都是孩子正襟危坐地捧着一本书的照片或者视频，再配上一条"阅读宣言"：

> 我是×××小学（幼儿园）的×××，正在参加阅读打卡活动，今天是我坚持阅读的第××天。我要养成良好的阅读习惯。今天我养好习惯，明天好习惯养我。

孩子们这样的阅读状态让我觉得特别可惜，因为它离真正的阅读实在太远，一个成熟的阅读者不会有这样的状态，真正热爱并享受阅读的孩子也不会有这样的状态。

除了"阅读打卡"，人们谈论儿童阅读时，还频繁使用另外几个关键词：绘本阅读、亲子共读、朗读、指读。一些父母和阅读培养机构相信，儿童阅读就是绘本阅读，并且需要以亲子共读（包括伴读、讲读）的方式进行；一些父母在信奉绘本阅读、亲子共读的同时，还认为孩子阅读需要逐字逐句地朗读以避免丢字落字，或者需要在书籍页面上逐字指读以帮助识字。

这些现象构成儿童阅读的大部分现状，吸引父母们带着孩子投入其中，以至于一个至关重要的问题几乎被热热闹闹的"流行"理念完全屏蔽：

当我们谈论培养孩子阅读能力时，我们所说的"阅读"到底是指什么？

一、什么是阅读？

中文词典用"看（书报等）并领会其内容"解释"阅读"的字面意思；认知心理学家用神经元、编码、提取、意义等专业词汇解说阅读行为中的心理机制，将阅读解释为通过视觉接收文字、图表、公式等形式的符号，通过大脑进行吸收、加工，以理解符号所代表的意思的过程。

在这两者之间，当我们在日常生活中使用"阅读"这个词来讨论人类的阅读行为时，又极少界定自己所说的"阅读"到底指的是具有哪些特征的行为。大家似乎默认彼此使用的是完全相同的含义，但事实上，彼此差异极大。

比如，如果将"朗读"视为一种重要的阅读行为，就暗含了"读出声音"是常规、普遍的阅读形式的含义。但作为人类重要的获取信息的方式之一，阅读的常规形式是不出声也不"唇读"的默读。

如果认为"指读"是儿童阅读必要的辅助手段，就暗含了为学会阅读，需要从指读开始。但事实上一个人阅读时手指需要在页面上逐字移动是"阅读困难症"的表现之一。

认为孩子参与"亲子共读"就是他在阅读，更是偏离阅读的自然状态的想法。因为如果说一个人在阅读，通常指的是"他自己"在读。

所以，讨论如何培养孩子阅读能力，极有必要首先厘清我们所说的"阅读"的确切含义。

真心爸妈认为，阅读是通过阅读材料获取信息的过程，但并非用任何方式通过阅读材料获取信息的过程都是真正的阅读。当我们谈论一个孩子或者成人有阅读习惯、热爱阅读时，其实是特指：

（1）他本人独立、自由地从阅读材料中获取信息，不借助他人的陪伴、讲解、转述，就是"我读"。

（2）他有强烈的阅读意愿，非常乐于进行阅读活动，不需要由他人驱动或者监督，就是"我想读"。

（3）他能自己选择阅读材料、掌控阅读过程，并能从多种类型的阅读材料中获取信息，而不局限于某一固定类型的读物，就是"我会读"。

（4）他能相对长期地进行阅读活动，并从中持久受益，就是"我持续读"。

人们在儿童阅读的范畴之外谈论阅读、阅读的价值、阅读之美时，所指的都是这种状态的阅读，它也是成熟读者阅读时的自然状态，也就是我们所说的"真正的阅读"。

儿童阅读自然不应与这种状态割裂。阅读打卡、亲子共读、绘本阅读、朗读、指读，很大程度上都偏离了阅读的本意。一个孩子的阅读活动如果从不主动、不自由、被陪伴、被监督、被灌输、被训练开始，就无法顺利发展成真正的阅读。

在讨论培养孩子阅读能力时，为与儿童阅读的大部分现状相区分，真心爸妈将这种状态称为"自主阅读"——由一个人独立进行、自主掌控的主动阅读活动，包含我读、我想读、我会读、我持续读4个要素。

我们将在本书中讨论的"阅读"，指的是"自主阅读"；将在本书中讨论的培养孩子的阅读能力，是指"帮助孩子学会自主阅读"。

二、我读：个人化的自由阅读

对于一位真正的阅读者来说，阅读是纯粹按照自己的意愿进行的、自由的私人活动——由他本人亲自进行，他想读什么就读什么，想什么时候读就什么时候读，想怎么读就怎么读，不需要别人陪伴，不需要向别人报备，不需要由别人讲解、转述，他独立地从阅读中获得收获，他的收获也无须由别人评判是否够多、够好。

1. 读者的权利

法国当代作家达尼埃尔·佩纳克在他的阅读随笔集《宛如一部小

说》中，用10条"权利"精准地概括了阅读的这种个人化的自由状态：

（1）不读书的权利；

（2）跳页读的权利；

（3）不读完整本书的权利；

（4）反复阅读的权利；

（5）什么都可以读的权利；

（6）沉浸书中想入非非的权利；

（7）在什么地方都可以读的权利；

（8）粗略翻阅的权利；

（9）大声朗读的权利；

（10）不必为自己的品位辩护的权利。

一个成熟的阅读者也会在长期的阅读实践中发展出自己的阅读技术，他知道自己想怎么读，也知道自己能怎么读。

有人喜欢做大量卡片，有人从不做卡片；有人每读一本书都做读书笔记，有人从不做笔记；有人喜欢给读过的书写书评，有人酷爱读书但从来不写书评；有人喜欢自己默默享受好书，有人喜欢把阅读所得与他人讨论、分享；有人读书时喜欢咬文嚼字，有人读书时喜欢一目十行……这些都是阅读者自己的阅读技术，也是他们各自的阅读自由。当感到有需要时，一个成熟的阅读者也会主动学习新的阅读技术，但没有人可以逼迫他们去学习什么"必备"的方法。

2. 没有阅读自由的孩子

一个成人读者得到这样的权利毫无困难，因为他会本能地捍卫自己的这些权利，也有能力抵抗来自他人的干涉，而且大部分成人也懂得，贸然干涉甚至批评他人的阅读是失礼、冒犯的举动。

但我们的孩子要获得一个读者的权利、要保护自己的阅读生活，让阅读成为完全基于自己意愿的个人活动，会困难得多。

孩子还小的时候，很多父母认为，孩子不识字就看不懂书，一定要父母给朗读或讲解才能阅读。孩子由此失去了自己阅读的权利。等到孩子自己能读了，很多父母又认为孩子自己读会"读得不好"，总是试图介入孩子阅读的各个流程——

为孩子选书：这本好，你该读这本；那本不好，你不要读。

为孩子做计划：我们今天读这本，明天读那本。

为孩子定目标：我们这学期要读完这些。

为孩子规定阅读的"标准动作"：你要做笔记、摘抄好词好句、写读后感；你要专注读完一本书，不能三心二意；你要读得快点，好提高效率；读书时你要把心思放在书的内容上，不能想东想西……

控制孩子的阅读收获：这本书讲的是这个，你这么理解才对，我来给你讲……

孩子由此又失去了决定"读什么"和"怎么读"的权利。

父母希望借助这些指导、监督、审视、批评，为孩子打造父母理想中的阅读生活，但直接的结果常常是孩子把阅读当成了父母布置的"作业"。

3. 父母对孩子的控制和物化

高度介入和干预孩子的阅读生活源于控制孩子的欲望。在"我都是为你好"的旗号下，父母对孩子的控制几乎无孔不入——时时刻刻都会介入孩子生活、学习的方方面面，随时都能找到孩子需要"纠正"之处，也自认为有天然的权力去纠正它们，孩子的阅读自然也不能幸免。

我们通过大量关于阅读的个案咨询发现，不少父母对孩子阅读生活的介入和干预，已经完全达到把孩子当成无知无觉的物品的程度。

有的父母要求不满 1 岁的孩子听大人讲书时一动不动；有的父母将孩子送去声称训练孩子 1 分钟读 10000 字还能记住 80% 的阅读培训班；有的父母只要孩子醒着，就打开各种有声读物让孩子"磨耳朵"；有的父母坚持反反复复地把一本十几页、几百字的图画书给孩子讲上一个月，以让孩子"读透"它……

父母们不但把孩子当成可以随意输入的"阅读容器"、随意设置的"阅读机器"，还会随时监控孩子的阅读状态和阅读效果。只要觉得孩子的阅读状态不佳——读得太快或太慢、丢字落字、走神等，他们都要批评、干涉，只要认为孩子阅读效果不佳——记不住、说不上来、作文不好、不会做语文考试的阅读理解题目，他们就要想方设法寻找更"快速"、更"高效"的办法来训练孩子。

孩子是独立个体，阅读是直接帮助孩子构建精神世界的活动。父母毫无节制地左右孩子的阅读，已经不是培养孩子，而是摧毁孩子。既不能期待孩子能从阅读中获得真正属于自己的收获，也无法期待孩子因此爱上阅读。

三、我想读：兴趣和心流驱动的主动阅读

阅读意愿由两种重要的心理机制驱动，一是兴趣，二是心流。兴趣激发最初的阅读意愿，心流促使阅读者乐于持续地高度投入阅读。

1.兴趣激发阅读意愿

兴趣是一种激情，关于这种激情的力量，积极心理学家克里斯托弗·彼得森讲过一个小故事：

> 有一位三十来岁的男士，是高中教师，已婚并有一个小孩。
>
> 每次别人问他："杰克，你是做什么的？"
>
> 他永远回答："我是打二垒的。"
>
> 其实他打棒球和垒球的水平都很一般，连高中校队都没进过，能打的不过是小孩子们玩的那种小规模的棒球赛。但令人不解的是，他就是对打二垒抱着狂热的激情，坚持认为自己是个二垒球手。

彼得森认为，这就是兴趣，它是一种激情，是每个人美好生活的一部分。兴趣不一定需要很高的能力，也不一定要朝更有能力的方向发展。它就是做这件事的激情，和做好做坏毫无关系。

关于兴趣，积极心理学家有一个重要判断：真正的兴趣让人快乐，或者换句话说，能给人带来快乐的事，人们才有兴趣去做。虽然人们的兴趣千差万别，但做有兴趣的事给人们带来的快乐是一样的。喜欢

阅读的人，从阅读中获得的也是同样的快乐。

谈到兴趣，父母经常会自动关联一个词——坚持。比如，给孩子报了兴趣班，结果孩子上了一阵子不想去了，到底要不要让孩子坚持？但真正感兴趣的事，用不着"坚持"。如果兴趣班真的是孩子的兴趣，他喜欢得不得了，会巴不得多去几次，哪里用得着说服他坚持？当一个"兴趣"需要"坚持"时，它已经变质了——不能让人感到快乐的兴趣，根本就不再是兴趣，它会变成任务，变成压力，甚至变成痛苦。亲子关系中的不少矛盾，都来自父母坚持让孩子去学习他根本就感受不到快乐的"兴趣"。

让孩子做"阅读打卡"也是一例。我在绝大部分阅读打卡的孩子脸上，看不到一丝愉悦的神情。一个对阅读感到快乐的孩子，更常见的表现是抱着他心爱的书，舒舒服服地或趴或坐，读得津津有味，有时还自在地跷着脚丫。这样的孩子，不需要阅读打卡。而需要通过打卡来坚持阅读的孩子，需要的也不是打卡，而是与阅读兴趣相遇。

说到兴趣，父母还常常关联到另外两个词：激发、培养。

激发——孩子不知道他自己的兴趣是什么，父母帮他找到一项，让他开始学习，说不定孩子的兴趣就会被"激发"出来。

培养——孩子的兴趣是需要培养的，大人不着力地刻意培养，孩子就发展不出任何兴趣。

积极心理学认为，兴趣确实可以激发和培养，但不是在它产生之前，而是在它出现之后。激发和培养兴趣的目的是帮助它发展，不是促使它产生。一个人的兴趣由内部动机引发，也就是"自发"，父母无法把一个兴趣强加给孩子，让他发自内心地当成自己的兴趣。你不可能让一个对汽车玩具毫无兴趣的孩子发展成汽车小专家，也不可能让对音乐毫无兴趣的孩子狂热地爱上练琴，除非有某种契机激发了他的内部动机。

克里斯托弗·彼得森在《积极心理学》中讲到了他自己如何成为心理学家的故事。

他最初的专业是航空机械，但他觉得专业课程非常无聊，倒是发现选修的心理学课程很有意思。这时，他遇到了一个激发这个兴趣的因素，"那位在讨论课上的助教老师是一位沉迷于心理学的天才，这也极大地激发了我对心理学的兴趣"，于是他转到了心理学专业。

他同时讲到了能够帮助兴趣发展的方式，包括支持、鼓励、讨论、分享、认同、肯定，等等，全部都是积极的方式。这些方式不会削减兴趣带来的快乐和成就感，不会把兴趣变成任务或者压力，也不会具有强迫性。

父母在激发和培养孩子的兴趣上遭受挫折，常常有两个原因：

一是认为孩子的兴趣能无中生有，总想"积极地"做点儿什么，引导孩子对父母认为他应该学的某样东西产生兴趣；

二是采取了消极的方式激发和培养，比如发现孩子对什么事有兴趣，马上给他报个班去"学习"，要求孩子在有兴趣的事上快速表现出能力的提升并快速做出某种成绩，在孩子对这个兴趣已经倦怠时，还要说服或者强迫他坚持。

这其中最典型的就是孩子阅读兴趣的培养。

孩子对阅读产生兴趣的契机，通常是在书里读到什么好玩的事，然后想读到更多的时候。为了帮助这个契机及早出现，父母需要及时为孩子引入适龄读物（从小婴儿时期即可开始），让他有机会尽早与阅读相遇，让最初的阅读活动以令孩子快乐的方式开始，不带有任何强迫意味。

要在这个契机出现之后帮助孩子继续保持、发展兴趣，父母要在孩子还小的时候就为他准备充足的读物，让孩子随时有条件到书里去发现"好玩的事"；孩子稍大点后鼓励和支持他根据自己的兴趣自由选择读物；在孩子谈论从书中读到什么时，积极参与，听他分享，和他讨论。

2. 心流体验带来高度投入

重视"培养孩子阅读习惯"的父母都希望孩子在有了好的"阅读习惯"之后，能达到会主动阅读、能长时间专注阅读的状态，却常常发现努力很久，孩子仍然是大人不督促就根本不想看书，或者即使勉强"听话"地开始看书，也心不在焉、无法投入。

孩子之所以如此，很可能是因为他在之前的阅读活动中，从未体验到"心流"。

心流理论是积极心理学家米哈里·契克森米哈赖在他的经典著作《心流：最优体验心理学》（以下简称《心流》）中提出的。心流指人们在做某些事情时，那种全神贯注、投入忘我的状态，在这种状态下，你甚至感觉不到时间的存在，事后，你会有一种充满能量并且非常满足的感受。

这是一种心理上的最优体验，一旦你享受过它，就会有上瘾般的感觉，让你不断努力去重复获取这种体验。爬山、游泳、打球、玩游戏、阅读、演奏乐器、工作、学习，对很多人来说都是典型的心流活动。

我上高中时，特别喜欢钻研数学题，每次碰到难题，都会一头扎进去，做上一两个小时，直到做出来为止。而我的同桌数学成绩优异，好多我觉得困难的题目，她都能飞快地做出来。

每次见到我满脸痛苦地一次次尝试各种解法，她就打断我："别做了，别做了，我告诉你啊，用我这个方法，两分钟就做出来。"但每次我都拒绝她的"好意"。

之前很多年，我都认为当时拒绝同桌的帮助，是"面子"问题，但又不是特别确定，因为每次做题的过程虽然相当痛苦，但千辛万苦做出来之后的感觉却又轻松又快乐，觉得哪怕再花上两小时，也是值得的。下次遇到难题，我还会一样努力去做。

直到读到《心流》我才明白，花一两个小时去做出一道题就是典型的心流体验。我至今仍然特别享受这种体验，比如某个阶段比较忙，我会说："最近真是忙死了，我得减少工作量。"然后，新工作来了，我马上又兴奋起来："不错，不错，这样的工作我喜欢！"

米哈里·契克森米哈赖发现心流与 8 种元素相关。一般人回想最积极的体验时，至少都会提及这些元素中的一种。这 8 种元素是：

（1）面临一份可完成的工作；

（2）能够全神贯注于这件事情；

（3）这项任务有明确的目标；

（4）这项任务有即时的反馈；

（5）能深入而毫不牵强地投入到行动之中；

（6）充满乐趣的体验使人觉得能自由控制自己的行动；

（7）进入"忘我"状态，但心流体验告一段落后，自我感觉又会变得强烈；

（8）时间感会改变——几小时犹如几分钟，几分钟又可能带来像几小时那样丰富的体验。

他认为，正是这些元素"结合成一种深刻的愉悦感，带来无比的报偿，并扩展成极大的能量，仅是感觉它的存在就已经值回'票价'"。

我在自家孩子身上经常观察到这样的现象。

小儿子六年级时，有一次要做一个研究性学习项目，他选了共享单车。共享单车的话题有各种思考角度，对一个六年级的小学生来说，实在是难了点。他自己却不觉得，周六一大早，就开始上网收集各种数据，然后又对爸爸妈妈做访谈，问我们如何看待共享单车的投放量、共享单车被毁的现象，等等，最后足足花了5个小时，完成了一篇有数据、有观点、有分析的研究报告。他自己开心地松了口气："真是不容易呀！"

他们在阅读生活中也经常有心流体验。比如遇到特别喜欢的书，他们可能会把自己关在房间里，好几个小时专注于看书，看完了之后，又会特别兴奋地跑来和大人分享、讨论，有时还会把书中的故事，花上很长时间给大人复述一遍。

其实，孩子在各种自然的、不被打扰、不被控制的活动中，经常会体验到心流。心流甚至在孩子还很小的时候就会出现。比如搭一组积木，专心致志、不被打扰地搭上好一会儿，然后享受"搭好了"的喜悦；比如自己翻一本图画书，想象其中的故事，假装和人物对话，几分钟或者十几分钟后从书里出来，会觉得好像是离开眼前的世界，到另外一个时空体验了一次愉快的旅行……

这些积极体验会一点点地在孩子的内心存储下来。之后某一次，他学会解一个新类型的数学题、读完一本新书、完成一项学习任务，感到特别愉悦，他会马上意识到，这是我小时候经常体验到的感受，我喜欢它！

孩子能从阅读和学习活动中频繁地体验到心流，学习和阅读就都会成为他特别乐于高度投入去做的事，而不再是父母要求的"任务"。

但一些父母会经常不自觉地做出影响孩子体验心流的事，比如孩子用心搭建积木，大人会去打扰他，好心地提供帮助或者指导；孩子想看书，大人却认为只凭他自己，根本看不明白，需要大人逐字逐句、掰开揉碎地讲给他听；孩子想在睡觉前看书，大人却觉得睡前看书没有效率，非得找个其他时间，去培养孩子"定时阅读"的"好习惯"；孩子想自己尝试某个小任务，大人却告诉他"你做不好"……

孩子在日常活动中经常被打扰、强迫和否定，就很难从这些活动中体验到心流。如果父母从孩子小时候起就建立起不停"管"孩子的模式，这个模式又会自然延续到孩子上学之后，影响孩子在学校学习中体验到心流。

一些父母认为，阅读、学习等事关孩子成长的事都是辛苦的事，非得大人督促着来做。但对能从中体验到心流的孩子来说，它们不仅不辛苦，还特别令人愉悦，可能存在的辛苦对他们而言都是享受。

父母真正要做的是从一开始就为孩子创造能让他沉浸其中的条件，帮助孩子获得心流体验，从而使他愿意高度投入，而不是执着于训练孩子形成某种"习惯"，然后因为"习惯了"，而能够忍受辛苦和痛苦。

所以，我们培养孩子阅读能力，并不是要对孩子做"阅读行为习惯训练"，而是帮孩子与阅读兴趣相遇，体验到因阅读而产生的心流。唯有如此，孩子才能由自己内在的阅读意愿驱动，乐于主动阅读，进入"我想读"的状态。

当然，在这本书里，你也会多次遇到"阅读习惯"的说法，请理解，当我们使用它时，都包含"热爱阅读且享受阅读"的含义。

四、我会读：凭借个人阅读能力进行的有效阅读

一个真正的阅读者，有属于自己的阅读能力，能完全凭借自己的能力进行有效的阅读——选择阅读材料、掌控阅读进程，阅读多种类型内容并从中获取充足信息，达成有效理解，而且他的阅读能力还会随着阅读实践的积累而不断提升。

儿童阅读也需要经历培养和提升阅读能力的过程，最终达到能完全独立地阅读适龄读物的水平。

孩子阅读能力的第一个考验会出现在小学一年级。正常听课之后，孩子能不能读懂与课程相关的课本内容、作业题目、试卷题目、阅读理解材料，会直观反映出孩子的阅读能力。如果这些都读不明白，孩子的阅读能力就很值得忧虑；如果这些能读得明白、理解清楚，就说明孩子具备了这个年龄段需要的基本阅读能力。

但是，当我们说孩子会不会阅读时，所指的并不仅是他是否具备学校学习所需的基本阅读能力，而是作为一个阅读者的必备能力。

1. 选择读物的能力

一个真正的阅读者一定有能力自己选择读物。他知道自己想读什么，能把它们从众多读物中识别出来；他具有识别读物品质的能力，能从众多读物中选择品质更好的读物；同时，他还能判断不同读物之间的相关性，以不断延伸阅读。

作为未来的成熟读者，孩子的阅读能力培养，当然也包括读物选择能力的培养，一个父母给什么就读什么、父母不帮着选就不会选的孩子，是谈不上阅读能力的。

2. 掌控阅读进程的能力

一个真正的阅读者有能力自主掌控阅读进程。他有时读得快，有时读得慢；有时精读，有时泛读；有时中途放弃，有时又会把读过的某本书重读一遍。把读物从头到尾"读过"一遍并不是他的阅读目标，他想要的是"读到"，或者是获取他认为足够多的信息，或者是达到他想要的理解程度。总之，他有能力决定自己怎么读。

儿童读者既需要有决定自己怎么读的自由，也需要有决定自己怎么读的能力。从这一点上来看，由父母监督、陪伴着"共读"的孩子，既会失去这种自由，也会失去发展这种能力的机会。

3. 阅读新内容读物的能力

一个真正的阅读者不但能阅读熟悉领域的内容，也能阅读以前没有接触过，但是对他来说并不艰深的内容，儿童读者也是一样。

孩子阅读新内容读物的能力并不难识别。比如一、二年级的孩子到一般公共场所，能不能读明白一些较长的提示；小学高年级的孩子，能不能读报纸新闻。

不少孩子只习惯于读课本、老师给指定的读物、父母给准备的绘本或故事书，很少接触新内容读物，对新内容恐惧且抗拒，也少有兴趣去读。而且他们即便读了，也读不明白，这其实也是阅读能力明显欠缺的表现。

4. 阅读多种文本符号的能力

一般说起阅读，父母们马上想到的是"读文字"。但阅读材料并不仅仅由文字符号构成，带有图片、表格、流程图、思维导图等内容的文本也很常见。一个真正的阅读者，有能力阅读文字之外的多种常见文本符号，或者即便他暂时读不明白，也能很快学会如何阅读。

阅读多种文本符号的能力，不但是孩子进行广泛阅读必备的能力，也是孩子学校学习必备的能力。因为除了语文课本外的其他课本，一般都包含表格、示意图等多种文本符号。如果孩子只能阅读文字，学习学校课程就会备受限制。

阅读多种文本符号的能力也不难识别。比如小学生能不能读懂以前没见过的简单示意图、简单表格、家用电器操作指南之类的内容；初中生能不能读懂稍复杂的科普图表、流程图、思维导图等。如果孩子阅读文字之外的文本符号不感到困难，遇到感兴趣的多文本符号读物，能很有兴致地读下去，说明孩子这方面的阅读能力较强；反之，如果孩子一见到图表就害怕，说明孩子这方面的阅读能力亟待加强。

5.阅读多种文体、多种风格读物的能力

一个真正的阅读者，还有能力阅读多种文体、不同风格的读物，能读小说、散文、诗歌、戏剧等文学作品，能读新闻消息、传记、回忆录等纪实性强的作品，能读政论、评论、序跋、杂文等议论文，也能读广告、说明书、提要、提示、章程、解说词等说明文。更高水平的阅读者，还会具备阅读逻辑严密、语言严谨甚至艰深的学术论文、学术著作的能力。当然，儿童阅读者并不需要马上具备这样的能力，但也不能只囿于某种单一类型的文体，需要逐步发展阅读多种文体的能力，否则也是阅读能力不足的一种表现。

孩子的文字阅读通常会从简短的叙事性文体，即百字以内的小故事开始，很多绘本都是这样的小故事。

做广泛的自主阅读的孩子，会很快接触到不同类型的读物。除记叙性强的故事、绘本，还有说明性更强的科普读物、社科读物。此外，孩子也能涉猎一些抒情性强的作品，如散文、诗歌。在生活中，通知、书信等应用文也会进入孩子的视线。

但是阅读面比较狭窄，而且主要依赖亲子共读的孩子，接触多种文体的机会则少得多，很可能只会读小故事，不会阅读故事之外的任何文体。

父母通过日常生活中的观察，就可以大致了解孩子阅读多种文体的能力。比如，对小学低年级的孩子，我们可以观察他能不能很快把语文课上新学的小诗读得朗朗上口，他会不会饶有兴致地看楼梯口的物业通知单并跟大人转述；对小学高年级和初中的孩子，我们可以观察他能不能读话题比较熟悉的评论性文章、分析性文章，内容比较浅

显的科技文章，还有长短篇小说，等等。此外，孩子日常使用的词汇量、学会使用新词汇的速度、能阅读的读物的篇幅、常读读物的每页字数和全书页数、能读懂的句子的长度和复杂程度等，也都可以作为父母观察孩子阅读能力的参考信息。

就我们的了解，目前的儿童阅读普遍偏向虚构类读物，通常从绘本、童话故事开始，接着向儿童文学作品、经典文学名著发展，而非虚构类读物的阅读量明显不足，这导致不少从小被培养阅读能力的孩子，阅读其他类型读物的能力严重不足。比如很多小学低年级孩子都不会读包含比较多知识点的百科类图书，很多小学高年级和初中的孩子不能读表述严谨、逻辑性强、风格偏向理性的文章。这种状况，既会导致孩子阅读的收获很有限，也会影响孩子真正的阅读能力的发展。

总之，会阅读的孩子，会善于阅读多种内容、多种文本、多种文体、多种风格的阅读材料，而不仅仅是课本、作业题、试卷中的阅读理解类题目；不会阅读的孩子，则既不善于读学校课程之内的阅读材料，又不善于读学校课程之外的阅读材料。

如果孩子整体阅读能力不足，即便能通过在学校的训练，学会阅读课内和考试中的阅读内容，当他接触新内容、新形式、新风格的阅读材料时，依然会感到困难。

当然，父母观察和分析孩子的阅读能力，并不是为了给孩子贴"会阅读""阅读能力强"或者"不会阅读""阅读能力不强"的标签，而是为了了解孩子阅读能力的真实发展水平，以帮助孩子提升阅读能力，让孩子在学校课程内外，都能凭借个人阅读能力进行有效的阅读。

五、我持续读：真正的阅读是可持续一生的活动

真正的阅读，作为一种完全由个人兴趣驱动的、带来心流享受的、自由的私人活动，会从生命较早阶段的某一个契机自然开始，然后持续一生，一直充满魅力。

一个成熟阅读者的阅读旅程，自然会包括阅读技术及阅读能力的进阶、阅读视野的拓展、阅读内容的丰富、阅读兴趣的迁移等阶段，但此时的状态和未来的状态之间，不会出现突然的"断裂"。今天从阅读活动中习得的技术、能力、经验未来仍然可用，只会进步，不会被淘汰。

父母培养孩子阅读能力也需要着眼于此，让孩子幼年、童年、少年时代的阅读活动成为他一生的阅读生活的良好开端，并成为可持续一生的阅读活动不可分割的组成部分。

今天我们引导孩子使用的阅读方式、学会的阅读方法，应该在未来仍然可以被孩子用于他的阅读生活；今天帮助孩子认知的阅读理念，应该不与他未来需要认知的阅读理念相冲突；今天的阅读活动，不应该成为他未来阅读发展的障碍；今天培养孩子阅读能力的目标，应该是帮助他逐渐成长为真正的、成熟的阅读者，而不是让他在此后的人生中都不想阅读，甚至厌恶阅读。

但相当多在培养孩子阅读能力的父母并不曾着眼于孩子的持续阅读。他们更关注的是孩子在几岁之前读了多少本书，亲子共读已经坚持了多少天，为孩子"讲读"了多少本书，为培养孩子阅读能力花了多少时间、做了多少经济上的投入，却鲜少关心孩子能否在未来的成长中，一直热爱阅读，把阅读当成享受而不是任务。

于是，我们会经常看到孩子阅读生活中的"断裂"现象。

第一，阅读者角色断裂，无法进入和保持"我读"的状态。

很多孩子都是在父母的陪伴、督促下，一直"扮演"一个阅读者的角色，但从未明白阅读是自己的事，从未成为真正自主的阅读者，从未进入"我读"的状态。等到父母希望自己"功成身退"、孩子开始自主阅读时，阅读者角色的断裂就会显现出来——孩子根本不知道没有父母的陪伴、督促，阅读该如何进行。

第二，阅读意愿断裂，无法保持"我想读"的状态。

很多孩子每天都要求父母给读书、讲书，而且读得太少不行、讲得太短不行，由此，父母们会非常高兴地认为，孩子阅读意愿强烈、阅读兴趣浓厚，特别喜欢阅读。但实际上，这些孩子只是喜欢"听"而已，或者只是希望借由"阅读"这种在父母看来非常重要的活动，更多地享受到父母全心全意的陪伴，他们根本就不想自己拿起一本书来读。

但孩子并非天生如此。每个孩子在一两岁时都对探索外部世界有浓厚兴趣，书也是他们探索的对象之一，他们想尝试自己翻书、自己看书。但父母常常认为，没有大人帮忙，孩子根本就读不懂，于是从一开始就深度介入孩子的阅读活动，不知不觉中，孩子的"我想读"就会变成"我想听你给我读"。

第三，阅读能力断裂，无法达到"我会读"的状态。

很多一直在"培养孩子阅读习惯"的父母，并未关注过孩子阅读能力的发展，他们关心的是孩子是否"在读"，而不是孩子是否"会读"，是否"越来越会读"。

一直"在读"的孩子，一部分因为根本不是在自己读，几乎没有发展出阅读能力；一部分因为长期只读绘本等对阅读能力要求不高的读物，阅读能力的发展大受限制。两种情况造成一个共同的结果，就是当孩子需要运用属于自己的阅读能力独立完成阅读时，阅读能力的不足就暴露无遗。

很多一直在进行亲子共读的孩子，上学后却连最简单的数学题目都读不懂，很多一直读绘本的孩子，迟迟不能开始阅读绘本之外任何其他类型的童书，都是典型的阅读能力断裂，而且这样的具体实例比比皆是。

第四，阅读活动断裂，无法达到"我持续读"的状态。

阅读者角色、阅读意愿、阅读能力断裂的结果，是阅读活动的最终断裂——孩子的阅读活动在某个阶段停滞下来，进而慢慢停止，再无进阶和持续。

有的孩子是在父母不再陪他进行亲子共读时停止阅读，有的孩子是因为无法从阅读绘本过渡到阅读纯文字书而停止阅读，有的孩子则干脆因为父母对于阅读活动的过分控制而厌恶阅读。

在我们看来，断裂的原因，主要在于父母阅读培养理念和方法的偏颇与失当，本书也将在相关部分具体分析这些理念和方法的失当之处。

让孩子在阅读过程中遭遇断裂，可能比根本就没有开始培养孩子阅读能力更糟糕。从未被如此培养的孩子，还可能在未来的某一阶段、某个契机，通过"自学"和自然的过程，开始真正的自主阅读生活，而由父母采用失当的理念和方法培养的孩子，重拾阅读时则需要首先摒弃经年习得的错误做法，这比完全从零开始更困难。

第二章

阅读如何帮助孩子发展学习能力

为什么我的孩子读了这么多书，还是写不好作文？

与小学生父母讨论孩子的阅读，真心爸妈经常遇到这样的提问。还曾有读者发来儿童阅读培训机构的广告，广告大意是：

培养孩子的阅读能力和习惯就是为了提升孩子写作文的能力；任何宣称阅读不是为了写作文的，都是欺骗家长；不能帮助孩子提升作文水平的阅读都是无效的阅读。

我的读者很困惑：果真如此吗？

在我看来，当然不是。任何一个真正热爱阅读的人应该也不会这样认为。阅读是对个体成长具有重大意义的活动，把它与"帮助写作文"

这样细微而功利的目标直接关联起来，实在是大大贬低了它的价值。

我们与数千位父母做过关于孩子阅读的讨论，发现"孩子为什么需要阅读"确实是一个需要明确解答的问题，因为它决定了我们培养孩子阅读能力的出发点和目标。

一些父母出于直觉——阅读对孩子有好处，而开始引导孩子阅读；一些父母认为阅读在未来能帮助孩子学习，于是早早地、积极地开始亲子共读；在孩子上学后，相当一部分父母让孩子阅读的目标会更加明确，或者是为了写好作文，或者是为了学好语文课程。培训机构宣称阅读"帮助写作文"不过是利用了很多将阅读功利化的父母的需求和困惑。

但阅读的好处到底是什么？阅读是如何帮助孩子学习的？阅读对孩子学习的帮助，真的只在语文，甚至只在写作文吗？

全面深刻地讨论阅读之美可能需要一本大部头著作，真正发现阅读的价值，可能需要一个成熟读者持续阅读十年以上，但我们仍然可以通过相对简明的语言，回答这个问题。

我们的答案由两部分构成：阅读帮助发展学习能力，阅读帮助建构人生。一个真正的阅读者一定会同时享受到阅读带来的这两份重要价值。

我们将分两章讨论这个话题，本章讨论阅读如何帮助孩子发展学习能力，下一章讨论阅读如何帮助孩子建构人生。

一、什么是学习?

学习是孩子和父母日常生活中的高频词,一提到学习,人们的第一反应就是"上学"。但学习到底是什么?它只意味着学校学习,或者成年之前的学习吗?

丹麦学习实验室克努兹·伊列雷斯教授在他吸收当今学习研究领域最新成果的重要著作《我们如何学习:全视角学习理论》中,明确修正了"学习"等于"上学"的认知,他对学习的界定是:

> 发生于生命有机体中的任何导向持久性能力改变的过程,而且这些过程的发生并不单纯是生理性成熟或衰老机制的原因。

他解释说,这个"广义和开放"的定义有两个关键:

> 其一:学习意味着一种改变,在某种程度上是持久性的改变,比如说在被新的学习覆盖前,或者因为生命有机体不再使用而逐渐遗忘以前,它就是"持久性的"。
>
> 其二:这种变化不是由于生命有机体中预先已有潜能的自然成熟,尽管这种成熟可能对于学习发生来说是一种很好的先决条件。

学习是"任何导向持久性能力改变的过程",所以学习不只是上学,学习活动会在人的一生中发生；学习不因生理的成熟或衰老这些自然条件发生，那么要达成有效学习，一个人需要有学习的能力。

真心爸妈认为，当父母们关注阅读对孩子学习的帮助时，看到的学习应该是这样的学习。

二、对阅读价值的低估

在孩子学习的层面讨论阅读的价值，部分父母和儿童阅读推广者的认知经常出现两个明显的偏差。

第一个偏差，把学习的含义缩小为仅指孩子的学校学习；

第二个偏差，把阅读对于学校学习的价值缩小为对语文学科学习的价值，然后再度缩小为对语文学科的一部分——写作学习的价值。这两个偏差导致阅读对学习的价值被严重低估，为这种情况打一个形象的比方就是杀鸡用了宰牛刀。

部分阅读讨论和推广者已经意识到这两个偏差一定程度上限制了家长对阅读价值的认知，于是将阅读教育置于一个稍大的范畴——大语文教育中进行讨论。但在大语文视角下看待阅读，仍然忽视了阅读对于整体的学校学习的价值和对终身学习的价值，无法解释为什么一个不会阅读的孩子，不但很难学好文史科目，也很难学好数理科目，为什么一个从不阅读的成人很难持续成长。

真正的学习，不仅包括父母最关注的学校学习，而且包括孩子在学校之外的日常生活中的学习和一个人在一生之中的持续学习。阅读对于学习的真正价值在于帮助发展一个人一生必备的学习能力，它是培养学习能力的重要甚至很可能是唯一的途径。通过阅读获取的学习能力不仅作用于学校教育中各科目的学习，更作用于孩子终身的学习成长。

将视角定位于此，我们才能厘清阅读对于学习的真实价值，探寻适合的方法来引导孩子进行阅读活动，帮助孩子获得这种巨大价值。

三、阅读如何帮助发展学习能力？

学习能力是一个学习者完成学习行为和过程，并取得预期效果的必备能力。心理学家将它概括为个体所具有的能够引起行为或思维方面比较持久变化的内在素质，而阅读活动会帮助建构其中 4 个最为关键的素质。

1.阅读帮助建立知识储备

认知心理学认为，学习是把新知和已知联系起来的过程，越是能找到二者之间的关联，就越能快速掌握新知识。所以，一个人的知识储备，不但是他整体素质的一部分，还是他重要的学习能力。他的已知越多，越能有效获取新知。我们可以用滚雪球来形象地形容这个机制：一大一小两只雪球同时滚动一周，自然是大雪球粘到的新雪更多。

在爱阅读和不爱阅读的孩子身上，我们会发现知识储备带来的学习能力的明显差异。

爱阅读的孩子知识面广、知识量大，而且能通过阅读持续扩充自己的知识储备，比较容易将在课堂上学到的知识和已经掌握的知识关联在一起。这会让新知识很快进入他的知识库，让他能够延伸、扩展、举一反三，于是，他越听越有兴趣，越学越多，有效学习能力越来越强，领先优势也越来越大。

不常阅读的孩子，通常知识储备很少，知识面狭窄，也缺乏扩大知识储备的方式。他们很难把课上听到的知识点和已掌握的知识形成关联和互动，这会形成一个恶性循环：知道得越少，接受得越慢，思路越狭窄，从学习中获得的乐趣和成就感越低。

2. 阅读助力信息处理能力的掌握和提升

人们不但通过阅读直接获取信息，还会通过持续的阅读实践掌握处理大量以文字、图表、公式等符号传达的信息的能力。能有效处理信息是重要的学习能力，这些能力既影响孩子获取信息的效率、学习新知的信心，也影响孩子对知识的理解和记忆。

（1）高效处理大量信息。

阅读本身就是接触大量信息的活动，大脑接触多了就会自然而然地开始尝试整理、归纳，对不同信息进行比较、分析、判断，高效处理大量信息的能力就慢慢发展起来。

能高效处理大量信息的人对学习新知会更有信心，不善于处理信息的人则更容易对新知畏难。

（2）精准识别差异。

孩子的日常学习和考试、成人的持续学习，都需要"精准识别差异"的能力，否则很容易混淆两个相近的概念，很难区分两个相近题目的差异，也很容易选错两个相近选项。

差异来自比较，一个人读到的内容越多、越丰富，越容易在相关内容之间建立关联、进行比较，以深化认知；而很少阅读的人甚至可能连这些差异的存在都认识不到。

（3）把握关键，把握细节。

各种阅读材料都包括丰富的细节，善于阅读的人既能做到略过细节，找到关键内容，把书读薄，也善于在需要的时候，捕捉到他人不曾注意到的细节。

这种能力运用到学习上，会使他既能快速分清轻重缓急，把握学习上的关键点，又能细致精准地识别具体的知识点。

孩子的各门课程都由一个个知识点构成，越善于把握细节的孩子，越能从老师的讲解、作业、练习中打捞出这些知识点；越不善于把握细节的孩子，越像用超大网孔的渔网打鱼，捞到的少，漏掉的多。

不会把握关键的孩子，可能在满本书上做各种各样的记号，画满重点，或者忙着把老师说的每一句话都记到课堂笔记上。善于阅读、会把握关键的孩子，则既不会认为书上的所有文字和图片同样重要，也不会认为老师说的每一句话都不可遗漏。

（4）准确理解语言和非语言符号。

阅读活动中，阅读者会接触到大量语言文字和图表、公式等非语言符号，通过持续阅读，阅读者对这些符号的理解力会越来越强，对它们的含义也会理解得越来越精准。

仅就学校学习而言，孩子需要准确理解老师的语言和图示，需要准确理解考试题目的文字和非文字表述，所以准确理解语言和非语言符号的能力就相当重要。

（5）在理解的基础上形成记忆。

记忆力好不好，确实有个体差异的因素，所以，合理合适的记忆方法就成为后天提升记忆力的关键因素。认知心理学研究发现，理解产生记忆，真正有效的记忆是在理解基础上形成的，学习新知识时，人们越是经过自己的思考，能用自己的语言解释它，越容易记得牢固。

会阅读的孩子，在长期阅读中，会努力理解并记住他们感兴趣的内容，而理解之后的内容也更容易记住，所以他们在理解的基础上形成记忆的能力会日益发展，不需要死记硬背，也能记得更多、更深、更牢。

3. 阅读帮助提升思考能力

思考能力是学习能力的核心，儿童和成人的任何学习，都离不开有效思考。思考能力的训练和提升是一个相当漫长且困难的过程，需要经过大量的思考实践才能收到效果，而对善于阅读的人来说，这并不困难，因为阅读活动本身，就是需要积极、活跃思考的"自学"活动。

一个阅读者会从阅读材料中学习到如何思考，包括分析、综合、概括、抽象、比较、具体化、系统化、形成概念、判断和推理等。

同时，他还能通过阅读活动学会如何跟随他人思路思考，因为读懂阅读材料，就是跟随他人思路思考、弄清作者的思维逻辑、思考过程、表述方法的过程。

更重要的是，一个阅读者会通过阅读学会独立思考，也就是不被他人的思路、思考内容和思考结果限定，从而得到自己的收获。

一个孩子真正热爱阅读、善于阅读，会很自然地和书中内容互动——发现新信息，就不明白的地方，努力在书中寻找答案，或者借助提问、网上检索、阅读其他书籍等方式寻找答案。这个过程，就是发展独立思考能力的过程。

有效的学习，既需要会思考、能跟随他人思路思考，也需要会独立思考。

一些父母认为，孩子学得好，得靠别人教。其实，学习从来都是"自己学"而不是"别人教"的事。老师教得再多再好，孩子不会自己思考，新知识也很难进入他的头脑。

有的孩子上课会一步一步跟着老师往前走，有的孩子则经常走神，完全不追随老师的思路和讲解，这反映了孩子跟随他人思路思考的能力。

孩子从阅读中获得的独立思考能力也会很自然地用于课堂，老师在上面"讲"，他会在头脑中"想"，同时捕捉到自己有疑问之处，课后向老师有效提问。这样的学习过程，比单纯"听讲"有效得多。

4.阅读帮助提升解决问题的能力

我们可以从两个层面理解"解决问题"。第一个层面，学习本身就是释疑、解惑的活动，需要发现问题和解决问题的能力。第二个层面，学习的目的不是掌握知识，而是运用学到的知识解决问题，能学会解决问题，才能达成有效学习目的，实现"持久性能力改变"。所以发现问题和解决问题既是学习能力，也是学习成果。

在解决问题上，阅读和学习非常相近。阅读本身可以成为解决问题的活动。我们遇到某个问题，可以到书中寻找答案，阅读某本书时遇到疑惑，可能会去检索其他书中是否有相关内容可以帮助解决眼前的疑惑，或者补充其中未能清晰解说之处。越是善于通过阅读解决生活、工作、学习中遇到的问题，越是善于利用延伸阅读的方法解决阅读中遇到的问题，一个人的能力就越能有效提升。从这个意义上说，阅读本身就是一种学习活动。

阅读还是"学习解决问题"的活动。很多非虚构类的阅读材料，本身都是识别问题、寻找解决方法、探索解决步骤，最后得到预期结果的完整示范，读者会从中潜移默化地学习到别人解决问题的方法。

"解决问题"是认知心理学的研究课题。心理学家发现，解决问题的重要技术之一是"应用类比迁移"，就是将通过解决一个问题学到的方法用于解决相似问题。

阅读和学习之间会直接发生这种类比迁移。

其一，我们在阅读中读到某个问题的解决方法，如果在学习中遇到相似问题，就可以参考从阅读中得到的方法来解决。

其二，我们在阅读过程中学会了发现问题、通过延伸阅读解决问题的办法，同样也可以把这个办法迁移到学习上。

最终的结果是，越是大量阅读，一个成人在学习、工作、生活中解决问题的能力越强；越是大量阅读，一个孩子在学校学习上就越轻松。

四、阅读如何影响学业成就？

1. 重要的不是成绩，是能力

一位爸爸曾经特别认真地问我："学习成绩到底重要不重要？"这个问题特别关键，也是不少父母关于孩子成长的重要困惑之一。

学习成绩当然重要，无比重要！它关系到孩子的未来，甚至一生。学习成绩优秀的孩子无疑有机会获得更好的教育，未来的工作、生活，都有更好的选择。成绩一塌糊涂的孩子，除非有某种特殊才能或者遇到特殊机遇得以另辟蹊径，否则极有可能会错失更好的教育机会，未来的工作和生活也难以获得更好的选择。这个基本规律，无论中外同样适用。

学习成绩还非常明显地影响到孩子学校生活的品质、孩子的自信心和成就感。

正因为成绩如此重要，一些父母对孩子的学习成绩无比焦虑。如果说学习成绩算是孩子的收入，那么考试分数就是孩子学习状况最直观的体现。很多父母着急的焦点也正是分数。分数不好，一些父母马上暴怒：怎么这么差？！你怎么考的？下回再不考好点儿，看我怎么怎么你！

但明智的父母不会只看分数，他们很清楚，正如成人的收入是由工作能力决定一样，孩子的成绩是由学习能力决定的，比分数更重要的，是孩子考出好成绩的能力，也就是学习能力。

学习能力强的孩子，你不用担心他的成绩出现巨大落差，因为水平在那里；学习能力差的孩子，你也不用期待他某次考试一鸣惊人，同样，水平在那里，考不出好成绩是必然，考得好才是偶然。

如果不能清楚地认知这个基本规律，一些父母帮助孩子提升成绩的努力，可能既费时费力费钱，又效果不彰。

比如，很多父母都困惑：我孩子学习挺用功，每天放学就做作业，我也天天在旁边辅导，为了提高孩子的学习成绩，我还给他报了语文、数学、英语的课外班，每年也花不少钱，可为什么花了这么多工夫，孩子的成绩还是很一般，就是上不去呢？

原因其实并不难理解，父母的督促，只是外力驱动，不会变成孩子自己的学习能力，课外补习只起"输血"作用，孩子学习能力不足，等于自己缺乏"造血能力"。

能稳定获得良好学习成绩、学习从来不需要父母操心的孩子，都有一个共同特征：学习能力强，会学习。他们不但能有效学习课程内容，还能够发展出自己的学习策略和学习方法，获得更高的学习效率。

那么，学习能力又来自哪里？父母该如何帮孩子提升学习能力进而提升学习成绩？重新思考学校教育为什么越来越重视阅读，应该可以帮助父母们找到一条相对清晰的路径。

2. 为什么学校教育越来越重视阅读？

很多父母都是实际接触或者听闻当今国内中小学教育对阅读日益重视、各阶段考试阅读类题目的分量增加后，才开始发现阅读对孩子学习的重要性的。

一些父母为此焦虑，认为是学校教育在加码，给家长和孩子都带来了更重的负担、更大的压力。但是在抱怨之前，我们恐怕需要认真思考两个问题：

（1）为什么学校教育越来越重视阅读？

（2）为什么强调阅读很重要的，不只是语文老师？

学校教育重视阅读当然不排除应试的考虑。我曾经仔细看过孩子们的试卷，一份中考语文模拟试卷，篇幅撑满 5 张 A3 纸，有大量文字，几乎 80% 的文字都是阅读材料；一套高中期末试卷，除去原本文字很多的语文、英语，就是历史、地理也有相当高比例的题目是提供一段阅读材料，让学生理解、分析、判断。比如历史试卷给一段课本上没有的文言文，要求解释这段文字反映的是哪个朝代的哪种经济现象；地理试卷给一大篇关于某城市的阅读材料，要求分析这个城市的人口和资源状况。这样的试卷，如果孩子的阅读能力不强，确实是连题目都读不懂的。

但我们并不能因此就把学校教育对阅读的重视归结为应试。我认为更根本的原因是学校教育越来越重视和理解关于孩子学业表现的一个基本逻辑：学习能力决定学习成绩，而阅读能力在很大程度上决定学习能力。

阅读能力不但直接决定孩子学习能力的下限——能否跟上学习进度，保持一般学业水平，还直接决定孩子学习能力的上限——是否具备超越平均水平的学习能力，能否有上佳的学业表现。

阅读能力决定学习能力的下限：

阅读能力是孩子学校学习的必备能力，它很大程度上决定孩子是否胜任学校学习，无论这种能力是通过家庭教育还是学校教育习得。

学校学习的最基本的内容——上课、写作业、考试，都离不开阅读。上课需要读课本、读板书；考试需要读试卷；写作业需要读作业题。孩子不具备基本的阅读能力，可能连这些日常学习活动都无法保持平均水平。

比如，很多父母认为数学学习与阅读并不相关，一看孩子做题小错误不断，就会说"我们孩子就是马虎"，但实际上，马虎就是不精确，它不是偶然现象，而是孩子不善于准确理解语言和非语言符号，不善于识别差异，不善于把握关键，不善于把握细节所致。

在美国等学生阅读水平测试发展较早的国家，分析一个孩子为什么学业表现不佳时，学校和老师会把阅读能力当成一个重要影响因素。阅读能力明显低于平均水平的孩子，可能需要通过额外的阅读课程提升阅读能力，以跟上其他同学的学习进度。

我们国家的学生阅读水平测试尚未发展起来，对学生阅读能力的考查尚且停留在语文试卷中的阅读理解题目。如果阅读理解题目丢分严重，老师和父母的努力通常集中于让孩子多做同类题目，以提高分数。这种现状实际上是忽视了阅读能力对整体学习能力的重要性，让很多因阅读能力不足而学业表现不佳的孩子错失了从整体上提升阅读能力的机会。

还有一种虽然并不普遍，但也需要了解的情况——"阅读障碍"，或者叫"阅读困难症"。如果一个人在阅读方面长期存在明显问题，比如在识字和记字上困难重重，阅读时需要用手指着每一个字来读，阅读速度很慢，抄写速度很慢，完成读写工作很容易疲劳，理解阅读材料中的基本事实有困难，等等，就有可能是有阅读障碍。

我们国家对阅读障碍的研究较少，也缺乏详细的数据统计和分析。但我们仍然可以看到一些直观的表现：一些孩子智力正常，但几乎是从一入学起，学习成绩就明显低于一般水平，阅读任何内容都错漏百出，很难准确理解原意，更难以把握细节。

老师会要求这样的孩子上课认真听讲、课后认真完成作业，家长可能会把孩子送去课外培训机构做有针对性的课程补习。但这些努力常常收效甚微，一些孩子可能在 12 年中小学学习生涯中，学习成绩一直在底层徘徊，学校生活的品质也大受影响。

实际上，他们缺乏的很可能并不是严格要求或者课外补习，而是改善阅读能力的帮助，以消除在上课、写作业、考试等基本学习内容上遭遇的阅读困难。

阅读能力决定学习能力的上限：

对具备基本阅读能力、胜任学校学习中必要的阅读活动的孩子来说，阅读能力的强弱，决定的不是他们学习能力的下限，而是上限——阅读能力越强，学习能力越强，学业表现越优秀。

他们不但受益于阅读发展学习能力的四个最重要方面：建立知识储备、掌握信息处理能力、提升思维能力、提升解决问题的能力，还因为持续的阅读发展出另外一些优于不阅读的孩子的素质。

（1）专注。

听课水平对学业表现有重要影响，所以老师们才把"上课认真听讲"作为第一要求。而听课水平是由孩子的专注力决定的。爱阅读、会阅读的孩子很少出现专注力问题。因为阅读活动需要投入视觉，占据视觉的活动需要的专注程度远高于仅需要占据听觉的活动。长期习惯于阅读，孩子的专注力会得到充分发展。

（2）尽力完成艰巨任务。

学习成绩好的孩子还有一项特别的能力——专注完成艰巨任务，比如难题、需要花费好几个小时的研究性学习报告、考试前所有科目的集中复习，并享受其中的乐趣。

能专注完成艰巨任务的孩子其实并不多，因为很多孩子在日常学习实践中缺乏这样的体验。比如写作业时遇到一个难题，花了一些时间还是做不出来，旁边陪伴或者监督着的家长就不免着急，觉得孩子写作业太慢，于是即便孩子并未求助，大人也会想办法帮孩子快点做出来。再比如某天作业稍多，孩子看起来很难在父母规定的时间内完成作业，大人就不免不停催促，孩子也会跟着急躁起来。

但是会阅读、爱阅读的孩子不缺这样的体验。拿到一本篇幅不短的新书，不爱阅读的孩子无论书中的内容是不是他感兴趣的，都会觉得独立读完它是桩艰巨任务。而遇到一本感兴趣的新书，无论篇幅多长，善于阅读的孩子都会认为这是让人兴奋的挑战。他们知道，完成这个任务的过程充满乐趣，完成之后则会享受到让人愉悦的成就感，所以很容易沉浸其中，耐心地一点一点读下去，直到读完。

（3）处理多项任务。

孩子越大，学习的课程越多，处理多项任务的能力就越重要。小学的考试课程基本上只有语数英三门；到了初中，考试课程一下子增加到六七门，一些孩子的学习就会陷入混乱状态：写作业，每天好几门课程有作业，光是一一记清楚就很困难，更别说回到家里还要逐项完成；考试复习，每门课程都需要覆盖到，自己每门课程的学习成绩又有差异，哪个科目要多花时间，哪个科目不必特别着力，好像根本无从下手。

而对善于阅读的孩子来说，从一本书读到另一本书，每一项都是新任务，而且有的任务，难度并不亚于接触一门新学科。孩子习惯了不断进入新任务，遇到多项任务时，就不会畏惧、焦虑，也不会让它们纠缠成一团。

（4）韧性和耐久力。

学习任务加重、学习难度增加时，总有一些孩子的成绩会明显下滑，这种情况可能出现在小学低年级升入小学中高年级、小学升入初中、初中升入高中等几个关键的时间节点。还有一些孩子的成绩不是持续下滑，而是时好时坏，波动明显。只有少数孩子，会从入学后到高考，一直稳定地保持不错的成绩。

为什么会这样？除了学习能力的差异慢慢显现，还有一个重要原因，就是一些孩子在学习上的韧性和耐久力不够强，能一时冲刺，但无法保持恒定的学习状态。

阅读需要花大量时间，需要长时间保持专注。在大量阅读的过程中，孩子的韧性和耐久力都会得到充分锻炼，所以沉浸于阅读的孩子，很少会出现"三分钟热度"的情况，而且长期阅读也让孩子有强劲的实力，足以胜任学习这项"长跑"任务。

（5）主动学习。

一些父母会发现孩子学习上主动性差，总是需要大人督促，但爱阅读、会阅读的孩子主动学习不是问题。因为阅读本身就是一种主动学习的活动，他会主动选择自己想看的书，津津有味地读下去。在阅读上能找到这种主动状态，在学习上也一样能找到并享受这种状态。

（6）自信。

自信的孩子相信自己的能力，相信自己能解决问题，更容易在学业上有良好表现；自信不足的孩子，更倾向于认为自己没能力、害怕失败，没有勇气尝试，通常很难获得或者保持好成绩。

不自信的情况在善于阅读的孩子身上也很少出现，因为他们在阅读活动中，经常能有"会读书的我真厉害"的感觉，享受与人分享和讨论的乐趣，捕捉到自我实现的瞬间（请参看第七章《帮孩子享受阅读》）。这些感受，都会大大强化孩子对自己的信心。而且，会阅读的孩子能不断通过阅读学习到新东西，会很自然地认为学习并非难事。

可以说，热爱阅读、善于阅读的孩子，学习能力是没有上限的，他既能高效学习，也能持续学习，当然更容易获得优异的成绩。

3. 立足孩子整个学习生涯来培养阅读能力

讨论了孩子学校学习中"学习能力决定学习成绩，而阅读能力在很大程度上决定学习能力"这一基本逻辑，我们可以得出两个重要结论：

阅读能力是基本学习能力，不只是语文能力。

不是"会阅读更好"，而是"不会阅读不行"。

所以在事关孩子学业的层面上，父母不能只看到阅读对孩子语文成绩、作文水平的帮助。通过阅读帮助孩子夯实整体的学习能力，着眼于阅读对孩子整个学习生涯的帮助，才是更好的出发点。

如果说孩子的中小学教育是一场"长跑"，阅读赋予孩子的就是持久的耐力和实力，小学、中学 12 年下来，爱阅读的孩子通过阅读获得的知识和能力，定然远超从教材和课堂所得。阅读的效果可能不会通过一两次考试得到验证，却一定会帮助孩子在这场"长跑"的后半程脱颖而出。

可能有的父母会想，我们整天都忙着应试教育，哪有时间和精力培养孩子的阅读能力和习惯？在一定程度上，这是弄错了因果。

我们目前固然无法摆脱应试、放弃对分数的关注，但成绩来自能力，没有能力，再怎么努力也考不出好成绩。为避免孩子"输在起跑线上"而盲目地将孩子送进各种课外补习班，做的恰恰是舍本逐末的工作——只看成绩，不管能力。从这个角度说，一些父母的教育理念已经大大落后于学校教育。

如果父母还是紧盯课程、考试，不引导孩子积极地从广泛阅读中汲取更多营养、通过阅读培养更强的学习能力，孩子的学习、应试都可能面临更大困难。

当然，一个孩子能从阅读中收获的，远远不止学习能力的长足发展和学校学习的轻松自如。但对于尚未开始培养孩子自主阅读的父母来说，了解阅读对孩子学习的帮助，可能仍是入门的第一步。

五、阅读如何支持终身学习？

阅读还会影响到人一生的学习能力，决定一个人能否保持终身学习。

1. 通过阅读培养出的学习能力终身可用

有效学习带来持久性的能力改变，阅读也带来持久性的学习能力改变。如果一个人持续保持有效的阅读，他通过阅读获得的知识储备、信息处理能力、思维能力、解决问题的能力，以及专注、尽力完成艰巨任务、处理多项任务、韧性和耐久力、主动、自信等素质不会随着年龄的增长而消失，而是随着阅读量的积累、阅读经验的丰富而越来越强。

学习能力强的人，能够发现自己的不足，知道自己要学习什么，知道如何探索学习路径，如何开始学习，如何把握学习进程，直到把想学的东西学到手。这会让他在人生的各个阶段都能够通过有效的学习实现学业、工作、生活上的成长和进步。

儿童阶段是学习能力形成的关键时期，这一时期发展出良好的学习能力，会让人一生受益。相反的情况是，如果一个人的学习能力没有在儿童阶段得到充分发展，那么很有可能在整个学校教育阶段和成年之后，他都会受限于学习能力的不足——在成年之前，需要通过父母的督促、老师的"拉扯"、辅导班的"输血"，才能勉强完成应试教育；成年之后，需要仅凭自己学习成长时，他们就很可能茫然地停在那儿，一步都没法往前走了。

2. 阅读是成年后最主要的学习方式

一个人完成学校教育之后的学习将主要通过自学进行，而阅读是自学最重要也是最有效的方式。一个人没有阅读习惯和阅读能力，几乎无法实现终身学习。

真心爸妈是阅读带来的终身学习能力的受益者,迄今为止的成长,主要得益于阅读。我们中小学时代都生活在县城,当地的教育水平谈不上有多高,但我们两个人在中学时代都进行了大量的阅读,这让我们在高考时很轻松地考入了北京大学。

因为保持着阅读习惯,我们在生小孩前就阅读了大量的经典育儿书,在孩子出生后也持续学习。这让我们轻松地做到了两个人独立带两个孩子,也帮孩子发展出良好的学习能力和阅读能力。

现在多数父母对于孩子的学习和成长都无比焦虑,担心孩子学习不够好,将来上不了好大学,找不到好工作,没有好收入。但是上了大学、有了好工作和好收入之后呢?

孩子未来还有很长的人生路要走,父母不能包办他的一切,如果我们没有从小培养孩子终身学习的能力,他未来还是无法适应社会竞争,无法适应知识的迭代,无法实现持续进步。

孩子终身学习的能力不会来自他现在上的兴趣班、补习班,不会来自父母每天看着他写作业、弹钢琴,只能来自对阅读的真正热爱和由此发展出的良好的阅读能力和学习能力。

所以,站在孩子一生长远发展的角度,我们极力建议父母们,尽早帮孩子爱上阅读、学会阅读。

第三章

阅读如何帮助孩子建构人生

很多父母都关心三个关乎孩子发展的问题：如何让孩子见世面？如何帮助孩子拥有大格局？如何帮助孩子拉开成长距离？

如果把见世面定义为对世界、社会、生活有更广阔的认知，把有格局定义为拥有开阔的视野和心胸，把拉开成长距离定义为在芸芸众生中成长为优秀个体，那么让孩子见世面、有格局、更优秀的直接方式，除了父母的言传身教，就是阅读。

父母既看到阅读对于孩子发展学习能力的作用，又同时理解阅读对于帮孩子建构人生的巨大价值，培养孩子学会阅读、爱上阅读，才算是找到了恰当的出发点和目标。

先哲前贤无数关于"读书"的名言警句，讨论的其实都是阅读如何建构人生——帮助一个人在观念和行为上，成长为更好的个体，这里不再赘述。在孩子的阅读话题上，我们认为，父母更需要看到的是阅读对于人生早期成长的三个极其重要的作用：发展独立思考能力、解读人生基本问题、开启最初的生命之美。这些也是家庭教育中最重要的目标。如果父母有意识、有能力去帮孩子实现这些目标，对孩子自主阅读将是有益的补充；如果父母独立承担这些工作有一定困难，但能自觉地在孩子生命的早期为他引入好书，并让他自然而然地开始阅读，就可以帮助孩子通过阅读开启自我教育的进程——父母力所不及之处，书可以到达。

一、发展独立思考能力

遇到稍有争议的育儿和家庭教育话题时，真心爸妈经常会被问到"站"哪边。

我们通常不回答，实际上也没法回答。一是从不在任何事情上站队，只表达自己的所思所想；二是事情并非亲身经历、亲眼所见，你通过各种途径获取的信息，都是已经加工过的信息，可能与真相相去甚远。所以如果回答，我们可能会说："谁都不站，只站在自己的位置上。"

这是我们的一个基本理念，十几年来，我们也致力于把它传递给孩子，帮助孩子明白：别用别人的大脑思考，自己用自己的大脑思考。

持续的自主阅读是培养一个人独立思考能力的重要方式，而独立思考能力不仅有助于学校学习和终身学习，更是一个人一生不可或缺的重要能力。

1. 会独立思考的孩子不会被各种"流行"和"套路"裹挟

智能时代，人们几乎每天都会被各种流行冲击：一篇热文出来，无数人跟着刷屏；一个事件发生，无数人忙着站队、互撕；甚至游戏里出了一只憨憨的青蛙，朋友圈马上就出现无数"老母亲"养起自己的"蛙儿子"；更不用说跟风"买买买"，跟风"对自己好一点"，跟风"颜值即正义"，跟风喝各种充满"味精"味道的"鸡汤"了。

但是，一个能独立思考的成人不会如此，一个会独立思考的孩子也不会如此。

某款手机游戏无比流行时，我们问自家两个孩子："你们为什么不玩呢？"孩子们很干脆地回答："不想玩，那个游戏比我们现在玩的差多了。"两个很爱玩游戏的孩子在玩上也有自己的原则，实在是让人放心。

除了"流行"，我们每天还会遇到各种躲不开的"套路"。

无数被反复打磨过的标题等着你来打开然后乖乖帮着刷屏。无数被精雕细刻过的"话术"，让你觉得不买就对不起自己、对不起家人、对不起全社会。不买，你的娃就会输在起跑线上，会一生黯淡无光，然后你乖乖地掏钱。

如何避开套路？办法只有一个，就是用自己的脑子思考一下，他们说的是不是真的？那些顺口溜式的口号，那些貌似无懈可击的"人生哲理"，你认同它们、接受它们，到底是因为你自己就是这么想的，还是因为有人告诉你"大家都这么认为"？

父母不但自己需要有独立思考能力，更需要帮孩子培养这种能力，否则，孩子就很可能被各种"流行"和"套路"裹挟，失去独立的视角。

2. 会独立思考的孩子有自己的行为底线

小儿子 12 岁时，曾经问妈妈："为什么有人会围观别人自杀，还会怂恿人家跳下来？"

我告诉他："法国有位社会心理学家叫古斯塔夫·勒庞，他有本名著叫《乌合之众》，讲的就是类似的事，当一个人进入一个'乌合之众'式的群体，他常常会放弃自己的思考和判断，盲目地跟随众人一起行动，同时也不会考虑自己的行为会产生什么后果。"

我又告诉他："一个懂得独立思考的人不会这样，就比如过马路，你就不会跟着别人一起'中国式过马路'。在公共场合，无论同龄人如何吵闹，你都不会吵闹，因为你会想'我应不应该这样做'，你有你的原则和底线。"

因为从事家庭教育研究，我喜欢在不同场合观察父母和孩子们的表现。我发现，很多孩子决定参与一件破坏规则的事，根本就用不上 1 秒钟，完全不用思考，只要有人带头，马上就能跟上。

我想，这很可能与父母给孩子的关于独立思考的教育有关。大多数中国父母告诉孩子的是"合群""从众"，让孩子认为"跟大家一样"才是对的、好的，却忘了告诉孩子，大家都在做的未必就是对的，有些事，就算所有人都那样做，我也不一定必须那样做。

如果孩子从小被鼓励自主阅读，他们很可能会自己发展出独立思考的能力。可惜相当多孩子的"阅读"都是由父母给"讲书"，孩子的独立思考成为这样的阅读活动中最不重要甚至被刻意扼杀的部分。

3. 会独立思考的孩子会拥有独立的人生

我们经常被问到这些问题：

> 我孩子 × 岁了，该上什么兴趣班呢？
>
> 我孩子 × 岁了，该给他选什么书呢？

我的疑问是，既然是孩子的兴趣班、孩子要读的书，为什么不让孩子自己选呢？

几乎是从孩子出生开始，很多父母就剥夺了孩子自己思考、自己选择、自己做主的权利。

兴趣班是父母选的，读的书是父母选的，初中、高中、大学是父母选的，甚至未来的伴侣、工作、房子也是父母选的。在父母的包办之下，孩子的独立思考能力无法发展，连最初的一点点自我意识，也被"要听话，不能叛逆"的教诲给扼杀在萌芽状态。这样的孩子，当他要独自面对人生的时候，该怎么办呢？

所以，作为两个孩子的父母，我们才会坚定地认为，告诉孩子别用别人的脑子思考，用自己的；鼓励孩子通过充分的自主阅读发展自己的独立思考能力，对孩子的一生至关重要。

二、循序渐进地解读人生基本问题

西汉文学家刘向说："书犹药也，善读之可以医愚。"如果我们以培养一个理性睿智的孩子为目标，那么尽早和孩子讨论基本的人生问题和引导孩子从书中获得智慧，就是父母需要完成的功课。

1. 基本教养

曾经有一个小事件引发了全社会广泛的关注。

> 高铁上，一名男乘客霸占了另一名乘客靠窗的座位，并以"站不起来"为由拒绝回到自己的座位。列车长及乘警反复劝说无果，只好把被占座的乘客安排到其他车厢。

高铁"霸座男"的样子让人觉得特别熟悉，我在很多孩子身上都看到过类似的影子。

在人群熙攘的宜家餐厅，我见到一个妈妈带着七八岁的孩子，用会员免费咖啡杯，打了满满一杯碳酸饮料，自己喝一口，给孩子喝一口，两人都觉得不好喝，妈妈就把饮料哗地倒在水槽里，换个口味又打了一满杯，还是不喜欢喝，又倒掉，接着再打一杯……

母女二人品尝得心无旁骛，旁人看得百味杂陈。我想那个已经上小学的孩子和她30多岁的妈妈都应该知道一些特别基本的小事：面向会员免费的是咖啡，不是软饮；咖啡杯是用来打咖啡的，不是用来打软饮的；倒掉的饮料是消耗掉一些资源生产出来的，不应该被那样浪费……可惜，别人都没有看出她们知道而且愿意遵守那些小规则的样子。

一家人在路边大排档吃花生毛豆，五六岁的小女孩吃完一个毛豆，就故意把皮丢到地上，再吃一个，再丢——满地都是她扔的毛豆皮。父母就看着孩子饶有兴致地扔，什么都没有说。一家人离开时，小女孩又做了一个让人吃惊的动作：她熟稔地拉开副驾驶的车门，坐了进去。

我想那个孩子应该知道一些特别基本的小事：吃饭时的垃圾可以放桌上，不可以扔地上；随意扔垃圾不文明；她那么大的孩子，还不可以坐汽车副驾驶，她坐在那儿，一旦急刹车，会有生命危险。即便孩子不知道，她的父母也应该知道，可惜……

这样的孩子，可能几个月就开始上早教班，一岁就开始听父母给读书讲书，刚会说话就接受英语启蒙教育，两三岁就开始学习各种才艺，一上学就开始做奥数难题。他们知道很多信息，比父母小时候知道的要多，可能比成年后的父母知道的也要多，但是对他们这个年龄段很有必要知道的一些事却又很无知。不知，不想，然后就这么一路走下去，成为对这些事依然一无所知的成人。

他们可能在地铁上开着手机外放刷剧，可能像那个读到博士但教养为负数的霸座男一样成为全网笑柄，可能坐车从不系安全带，还可能因为一些不经意的小事引发众怒。

如果父母对于孩子的教养没有一个较高的标准，也没有引导孩子通过阅读进行自我教育，孩子在成长过程中得到的教养可能比父母实际给他的还要差得多。

2. 对世界的认知

除了教养，孩子还需要建立起对世界的认知。每个人都需要知道，"我"是生活在一个世界当中的，这个世界上，除了我还有别人。为了这个世界能够运转良好，大家需要建立一些共同的规则，我也要建立自己的行为准则，有所为，同时也有所不为。

有的孩子为铅笔、橡皮的小事也能和同学打起来，没评上先进或者没得到某个机会，就会特别沮丧、失望，甚至大哭大闹。真正自己读过很多书的孩子不会这样，他知道这些不是生活的全部，没那么重要。阅读让孩子见识到更广阔的世界，从而更大气、更从容。

有的孩子遇到好吃的、好玩的，很容易只想自己得到更多，而通过阅读获得智慧的孩子会更有同理心，他会"只要自己那一份"，他知道自己不过是社会上的普通一员，更能体察别人的需求和感受，不会自私、自大。

有的孩子抗挫能力差，遇到别人比自己强，想的不是"我如何做得更好"，而是"他凭什么比我强"。但热爱阅读的孩子很少如此，因为他在书中见过更大的"世面"，明白每个人都有各自的优点，自己不一定总是最优秀的那一个，能接受有时做主角，有时做观众。

有的孩子规则意识比较差，很容易与环境和他人发生冲突，让自己处处碰壁，而通过阅读对社会生活有更多了解的孩子，会更容易适应必要的社会规则——在幼儿园，遵守幼儿园的规则；在学校，遵守学校的规则；坐车懂得坐车的规则；出门懂得随遇而安和入乡随俗；和别人相处，不会事事争强好胜，也不会遇事退缩不前。

既没有被父母鼓励自主，也没能通过阅读形成独立意识的孩子，遇事会更依赖父母，不敢自己拿主意，一旦事情的结果不够理想，又容易把责任推给别人——"都是别人不好，不关我的事"。而热爱阅读的孩子，能够在书中见到不同的人、不同的生活、不同的人生，更容易从中理解到什么是"自我",形成独立的自我意识。

除了对世界的认知,这些其实还是一个人对自己、对生命的认知:作为一个人,我要成为什么样的人,不能成为什么样的人。狭义地说,这是个人的自觉和自律;广义地说,这是生命的哲学。这些认知很大程度上决定了孩子未来会成为一个什么样的人,比他能通过任何具体的课程学到的东西都重要得多。可惜并不是每个孩子在幼年时代,都能得到这些问题的启蒙。

不少父母每天为庞杂的具体事务烦恼、焦虑,觉得已经累得不行,根本没有余力顾及这些,或者自己头脑里也根本没有这些,于是给孩子的家庭教育就欠缺了这样一大块重要内容。

如果说孩子是一片蕴含无限可能的处女地,焦虑的父母们就更像是"高效"的农场主。他们急于让这片土地变得平整、规范,易于耕种,然后机械化播种,种上高产庄稼,快速产出肉眼可见的收成,却很少思考:如何让这片土地能够"可持续发展",自己的耕种是否就是它全部的必要和可能?

家庭教育的目标,不是把孩子送入好大学,而是帮孩子具备过好一生的能力。为了这些必要和可能,父母需要带领孩子见识一些不同的事,思考一些人生的基本问题,因为它们很可能决定孩子未来是智慧且理性地度过一生,还是蒙昧地度过一生。

三、开启最初的生命之美

独立思考能力、良好的教养和品格、理性和人生智慧,这些素质对一个人来说，都是生命之美。阅读，正是帮孩子接近和体验最初的生命之美、看到人生高远之地的最佳方式。

说起阅读带来的生命之美，人们爱说"腹有诗书气自华"，《阅微草堂笔记》中一则特别有趣的故事，正好可以做这句话的注解。

> 一老学究，夜遇亡友魂魄，两者同行，见一破屋，魂魄说："此文士庐也。"
>
> 老学究不解，问何故，魂魄答曰："凡人白昼营营，性灵汩没，惟睡时一念不生，元神朗朗，胸中所读之书，字字皆吐光芒，自百窍而出，其状缥缈缤纷，烂如锦绣。学如郑、孔，文如屈、宋、班、马者，上烛霄汉，与星月争辉。次者数丈，次者数尺，以渐而差，极下者亦荧荧如一灯，照映户牖。"

我等普通读者，自难企及"与星月争辉"的境界，但荧荧如一灯，照亮自家户牖、自己的人生，让自己不蒙昧、有智慧，却是不难做到的。

大儿天真小学毕业时，学校要求父母给孩子写一封信，我们给他写道：

> 爸爸妈妈欣喜地看到，你不但于学业上游刃有余，更是成了一个酷爱阅读的人。
>
> 阅读虽是简单的习惯，却是人生的无价之宝，让我们受益终身。它帮助我们感受真正的美，帮助我们认识并认同世界上那些高贵的价值，帮助我们丰富内心体验和人生阅历，它让我

们拥有坚实的内心和不易撼动的信念，支撑我们面对人生的喜乐艰辛，让我们无论年纪多大，内心依然可以不断成长。

爸爸妈妈很高兴你在儿童和少年时代，即开始拥有这样宝贵的财富。

我们希望孩子能够了解，阅读是人生大事，关乎个人成长和生命之美。一个人能够热爱并享受阅读，将获得无比宝贵的财富、更多乐趣、更大的幸福感，甚至获得自由、尊严。阅读让我们免于用无聊琐事谋杀时间，免于为庸碌生活自怨自艾，让我们有能力更好地生活，让我们的人生即便平凡，但绝不庸俗。

第四章

父母的 4 个具体认知

自主阅读帮助孩子发展学习能力，帮助孩子建构人生的巨大价值，可能会让父母兴奋不已。但是，在开始让孩子自主阅读之前，父母还需要做好另外一些认知上的准备，包括读物选择的基本原则、阅读活动的优先级排序、培养孩子阅读能力所需的金钱投入、对阅读效果的预期。对这四个问题的认知有所偏颇，培养孩子阅读能力的行动恐怕也会陷入误区。

一、读物选择的基本原则：读纸质书

当我们讨论孩子的阅读时，所指的读物应该是纸质书，不是通过各种阅读工具呈现的电子书，也不是通过智能手机、平板电脑、电脑获取的网上读物。

为什么要读纸质书？一是因为在各种介质的读物中，纸质书品质最高；二是因为读纸质书才能培养出真正的阅读能力。

1. 为什么纸质书品质更高？

从字节数量来看，新兴数字媒体的信息总量可能已经远超传统的纸质出版物，但就内容品质而言，纸质图书仍旧是人类知识和智慧精华的最主要载体，优秀的写作者也仍旧以著作正式出版为荣。所以，阅读纸质书更容易获取更高品质的内容，而孩子的阅读，需要从真正高品质的内容开始。

纸质书和数字媒体编辑、发布流程的差异，也决定了二者内容品质的差异。一本纸质书的出版需要经过编辑、印刷、发行等环节，需要大量的时间、金钱和其他资源投入，所以出版商对书稿选择会有较高标准，达到标准的书稿才能获得出版机会，这就筛掉了一大批作者水准不足、内容品质不高的书稿。而数字媒体发布同样规模的内容，需要直接投入的资源很少，所以数字媒体对内容的筛选相对宽松很多，内容品质更容易良莠不齐。纸质书的出版要经历作者写作、出版商编辑、反复审核校对的过程，这也是内容沉淀、品质提升的过程。数字媒体的信息量虽然很大，但是写作、发布流程通常很短，缺乏沉淀、提升的过程。

此外，人们的生活节奏越来越快，数字媒体配合生活节奏的变化，注重捕捉热点，帮助用户快速获取信息，加上流量竞争的考虑，它所提供的内容更容易偏向快餐化、碎片化，深度和完整程度都远远不及纸质书。我们要帮助孩子开启一生的阅读生活，自然不能从快餐式的浅阅读入手。

由纸质书授权转换而成的电子书，虽然没有品质上的隐忧，但电子书需要借助电子设备阅读，很容易助长孩子对电子产品的依赖，而这种依赖恰恰是父母在孩子成长过程中需要不断面对的烦恼之一。

2. 为什么读纸质书才能培养真正的阅读能力？

通过阅读工具阅读电子书，通过智能手机、平板电脑、电脑阅读网上读物，需要的阅读能力大大低于阅读纸质书。

一是电子屏幕每屏的文字容量有限，因此每一页面的篇幅会大大短于常规的纯文字图书，习惯了阅读短篇幅页面，阅读长篇幅页面的能力会很难发展。

二是电子屏幕的信息呈现机制虽然在技术上较印刷媒体先进，但在版面编排的灵活程度、复杂程度、图文的交互程度上，却远逊于印刷媒体。阅读一本纸质书，尤其是图文混排的纸质书（很多童书都是如此），读者可能需要不断对照图文内容，把握它们之间的关联，借助文字理解图示或者借助图示理解文字；而阅读电子屏幕时，常常只能上下滑动手指，按照顺序阅读。所以从阅读电子屏幕入手的读者会很难适应图书的版面和翻页方式。

三是如前文所言，数字媒体的内容偏向快餐化、碎片化，习惯阅读此类内容的读者很难具备阅读深度内容的能力。

所以，从不阅读任何一本纸质书的人通过电子设备阅读感兴趣的内容，几乎都毫无障碍，但很多每天刷手机"阅读"数小时的人却完全不能读完任何一本纸质书。换句话说，能阅读纸质书的人，一定能阅读数字媒体内容，而只会阅读数字媒体内容的人，却不一定会看书。

对一部分以消遣为目的"阅读"的人来说，这也许不是问题，但让孩子的阅读从数字媒体开始，就是严重不当的路径。因为无论是孩子学校学习中的阅读，还是未来终身学习所需的阅读，都主要是阅读纸质读物。如果孩子只会读屏幕，基本上就等于没有能力进行有效的阅读。

3. 听"有声书"能代替读纸质书吗？

一些父母为了让孩子利用碎片时间接触更多"读物"，会给孩子听大量"有声书"，甚至在孩子吃饭、玩玩具时，也会播放音频让孩子"磨耳朵"。更有父母认为，孩子听有声书就是在阅读了——他们称之为"听读"，无须再读又费钱、又占空间的纸质书。

我们认为，这不但不是培养孩子阅读能力的好方法，反而可能产生明显的负面作用，原因有三。

其一，"听"和"读"是两种完全不同的活动，听有声书培养的是"听"的能力，不是"读"的能力。孩子只听不读，阅读能力根本就无法发展，听得再多，也学不会自己阅读。所谓"听读"，并不存在。

我们曾经遇到过一个非常典型的案例。从孩子小学起，妈妈就把自己读的"美文"录成录音带，每天早晨闹钟一响就放给孩子听。听了好几年，等孩子上了初中，妈妈却发现，听了无数"美文"的孩子在所有阅读题目上几乎都拿不到分数！

妈妈很不解：我和孩子花了这么多时间、费了这么大劲，孩子的阅读能力却差得如此可怜，这是为什么呢？！——很简单，因为他只会听，不会读啊！与这位妈妈经历相似，很多一直给孩子读书、讲书的父母，也在孩子上学后发现孩子"不会读"的问题。

"听"不等于"读"，更不能替代"读"，这也是真心爸妈坚持认为培养孩子阅读能力是要培养孩子会读纸质书的原因之一。

其二，从传播学信息接触的角度看，人们接触"听"的媒介，如广播、音频，不需要专注，因为只需要投入听力，不需要投入视觉上的注意力。让孩子不专注地听，再加上一心二用——"边玩边听"，很难培养出孩子专心做一件事的习惯。很多父母因为孩子不专注而感到烦恼，却并没有意识到，"磨耳朵"之类让孩子"一边做这，一边做那"的育儿活动，是造成孩子专注力不足的重要原因之一。

其三，因为听有声书所需的专注程度、投入程度都非常低，还可以边听边做其他的事，与阅读纸质书相比，听有声书对孩子来说是一件相当轻松省力的工作。孩子习惯了如此轻松地"读"，会很难忍受又需要自己读，又不能一心二用的纸质书阅读。

所以，听有声书会培养出孩子在阅读上明显的惰性，这种惰性不但会影响孩子积极投入自主阅读活动，甚至会影响孩子完成学校学习中必要的阅读任务，他会觉得读课本、读满篇文字的试卷都是苦差事。

二、阅读活动的优先级排序：无分课内课外

1. "课外书"的叫法误导性极强

一些父母在孩子学龄前特别重视阅读，但是孩子上学后，他们的

态度就会发生微妙变化，认为上课、写作业、考试取得好成绩都比阅读重要，孩子读课本、教辅、学校指定阅读书目之外的书是读"课外书"，是浪费时间。

"课外书"是非常传统的说法，把学龄孩子读的书叫"课外书"，隐含了"课内"重要、"课外"不那么重要，"课内"优先、"课外"靠后的意思。在真心爸妈小时候，读"课外书"几乎等于不务正业。

现在情况已经在发生变化，学校越来越重视阅读，但"课外书"的说法在学校和家庭中仍相当普遍。真心爸妈认为，要培养孩子自主阅读，父母需要把"课外书"三个字，从家庭语汇和自己的教育理念中清除出去。

阅读就是阅读，无论对于孩子还是成人，它都是一种美好的生活方式和重要的学习方式。阅读与去学校接受教育，就一生发展来看是同样重要的事。

2. 不要抹杀孩子对书籍的爱

真心爸妈曾经亲眼见到一件事，对我们触动很大：

一位妈妈接孩子放学，孩子大约刚上初中的样子，手里拿着近视眼镜。

妈妈问："你今天没带眼镜盒？"

孩子："没带。"

妈妈："为什么没带？"

孩子："书包满了，没地方放眼镜盒了。"

妈妈就怒了："你有地方装那些'破书'，就没地方装个眼镜盒？"

孩子不说话了。

不知孩子的眼镜是否真的贵重到时刻需要眼镜盒保护的程度，但那位妈妈愤怒于"破书"挤占了眼镜盒的地方，听来着实让人震惊。孩子上学，不就是去读书的吗？书包不装书，你让他装什么？课本是上课所需，其他书是阅读所需，岂能如此鄙夷呢？

真心爸妈多年读书、写书，对"破书"之说，是十二分地不能认同，但也不得不承认，生活中，斥书为"破书"的不仅仅是这位妈妈。

有斥责孩子把书到处乱放的：把你那些破书收起来，搞得屋子乱七八糟！

有斥责爱人花钱买书的：老买这些破书，能当饭吃？！

有斥责书太贵的：买三本破书就一百多块，有那钱买点什么不好？

有斥责书在家里占地方的：这破书架搁这儿碍事，我要放 ×× 都没地方！

没错，书既当不得饭吃，又当不得衣穿，更当不得包包、化妆品、首饰。搬家时，书又重又难打包，还要占据书架、书房，还得时时打扫以免灰尘沾染，费力、费钱，又"没什么用处"。但书带给我们知识、思想，帮我们建设精神世界，我们短暂人生中无缘经历的、无缘体会的，都可以从书中获得，世界上还有比书更有价值、更珍贵的东西吗？

爱书，乐于从书中获取信息、知识、观点、乐趣，乐于通过阅读终身学习，是一种价值观。父母有这种价值观，才能传递给孩子。

孩子爱看书，既不是与生俱来的"天分"，也不会来自某一天灵光一闪的"开窍"，只能来自家庭生活中的耳濡目染。如果家里没有几本书，孩子一买书父母就嫌贵，父母对书缺乏爱意和尊重，把阅读当成学业成就之外一件并不重要的事，孩子也会把阅读当成额外任务，敷衍了事。

3. 引导孩子爱惜书、爱读书

不把书叫"课外书"、不叫"破书"，自然是首先要做到的，其他能影响孩子对书和阅读观念的日常小事包括：

培养孩子在生活中爱护书、尊重书。从小就教会孩子保持书的整洁，不把书弄得破破烂烂，不随意摔打、丢弃书；小时候看过，现在已经不看的书，帮孩子规划捐赠，让书流动到需要的地方继续发挥它的价值。

不在孩子看书时，叫他去做作业，并且表现出对孩子阅读的不认同：那书都看过八百遍了，有什么好看的，有那工夫不如做作业去。

不表现得对书缺乏信任感，不向孩子灌输"读书没用"的观念。确实有些成人抱有这样的观念，我们就曾遇到一位爸爸直言不讳地说"书上说的都不好，都是教条"。如果父母真的这么认为，也不打算改变自己的观点，至少也应该做到克制自己直言书籍没用的冲动，不随意地把这种态度展现给孩子。

只要父母在日常生活中经常表现出对书的认同，鼓励孩子亲近书、亲近阅读，再加上适当的具体方法，培养孩子阅读能力并没有想象的那么困难。

4.阅读在生活中的优先级

至于阅读活动在孩子日常生活中具体的优先级排序，真心爸妈的观点是：

在孩子学龄前，除了不可以因为阅读影响按时上幼儿园（上幼儿园是孩子"社会化"过程中必需的经历，需要保持正常稳定的状态），其他任何活动，包括吃饭、睡觉、玩玩具、上兴趣班、做户外活动，都不必排在阅读活动之前。

在孩子上学后，除了不可以因为阅读影响完成正常的学校学习活动，包括按时上学不迟到早退，不在课堂上做老师课堂要求之外的阅读，不因为忙着看书而完不成作业，其他任何活动，包括吃饭、睡觉、上课外班、锻炼身体，同样也不必排在阅读活动之前。

换句话说，孩子忙着看书不按时吃饭，忙着看书不按时睡觉，都没有关系。吃饭、睡觉的时间出现轻微浮动，对孩子没有什么严重影响，但为了所谓的"生活规律"而让孩子在正读得津津有味时戛然而止，会让孩子觉得非常扫兴。

作业和阅读哪个优先可能会让父母有些纠结，比如孩子想先看书再写作业，而父母希望孩子写完作业再看书。如果父母很坚持，会让亲子之间冲突不断，而且孩子阅读和写作业的兴致都会受到影响。我家的办法是：限定底线，也就是作业必须完成；但不限定顺序，先看书还是先写作业由孩子自己安排。

三、金钱投入：不限预算多买书

提起买书,不少父母都会大呼:"现在的书真是太贵了! 二三十块,买那么一小本。"

1. 书真的很贵吗?

一个作家可能要经过几十年的训练和准备才开始写作,要用几个月、几年甚至更长的时间完成一本真正优质的著作,其中凝结了他从自身经历、阅读、教育、挫折、成功中获得的故事、知识、情感、思想。读者读到这本书,所费不过二三十元,能从中获得的财富却可能会使他受益终身,这样的东西怎么会贵呢? 书实在是我们日常购买的种种商品中,性价比最高的。

真心爸妈有一个看法,当然也许是偏见,生活中比书"性价比"低的东西比比皆是。一瓶好的化妆品几百上千元,相当于二十多本书的总价;一双时髦的长靴,要两三千元,相当于三五十本书的总价;一部新款手机,六七千元,换成书,能填满书架的两格;一个名牌包上万元,换成书能填满半个书架。化妆品、包包……这些可能都是父母的日常消费品,或者"等什么时候我一定要买"的东西。既然父母买这些时不会嫌贵,给孩子多买几本书,又能贵到哪儿去呢?

上面说的那些东西,我们家都不买。大人孩子只穿普通品牌、基本款式的衣服,干净、舒适、得体就好。我们不追新款数码产品,用过得去的手机。妈妈不用大牌化妆品,只用基本护肤品。一家人穿材质过得去的舒适鞋子,不吃烛光晚餐,不买贵重首饰。但我们买书从不看价格，从不限量，从不要求节俭，从不说贵。要说我们每每感叹书实在是太便宜、太超值，听起来好像矫情，但确实如此。

我们不限制单本价格，我家大儿就买过最新出版的英文原版奇幻小说，一百多元一本；不限制每笔订单的金额，买几十元也好，买几百元也好，都没关系；不限制每月买书的次数，今天才下订单，明天再下订单也没关系；不限制每月买书金额，一个月买到上千元也没关系。

真心爸妈还认为，书是生活里最不能看价格的东西。只看价格、只看折扣，只能买到品质没那么好的书，这和每天给孩子吃方便面没什么区别。

当然，在网站间适当比价是可以的，但我们不推荐带孩子到实体书店看书，然后到网上去买。对孩子来说，他当时看上的书当时就能买，才会有足够的满意度和成就感。

可能有读者会想，这么买书，普通工薪家庭怎么负担得起呢？

我们认为，这不是负担得起负担不起的问题，而是买书这项消费在家庭消费中的排序问题。如果吃饱、穿暖之后，紧接着就是买书，绝大部分家庭都可以负担每月两三百元的买书支出。如果觉得我要吃得很好，穿得时髦，还要有足够的钱用于旅行、娱乐、买化妆品、美容、美甲、减肥，偶尔再买买奢侈品，之后再有富余的钱，才能用来买书，那可能绝大部分家庭都买不起书。

我们曾对几千位育儿群友做过一个关于课外班的小调查，无论在哪个城市，一节兴趣班或者补习班的起步价都在 80 元以上，还不算那些一对一课程。回答问题的妈妈们，无论自己收入多少、家住几线城市，一年在孩子课外班上支出的钱，都在 10000 元以上。一年 10000 元是什么概念呢？就是每个月在孩子课外班上支出的钱都在 800 元以上。

把这 800 元用来买书，即便是特别爱看书的孩子，也足够看一个月。把这 10000 元用来买书，几年之间，孩子就会有满满几架藏书。这其实已经非常接近我们说的"不限预算"了。请相信，有满架书的孩子和只上课外班的孩子真的会完全不同。

为测试"不限预算多买书"可能的支出上限，我们专门做了一个实验，在大型网上书店的童书频道，不看价格，只看品质，选择了适合 3~12 岁孩子的 1500 种童书加入购物车，最后的总价还不足 32000 元。这个数字，大大低于我们的预估。

所以，如果父母真的希望孩子爱上阅读，千万不要传递给孩子"书很贵"的观念，父母自己也不要有这样的观念。家里有书可读，孩子才有可能爱上阅读；家里没有几本书，你让孩子读什么呢？

2. 为什么要买书？

有句俗语，"书非借不能读也"，意思是借来的书，因为有要还的期限，才能快速读完。真心爸妈中学时确实是这样，主要是去县城的两个图书馆借书来看。一是当时我们父母的收入都不高，家里没有条件供我们自己买书；二是县城书店也没有特别多的好书。

住家附近能有方便孩子借书的图书馆当然很好，但就现状而言，图书馆借书并没有那么便利。图书馆数量有限，去图书馆借书常常要穿越大半个城市，这样很难保证有多高的借书频率。图书馆新书上架周期通常较长，很多高品质新书，在图书馆暂时都找不到。此外，专门的儿童图书馆数量稀少，综合图书馆不以童书为重点，童书的选书品质也很难保证。

到图书馆借阅不便，一些父母会想到书店。书店品种多，更新快，而且不少书店都把童书当作重点品类，带孩子到书店去看书岂不是很棒？

真心爸妈的观点有所不同。如果不是为了买书，我们从来不会把孩子带去实体书店，让他们从书架上随便拿书下来读。我们认为书店是卖书的地方，不是蹭书读的地方。买书来读，既是尊重作者，也是尊重书，是读书人的清高和自律。不使用别人在售而我们自己未曾付款的商品，也是一个人良好教养的一部分。

受我们影响，孩子们在书店看到感兴趣的书，从来不会拆开塑封就坐下来读，他们会告诉父母"我要买这本书"，等付好了款才会拆开。

四、效果预期：阅读无速效

多久才能见到孩子阅读的成果？关于这一点，我们曾收到不少提问：

如果孩子从1岁左右开始阅读，他上学后会不会成为尖子生？

我们孩子读书挺多的，为什么还没有自己的观点呢？

孩子挺喜欢阅读的，为什么语文阅读理解题目却做不好？

1. 阅读的价值来自长期积累

父母们当然希望阅读很快在孩子身上显现效果，但实际情况是，阅读对于发展学习能力和建构人生的巨大价值，来自阅读时间和阅读量的慢慢积累。更会写作文，更会总结文章的主题和中心思想，提升成绩，成为尖子生，升学时顺利考入好学校，这些明确的、功利性目标，几乎没有一项可以在短期内通过阅读实现。

我家大儿三年级时开始学写作文。照理说，他开始阅读非常早，写作文应该很容易上手吧？不料，一开始还是很困难，他就是没有办法按照老师对于结构、段落、主题的要求，完成一篇仅仅两三百字的作文，每次作文作业都要拖延很久。有一次考试，他竟然没写作文。老师很着急，我们也有些困惑，后来仔细想想，他可能对于写作文还没"开窍"，所以就跟老师商量，先不着急逼他马上会写，再等等看。四、五、六年级，我们都不再关注他写作文的事。慢慢地，他对写作文好像不再感到困难。初中一年级时，已经可以非常顺利地完成800字作文，语文成绩也稳居全班前列。

真心妈妈大学读的是北京大学中文系中国文学专业。室友六人，中学时都读了不少书，有人能写诗，有人能写小说，她们高考数学全部满分，但高考语文成绩竟然都远远低于数学、英语、地理、历史、政治成绩。有趣吧？

热爱阅读和会写作文、语文成绩好，真的没有短期、明显的正相关关系。如果父母抱着这个目的培养孩子的阅读能力，不免常常陷入失望之中。

但是，爱阅读的孩子学习成绩最终一定不会差，这是长期阅读累积产生的效果。像真心家两个孩子，从小到大，我们不逼着他们上兴趣班、补习班，只关注一件事，就是阅读。这样做的成果是，孩子上学后，学习的事我们基本可以放手不管，两个人都很轻松地保持不错的成绩。担心孩子成绩的读者朋友，这算不算是个直接的鼓舞？

一些父母希望阅读可以成为"速效救分"的良药，但实际上，阅读无速效，它更像是身体不可或缺的维生素，摄入不足，一天、两天，一个月、两个月，不会有特别明显的表现，但长期缺乏一定会造成营养不良。

要让阅读真正能帮到孩子，父母首先需要放弃关于阅读的所有功利性目标和对"速效"的期待，放平心态，充满信心地等待阅读的效果通过长期累积自然而且必然地发生。

2. 能否通过快速强化训练让孩子学会阅读、爱上阅读？

阅读的效果来自长期积累，那么有没有什么办法可以帮助孩子快速爱上阅读、迅速养成阅读习惯，让孩子尽早进入这个积累过程呢？

我们认为没有。目前针对孩子的阅读辅导班确实逐渐增加，但相当多这样的课外班受能力所限，只是带孩子读几本书、一些美文，再像语文课堂上那样一一解释。这样确实可以帮助孩子读到更多读物，但培养不出来真正的阅读能力。没有阅读兴趣和阅读能力的孩子离开阅读辅导班，仍旧无法真正开始自主阅读。

而且，强化阅读培训收到的很可能是负面效果。人为、集中、过量补充维生素可能导致中毒，快速强化阅读也同样有害无益。父母逼着孩子短期内爱上阅读并从阅读中获益，会把阅读变成又一项给孩子带来压力的课程学习，让孩子产生逆反、厌倦情绪，反而离真正有益的阅读更远。

阅读是一种内化的习惯和能力，需要家庭内、长时间、沉浸式地培养，不是一朝一夕可以获得的。父母培养孩子阅读能力和习惯最好的途径是沉下心来，切实花工夫为孩子创造阅读条件，并用适当的方式引导孩子自然地开始、自主地进行，除此之外，没有任何省时、省力、速效的捷径可走。

3. 避免阅读焦虑

在与父母们讨论阅读的过程中，我们也发现，育儿和家庭教育中普遍性的焦虑，已经从上幼儿园、幼升小、小升初、中考、高考、早教、英语学习，浸染到了阅读。

在每一个关于孩子阅读的问题背后，都有浓厚的焦虑情绪在蔓延。父母们常常是心急火燎地寻找更"高效"的办法，而孩子们的表现在父母眼中却是各种"不配合"——不爱读、读得慢、读得不专心……

但是，需要如此着急吗？

培养孩子阅读能力是一项漫长的工作，真的急不得。按照我们的经验，父母能在孩子上小学前帮助他爱上阅读，就算是非常成功了，完全没有必要期待孩子半岁时就能听你讲故事，一岁时就能捧着绘本读得津津有味。

父母也没有必要急着去和别人家做比较：

别人家孩子1岁前已经亲子共读多少本绘本了，我们还没开始，会不会太晚了？

别人家孩子 3 岁时就通过阅读认识很多字了，我们还一个字都不认识，怎么办呢？

每个孩子都是不同的，各种能力发展都有早有晚、有快有慢。就像孩子长牙，有的宝贝六个月时就长出了好几颗漂亮的小牙齿，有的孩子八九个月了，还用秃秃的小牙床啃香蕉，但这有什么关系呢？只要喂养得当，到一岁多时，每个孩子都会有足够吃东西的牙齿。

培养孩子阅读能力也是一样，只要父母方法得当并持续努力，每个孩子都有在上学之前就能自主阅读的潜力。怕的反倒是父母操之过急、过度焦虑，采用不当的方法，把孩子对阅读的兴趣过早耗尽或者扼杀了。

有些父母担心，如果不每天为孩子安排"亲子共读"，孩子就会只想着玩玩具或者看动画片，根本想不起来阅读。

真心爸妈的观点是，阅读当然很好，但对孩子来说，玩玩具和看动画片同样重要。父母无须认为，阅读是第一重要的事，玩玩具和看动画片都得给阅读让路。

玩玩具是孩子重要的学习方式之一。通过玩玩具，孩子可以锻炼手部的力量和灵巧性，锻炼动手能力。很多父母发现自家孩子的动手能力不足，上小学后手工作业都需要大人帮助完成，原因很可能正是孩子小时候动手搭建、制作、拆解的经验太少。

孩子专注力不足也与缺乏长时间专心致志玩玩具的机会有关。有的父母在孩子玩玩具时都会陪在一边，不停地指挥、帮助；有的父母在孩子玩时，非得叫孩子吃饭或者"共读"，孩子总是被打扰，自然难以专注。

看优秀的动画片也是孩子重要的学习方式。他可以通过动画片中的形象和故事，学习如何与别人相处，学习日常生活中暂时还接触不到，但是对未来适应幼儿园和学校生活非常重要的社会性规则，增进对周遭世界的理解，扩展对社会和生活的认知，体验成就感、挫折、愤怒、失落等情绪和情感。这些东西，父母很难一一教给孩子，但是通过形象生动的动画片，孩子会很容易理解。

父母为培养孩子阅读能力，而让孩子减少玩玩具、看动画片的时间，甚至在孩子玩玩具、看动画片时，把他拉去看书，会让孩子把看书和他最喜欢的活动对立起来，把看书归入他不喜欢的活动之列。

真心家两个孩子小的时候，基本上是玩玩具、看动画片、阅读三种活动轮流进行，玩玩具玩腻了，就看动画片，约定的动画片时间用完了，就去自己找书看。大人不干涉孩子，孩子反倒会自己把时间安排得非常好。

相信孩子，相信孩子的能力，避免父母的焦虑影响孩子按照自己的节奏正常发展，也是在培养孩子学会自主阅读的过程中，父母需要把握好的事情。

如何
行动

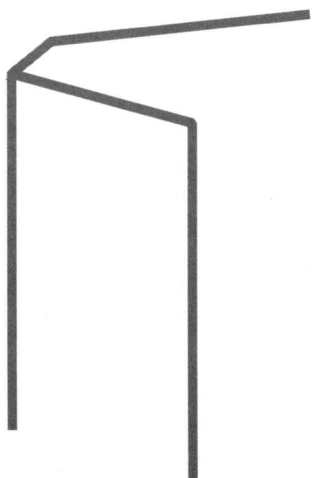

第五章

孩子 3 岁前的阅读活动

培养孩子的阅读能力，要从什么时候开始？

真心爸妈的观点是尽早开始。最好 1 岁以内就开始帮孩子接触书、熟悉书，让孩子随时可以拿起书来随意翻看，让书像玩具一样成为孩子日常生活的一部分。

但不少父母在引导孩子进行早期阅读时，遇到了各种各样的"问题"：孩子老是撕书怎么办？老是跟大人抢书怎么办？听妈妈讲绘本老是坐不住怎么办？……

孩子 3 岁之前的阅读生活到底该如何自然开始、自然进阶？父母需要做什么、如何做，才能避免让孩子的早期阅读半途而废甚至产生负面效果？

一、阅读——在家就能轻松进行的早期教育

家有 3 岁以下小宝宝的父母们都特别关心"早教"，包括孩子语言能力、运动能力、情感能力、社交能力的培养，等等。不少父母有这样的疑问：孩子 5 个月了，要不要开始早教？要不要送他去上早教班？孩子 1 岁了，现在开始上早教班是不是太晚了？早教班教的东西，爸爸妈妈能不能在家里教？

要回答这些问题，首先需要确认：早教到底是什么？

早教不等于早教班。

提起早教，不少父母想到的就是早教中心的早教班，似乎只有把孩子送去上早教班了，父母才是称职地给孩子做了早教。这是个明显的误解。

早教，是早期教育的简称，指的是由成人进行的，以婴幼儿能力发展为目标的教育，广义的早期教育面向 0~6 岁的学龄前孩子，狭义的早期教育面向 0~3 岁的婴幼儿。

从这个意义上说，负责看护孩子的成人对婴幼儿所做的任何有意识的引导，都是在对孩子进行早期教育。引导 3 个月的孩子练习翻身，引导 6 个月的孩子学会坐起来，引导 7 个月及以上的孩子尝试爬行，引导孩子伸手抓握，和孩子说话，逗孩子开心地大笑，教孩子认物，让孩子进行早期阅读，都是早教。

给孩子有益且充分的早期教育绝对必要，因为它关乎孩子生命早期各种能力的健康发展，也能为孩子的一生发展打下良好基础。如果说养育孩子是盖房子的工作，3 岁之前就是在打地基。地基打得好，

房子才能建得顺利、建得好；地基没打好，后面再努力、再用心，都难免不断遇到各种难题。

送孩子上早教班只是选择之一，并无绝对的必要性。更重要的早期教育工作应该主要由父母在家庭中进行。如世界著名早教专家、哈佛大学"哈佛学前项目"总负责人伯顿·L. 怀特所说："用充满爱和关怀的方式照顾你的宝宝，使他感受到关爱，或是建立起基本的信任感，这是最自然也最有益的养育方式……一个孩子个性形成的基础建立在他与养育者之间最早的互动之中。"

如果父母能在孩子出生前和出生后积极学习，对孩子各阶段的生理和心理需求、一般行为、明显兴趣有比较充分的了解，完全可以胜任自家孩子的早期教育。

让孩子进行早期阅读也是重要的早期教育工作，而且能在家庭中轻松、自然地进行。除了书，阅读无须任何其他资料；除了耐心和细心，父母也不必具备什么专业技能。真心家两个孩子都没怎么上过早教课程，但帮孩子尽早爱上阅读，让我们和孩子都受益匪浅。

我们两个孩子都是从几个月开始就接触书的。到两三岁时，他们可以自己读上好一会儿，四五岁时每天阅读已成为习惯，现在他们依然热爱阅读。

二、爱不爱阅读是天生的吗？

很多父母在孩子 3 岁前，都会尝试培养孩子的阅读能力，但并不是所有人都能成功。于是，有些父母就认为，自家孩子是天生不喜欢阅读，大人再努力都没用。果真如此吗？我们认为不是。阅读是典型的后天习得的行为，既非天生，也并不来自遗传。

孩子出生后，确实有本能的学习欲望，也有一些出自本能的学习能力，比如几个月时会出现模仿行为。但阅读是一种复杂的学习活动和学习方法，不是孩子的本能，一个很小的孩子，如果生活环境中没有书，父母自己不阅读也不引导孩子阅读，无论他天资多高，都不可能自发地开始阅读活动。

孩子开始阅读、喜欢上阅读，只有一个原因，就是得到了适当、有效的引导，学会了通过阅读进行学习；孩子不爱阅读也只有一个原因，就是没有得到适当、有效的引导。将孩子不喜欢阅读简单地归咎于"天生"，其实是父母在推卸责任。

孩子得到适当、有效的引导，包括以下这些因素：

他的生活环境中有书——如果家里一本书都没有，孩子不可能爱上阅读；

他在阅读上有可模仿的对象——看到父母看书，孩子自然也会学着看书；

他的阅读活动与积极、正面的感受相关——看书时得到鼓励，而不是干扰、批评，孩子会更乐于阅读；如果看书带来了负面感受，比如遭到大人强迫，孩子很可能会厌恶阅读。

父母以自然、温和、不施压的方法引导孩子阅读——父母在引导孩子阅读上操之过急，过于功利，急于看到成果，就容易给孩子施加压力，因而引发孩子的负面感受和抗拒行为。

所以误以为孩子天生热爱阅读或者天生不爱阅读的父母，需要修正自己的看法和做法，学习用适当、有效的方法引导孩子阅读。

三、尽早开始，循序渐进

大儿天真出生前，我们讨论孩子的未来时就设想：让孩子在3岁之前学会享受阅读之乐。

有了设想，自然要及早开始。受一本经典育儿书的启发，我们很早就开始为孩子引入能帮助早期能力发展的玩具。半个月大时，我们在他的小床上方放一个挂着响铃的玩具架，让他无意识地用手抓、用脚蹬。我们发现，弄响了玩具，孩子会有快乐的反应。等他稍微意识到自己的小手能碰触东西时，我们就给他手边放上大约64开大小的大图片婴儿布书，让他的小手拨拨弄弄。到3个月时，无论趴着躺着，他都能有模有样地自己给布书翻页，还把这当成了特别喜欢的娱乐项目。这个让人惊喜的小成就大大坚定了我们的信心。

等他能坐能爬，我们就开始实施第二步，让他在家里随时随地能看到自己的小书或者大卡。他想找爸爸妈妈一起看时，我们就和他一起看，他的小手指向哪里，我们就告诉他那是什么，他更愿意自己看时，就让他自己随便翻看。这个办法也很有效。他刚满1岁时，有一次住了好几天医院，窝在病床上哪儿也去不了，提前带去的认物大卡和纸板书就帮了我们的大忙。看到那么小的孩子在床上非常认真地"读书"，满病房的人都惊奇得不得了。

第二个孩子出生后，我们继续采用相同的步骤，引导孩子接触布书和大卡，也收到了同样的效果。

一位妈妈问："我孩子 3 个月了，我准备开始亲子共读，您有什么适合这么大孩子的绘本可以推荐吗？"

这位妈妈希望尽早开始培养孩子阅读能力的想法当然非常值得赞同，但 3 个月开始亲子共读绘本，恐怕非常不切实际。

3 个月的婴儿视力还很有限，能看清楚的基本上只是一些大幅的、色彩鲜明的图案和线条。绘本上的精细画面，他看都看不清楚，更不用说能跟着妈妈的讲述看个明白了。

这个阶段的孩子，需要重点发展的是手的抓握能力、眼睛的追踪视物能力、和成人最初的互动能力，更适合他的是能够抓握的物体、能够通过踢打发出声音的玩具，阅读绘本对他来说是无意义的活动。

我们主张孩子早期阅读要尽早开始，但同时还有一个原则：

循序渐进，按照孩子的发展阶段和发展程度，将阅读活动自然地引入孩子的日常生活。

和给 3 个月大的孩子读绘本相比，更自然也更有效的方法和步骤是让"书"以玩具的形式进入孩子的生活，让"看书"成为一种由孩子自己主导的游戏活动——从 3 个月起，让孩子接触到布书、洗澡书，然后随着孩子月龄的增长，引入认物大卡、认物纸板翻翻书，之后是适龄认知读物、适龄故事读物、适龄百科图书，直到孩子两三岁时，阅读成为他日常生活的一部分。

1. 3~6 个月：布书、洗澡书

3 个月的婴儿开始能趴着练习抬头，偶尔还会伸出小手触摸眼前的玩具，这时他的玩具中就可以有布书了。

这是摇铃，这是宝宝的小镜子，这是布书，看看，能翻哟。

大人把布书拿给孩子看，边说边翻，孩子会慢慢认识他的布书玩具。别拿小婴儿当什么都不懂的小动物，即便是刚出生的小婴儿也是很有智慧的，只是成人不懂而已。

除了布书，还可以准备几本不怕水的洗澡书，让孩子在洗澡时随便拍打。

孩子开始时可能只是随便抓着玩、胡乱翻看，等到能坐起来时，可能会拿起来啃咬、撕扯。对这么大的婴儿来说，布书、洗澡书就是玩具，我们让他接触这些"读物"，目的不是他能"读"到什么，甚至通过父母的讲解"读懂""听懂"什么，而是让他随时能拿到"书"，建立起与"书"最初的接触和对"书"的最初认知。这对于孩子日后与书建立起亲近感非常重要。

这么大的婴儿视力、认知能力、抓握能力都还比较有限，所以给孩子准备布书、洗澡书要注意：书的开本不要太大，与成人手掌差不多大小就好，太大的话，孩子无法抓握；页面上的图案要比较大而且色彩鲜明，不需要有故事情节；要结实安全，没有容易脱落的小附件，页面不容易破损、不会脱落碎片，没有尖角，不会掉色。

2.7 个月 ~1 岁：认物大卡、认物纸板翻翻书

这个阶段仍然要保持孩子与"书"的接触，可以继续给孩子玩布书、洗澡书，同时增加认物大卡、认物纸板翻翻书，让孩子随意翻看。

7 个月以上的孩子，开始出现指着某个东西看着大人的现象，这

其实就是孩子在问：这是什么？这一阶段，可以让孩子翻看认物大卡和纸板翻翻书，并在孩子表示询问时，给孩子解释卡片和书上的事物是什么，带孩子认识生活中的常见事物。但我们不建议父母抱起孩子，拿着卡片一张一张给孩子讲解。

玩玩具和做游戏是最吸引 3 岁以内孩子的活动，所以更自然的方式是让孩子把这些"书"当成普通的"玩具"。他想起来就玩玩，不想玩了就丢下，不受形式化的"阅读"的约束，也不会因为被限制在大人怀里"读书"而感到烦躁不安。

给孩子准备认物大卡和纸板时需要注意：幅面不要太大，10~15 厘米见方比较合适，这样孩子的小手拿取会比较方便；单张大卡的纸张需要有一定的厚度，纸张太薄容易折损，也容易划伤孩子的小手；卡片和纸板书上的图片应该是实物实拍的摄影图片，而非卡通或手绘图片，这样可以帮助孩子将卡片上的事物与日常生活中的真实事物建立关联；卡片和书的四角都应该采用圆角设计，以免扎伤或划伤孩子。

让孩子从几个月开始与可"读"之物保持接触，等到八九个月，孩子长成能滚、能爬、满屋子探索的活跃大婴儿的时候，父母就会发现，他偶尔能拿起他的纸板书，像模像样地翻看一两分钟了。

等到孩子 1 岁左右，开始走路、说话时，他专注地拿着他的书"阅读"一会儿的表现会越来越多，他"阅读"的时间会变长。这样，书就以玩具的形式，自然地进入了孩子的生活。

3.1~2 岁：认知纸板翻翻书、简单故事读物

孩子 1 岁以后，父母可以继续为孩子准备纸板翻翻书，也可以引

入故事非常简单的绘本，让孩子随意翻看。

1 岁以上的孩子，认知能力已经有很大发展，基本上能认识身边的常见事物。这时父母需要留意纸板书内容的扩展和进阶，帮助孩子认识家庭外的世界，比如自然界中的动植物、山川海洋、季节变化，社会生活中的交通工具、城市、建筑、常见社会生活场景，等等。

如果前几个阶段的孩子自主"阅读"活动发展良好，父母没有强迫孩子做大人期待的那种"阅读"，那么到 1 岁半左右时，孩子会自然地对简单的故事绘本产生兴趣，开始自己翻看。这时父母需要做的也不是给他讲故事，而是仍旧让孩子保持自主翻看的状态，只在孩子要求给读时，为他读书；要求大人讲解时，为他讲解；在孩子提问时，积极解答。

4. 2~3 岁：更丰富的适龄认知和故事读物

如果前几个阶段进展顺利，到孩子 2 岁时，父母可以继续引导他的阅读进阶，引入内容更多样的自然和社会认知读物，包括绘本故事、漫画故事、卡通故事、连环画故事在内的多种样式的适龄故事读物。丰富孩子的读物内容，也适当增加读物的阅读难度，以满足孩子日益增长的好奇心。

这一阶段的阅读活动，仍然是由孩子自己主导，父母只在孩子需要时提供帮助——事实上，不论孩子多大，阅读活动都应该由孩子自己主导，而不由父母掌控。

如果前几个阶段父母只做了自然的引导工作，没有过多介入孩子的阅读，一个从几个月起就开始接触"书"和"阅读"的孩子，在 2~3

岁时，应该会成为一个相当成熟和自主的小小阅读者，会主动选择自己的读物，一个人安静地翻看好一会儿，并且表现出沉浸书中的状态。

5. 3 岁以上：**根据孩子的阅读发展程度，引入丰富读物**

孩子 3 岁之后，理解能力、认知能力都逐渐增强，而且通过前几个阶段的阅读实践，已经发展出一定的阅读能力，不但会专注阅读较长时间（发展得特别好的孩子甚至可能专注阅读十几分钟到半小时），而且更专注于读物的内容，还会积极地思考和讨论。

这时，父母需要根据孩子的阅读发展程度，及时为孩子引入丰富的读物，比如生活、科学、历史、社会方面的幼儿百科类的读物，帮孩子进入简单的认知读物、绘本故事、简单卡通漫画故事之外的更广阔的阅读天地。

一些父母可能会在这个阶段因为认知的局限而阻碍孩子的阅读进阶，主要表现是仍旧将故事型绘本作为孩子阅读的"主食"，这既会严重影响孩子阅读能力的持续发展，也会让孩子的阅读收获大大受限。这个话题，我们将在第十一章《绘本该读到什么时候》深入讨论。

四、适合 2 岁以内小宝宝的读物

1. 宝宝探索世界的方式

曾经不止一位妈妈问我们："我给 8 个月（有的是问 1 岁、2 岁）的孩子读绘本，孩子老是跟我抢，抢过去就要撕，到底是为什么？我该怎么引导宝宝积极阅读，而不是抢书、撕书？"

孩子抢书、撕书的举动会让父母很恼火，觉得孩子不喜欢书，而且太喜欢搞破坏。在我们看来，这真的是错怪宝宝了。对小宝宝来说，所有的东西都是玩具，是玩具当然要拿到手里来玩。拿到一本书，孩子自然也不会像大人期待的那样，规规矩矩地打开，一页一页翻看，他会把书翻来覆去地观察，还会尝试摇响、摔打、拆解，因为玩玩具就是这么玩的啊！他对书的概念与成人不同，更不知道书不可以"撕"。

每个小宝宝都会经历探索欲望大爆发、什么都想自己拿来看的阶段。大部分8个月的孩子，都开始练习爬行，接近1岁的宝宝，会开始学步。爬行、学步，到处移动为孩子带来了探索更大空间的可能，也促使孩子的探索欲望大大增长。他们对这个世界充满了好奇，什么都想看，什么都想摸摸，拿在妈妈手里的书，当然也不例外。

研究表明，8个月到2岁之间的孩子，对各种小物体特别感兴趣。醒着时，他们会用大约25%的时间去探索各种小东西，包括能拿在手里的玩具，还有大人意想不到的各种小物体，比如一只小虫子、一块儿饼干渣、一个小纸片，探索它们的质感、形状、声音。孩子撕书时，其实是在了解纸张的质感、纸张的声音，还在探索手的能力——我的小手到底能干什么？

所以这时大人要做的不是把书拿开，不让他撕，而是给孩子准备一些不容易撕烂的读物，让孩子随意探索。过早制止孩子撕书的举动，会让孩子把"书"这种"玩具"跟一些不太愉悦的感受联系在一起，比如我不能随意玩它、玩的时候经常被父母干涉，这样孩子很可能变得不喜欢书。

2. 多大的宝宝能听懂故事？

1 岁前和 1 岁多一点点的宝宝还听不懂故事。尽管这可能会大大挫伤很多早早开始亲子共读绘本的妈妈们的积极性，但我们必须得承认，这是事实。

对婴幼儿早期发展的研究表明，孩子大约 4 个半月大时才会开始对自己的名字有反应；到 6 ~ 8 个月后，才能听懂一些"词语"的意思；到 1 岁左右，才会懂得 10 个左右的词语和简单的指令。

父母引导孩子进行早期阅读，很容易想到从简单的小故事开始，认为孩子会更喜欢那些活泼生动的人物、动物、植物形象，而且故事情节简单，孩子理解起来也并不困难。

但那些在成人看起来简单得不得了的小故事，对于 1 岁以内，甚至 1 岁多的孩子来说，都还是非常有难度的。他们首先得听得懂大人说的那些词语，要认识故事中的形象，然后还得理解故事中的"人物"之间有什么关系，他们在做的是什么事。理解这些需要积累一定的词语、认知、生活经验，孩子没有发展到能理解故事的阶段，爸妈讲得再生动，孩子听起来也是一片茫然。

3. 什么样的书更适合婴幼儿？

适合一两岁小宝宝的书到底应该是什么样子？就真心爸妈培养孩子阅读能力的经验，它们需要具备以下几个特征。

（1）可以让孩子拿在手上玩。

孩子最早接触的布书、洗澡书，本质上都是玩具，不怕水、撕不烂、很容易拿在手里把玩。在布书和洗澡书之后，让孩子一下子跨越到大人眼中的"正式的书"显然并不现实。所以在它们之后为孩子准备的书，既需要是书，也需要延续"玩具"特性：大小合适，宝宝的小手很容易拿取；封面、内页都很结实，随便啃咬、拉扯、摔打都不容易损坏；孩子可以像翻看布书那样，轻松地自己翻页，颠来倒去地看也没问题。

（2）符合孩子的探索需求。

一两岁的孩子最感兴趣的事不是听故事，而是尽他所能探索世界，认识身边的一切。父母眼中各种淘气、可能带来麻烦的事，都是孩子的探索和学习。所以对这么大的宝贝来说，更合适的读物并不是故事型读物，而是配合探索需求、充分满足好奇心的认知型读物。

认知型读物的主要作用是帮助孩子认识日常生活中的事物（比如常见动物、简单的颜色、常见图形、常见交通工具、简单的字母和数字），建立对这个世界最初的认知，有了这些认知积累，孩子才可能进一步去理解那些看似简单的小故事。

认知型读物还可以进一步激发孩子的好奇心，让他不断为认识更多新东西感到骄傲，进而继续积极地探索世界。这比让孩子经常为听不懂父母给讲的故事到底在说什么而茫然、沮丧，好得太多。

（3）孩子和书都足够安全。

没有父母不关心孩子的安全，但在给孩子选书上，安全问题却常常得不到足够重视。书的用纸够不够好？油墨是否安全？孩子翻页时，书页会不会划伤小手？孩子不小心撞到书角上会不会磕疼？

这些并不是危言耸听。作为一个阅读者，真心爸妈自己被书页划伤手指的情况不计其数，我家两个孩子小时候，也有过不少次啪嗒把书掉到脸上的情况。

和孩子在这些细微之处的安全相比，父母们更关心的反倒是书的安全。孩子把书撕坏了，大人会心疼钱，也担心孩子会不会因此养成不爱护书的习惯。

书的安全当然也重要，父母给还处在探索期的孩子准备适合他的认知水平，且不易撕毁的书即可。

这些特征指向的都不是一提起引导孩子早期阅读，父母们就马上想到的绘本，而是另一种很少被关注和讨论的纸板翻翻书。

绘本通常开本比较大，常见的精装绘本主要是 16 开（大约 A4 纸）大小，翻书难度大大超出了一两岁宝宝的抓握能力。绘本通常用常规厚度的纸张印刷，翻页需要精细动作，而宝宝的手指发育程度还很有限，翻起来会比较困难，要么容易撕破纸张，要么容易划伤小手。绘本通常侧重讲故事而不是引导宝宝认识周围事物，内容难易程度会大大超出小宝宝的认知发展水平。

纸板翻翻书则不同。它的形态专门为小宝宝设计，特别适合6~24 个月的孩子拿在手里随意翻看：开本大小合适。纸板书开本通常比较小，常见的开本是十几厘米见方的正方形，六七个月的宝宝拿起来也毫不困难。

书页很厚，易翻，安全。顾名思义，纸板书是用纸板印制的，单页的厚度都在半毫米以上，有的甚至更厚，所以很方便孩子翻页，也基本没有划伤手指的危险。

书角通常采用圆角设计。与直角设计相比，圆角设计对孩子非常友好，会大大降低动作还不太稳定的小宝宝被书角戳伤的风险。

侧重认知启蒙。纸板书内容通常侧重孩子对日常事物的认知，信息单纯，图案简单，色彩鲜明，小宝宝很容易得到认知启蒙。他们或者是指着书问大人这是什么、那是什么，或者是到环境中去找从书上看到的事物，或是在周围看到什么再到书里找到对应的图案。这样的过程，会让孩子特别开心，特别有成就感。

所以，发现孩子特别爱抢书、撕书，对绘本故事并不太感兴趣时，父母不妨暂时放下绘本，为小宝宝们准备更适合他们的纸板翻翻书。在孩子看过一段时间的纸板书，对日常事物的认知、词汇量和理解能力都明显提升之后，再循序渐进引入绘本。

当然，为孩子选择纸板书，父母也要做好两个心理准备。一个准备是，因为材质要求较高而且制作工艺复杂，纸板书的价格通常稍高；另一个准备是，为适合孩子翻看、配合孩子的认知发展水平，纸板书的页码通常较少，内容也不像父母期待得那么"丰富"。换句话说，拿到书，你可能认为"这书这么简单，为什么这么贵，不太值啊"。

买给孩子的书到底"值不值"，不是用页码多少、字数多少来衡量的，关键要看适不适合孩子的年龄段，对孩子的发展有没有帮助。适合的、有帮助的，多少钱都值；不适合的、没帮助的，再便宜都不值。

五、培养孩子早期阅读的目的

这么早开始引导孩子阅读，目的并不是让他马上会阅读，养成阅读习惯，只是让他尽早开始接触书，建立起对书的最初认知、接触和熟悉感，自然地发展最初的阅读能力。

父母不要急着让孩子表现出对"阅读"的浓厚兴趣，也不要期待孩子能读懂什么。孩子在 1 岁以内，能把书当成一种玩具，愿意随时拿起来玩儿，在 1~2 岁能够保持和书的接触，每天能有几次花几分钟时间和书在一起，就已经足够好了。父母一旦产生急功近利的心态，就很容易走入"强制教育""超前教育"的误区。

引导孩子早期阅读是循序渐进的慢功夫，一点点积累，才能慢慢见到成果。这就好像孩子每天吃饭、喝奶，我们不能期待他今天喝一瓶奶，明天就长高 2 厘米，但完全可以相信，只要孩子正常吃饭，营养得到保证，他一定会长高、长大。

想给 3 个月的孩子读绘本，希望 8 个月的孩子不撕书，还有希望两三岁的孩子流畅复述大人讲过的故事，本质上都是"超前教育"和"强制教育"的心态。这些想法不但无助于培养出孩子对阅读的兴趣，反倒很可能因为父母执着于阅读活动，而影响孩子本阶段真正重要的那些能力的发展。

这种心态很可能在一定程度上受到了早教课程推广者的影响。目前的早教课程会特别强调孩子的早期智力和能力开发。一些机构为了让父母看到成果，还可能使用一些特别的方法，让孩子在上早教班后有比较明显的变化，但这种刻意的培养，很可能是违背孩子自然发展规律的过度开发，对孩子的成长没有好处。

培养出一个聪明的孩子不难，让一个本来就比较聪明的孩子显得更聪明则更是容易。但培养一个快乐的宝贝是困难的，对于 3 岁以内的宝宝来说，得到足够多的爱与关怀，比让他过早地接受刻意的训练，表现出某种天赋，要重要得多。

伯顿·L. 怀特在《从出生到 3 岁》中谈到 8~14 个月宝贝的早期教育时，列出的第一个"不推荐的养育方法"就是"强迫教学"。

> 在过去的 20 年中所呈现出的儿童教育发展趋势是强迫教学，或是过早地试图使孩子获得某些专门技能，例如阅读以及说出艺术家的名字……有的人声称可以帮助父母教授孩子预备数学知识、体操技能、游泳甚至音乐技能……
>
> 在我看来，强迫教学是不可取的。例如，我不推荐市面上销售的阅读玩具，它声称可以使宝宝在 9 个月的时候开始学习阅读。有些言论极力建议你给宝宝讲故事，鼓动你给宝宝买教学玩具，他们只是在利用新父母的不安全感，并试图让他们不知自己是否为了孩子的教育尽了力而深感内疚。这些言论也反映了社会对聪明孩子的过分强调，而忽视了性格等其他方面的发展，如正直、可爱和可靠。

六、不要借助机器

一些父母在孩子的早期教育上比较乐于借助机器，比如孩子没出生就用"胎教机"做胎教，孩子几个月大就给他用"早教机"，再大一点给他用"点读笔""学习机""国学机""家教机器人"。

一些"早教机器"为了吸引父母们购买，也在广告中加入关于阅读的诉求，声称可以帮助孩子爱上阅读或者提升阅读能力。一些机器甚至被吹嘘成育儿神器、早教神器、学习神器。它们几乎无一例外地告诉父母，孩子某个习惯没有养成，后果有多可怕，而此神器功能强大，"高效培养""有效开发"，让人觉得只要买上一个，所有难题就迎刃而解。恕我直言，它们说服父母们的方式和美容院说服女性买卡、保健品商家说服老人家们掏钱是一样的套路。

在你决定置办某"神器"之前，有几个问题恐怕要先好好想想。

1. 机器育儿是孩子未来着迷电视、手机的开始

我曾经遇到一个提问：宝宝太闹，一个人带起来有点费劲，有什么可以吸引孩子注意力的早教机推荐吗？

这位妈妈实际上是希望有一个"机器"来替自己哄孩子。"早教机"对孩子的早期教育是否有益暂且不论，这么做直接的负面后果，就是孩子会慢慢着迷于各种各样的"机器"，而变得不那么喜欢与真实的人交流，甚至会形成对此类"机器"的依赖。

使用"早教机"只是个开始。一些家庭用电视"哄"孩子，然后孩子着迷看电视，大人开始烦恼"我孩子太爱看电视怎么办"。有的家庭用手机"哄"孩子，只要孩子玩着手机不哭不闹就好，然后很快发现孩子迷上了手机，不给手机就哭闹，大人又开始烦恼"我孩子太爱玩手机怎么办"。

要避免孩子过于着迷这些"机器"，唯一的办法就是在孩子很小的时候，不用这些东西来哄孩子。否则，大人眼下一时轻松，日后会有无穷无尽的烦恼。

真心爸妈自己带大两个孩子，知道带孩子确实不轻松，更不用说有的家庭还需要一个人带两个孩子。应付不过来，或想腾出手来做一

会儿家务、休息休息时，不用早教机、故事机、手机、电视，有什么法子可以让孩子自己玩儿那么一小会儿吗？办法是帮孩子喜欢上玩玩具、看书。

玩玩具，尤其是动手搭建、拼插，能同时锻炼孩子的思维能力和动手能力。一两岁的孩子遇到喜欢的玩具，就能自己玩儿上好一会儿，这时大人就可以一边陪伴，一边让自己获得片刻休息。

帮孩子喜欢上阅读，也是既能让大人休息，又有利于孩子发展的好办法。1 岁以内的孩子，给他一些大卡、纸板翻翻书，他就能安静地看上一会儿，随着月龄增长，他能自己看书的时间会越来越长。

2. 机器育儿降低亲子相处质量

一些父母选择各种"机器"帮助育儿，不是图省事，而是认为这些机器"由专家研发"，在早期教育上能做得比没有经过专业训练的父母更好。

这个出发点当然是好的，但是本来应该由父母做的事被机器代劳，会减少亲子交流的时间，让父母的陪伴变成简单的"待在一起"，亲子相处的质量会大大降低。

有些父母发现，明明每天都和孩子待在一起，但是孩子说什么，自己却听不明白，孩子哭闹时的需求是什么，自己也一点都摸不着头脑。这些正是亲子相处质量不高，真正有效的交流太少所致。

机器毕竟是机器，没有人类的情感，也缺乏真实的互动。真心爸妈认为，它们不但不能为孩子提供真正高品质的早期教育，甚至可能影响孩子自然、健康地发展。如果说孩子的早期教育有什么神器的话，这个神器就是父母自己。

3. 机器育儿影响孩子的能力发展

孩子习惯使用"机器"，会影响自身真正能力的发展，既包括阅读能力，也包括学习能力。

一两岁的孩子自己翻书看是主动获取信息，哪怕获得的信息还不够丰富，那也是他自己的能力。随着阅读量的增加，他获取信息的能力会不断提高。但如果孩子接触到的信息由"早教机"或者"故事机"输出，孩子就变成了被动接收信息，他自己的能力就得不到锻炼。

各种帮助孩子学习的机器会给孩子一种错觉——学习需要借助机器进行，而不是由自己的大脑主动进行。孩子习惯了看似简便的"机器学习"，就很容易变得懒惰，不喜欢主动阅读、思考、研究，学习能力就很难发展。

孩子一两岁时，这个负面作用还不明显。等到孩子上学后，父母就会发现，习惯使用"机器"的孩子在学习上会特别被动，老是等着人"喂"，不愿意自己付出努力，学习能力大大低于习惯主动获取信息的孩子。

学习活动是通过阅读、听讲、思考、研究、实践等途径获得知识或技能的过程，大脑就是最好的学习工具。再好的学习机器都比不上一个主动求知、积极思考的头脑。

所以，真心爸妈也特别想提醒希望孩子进行早期阅读的父母，使用机器真实的结果是事倍功半，而非广告中声称的立竿见影、一劳永逸。

七、5 个操作细节

孩子 3 岁前的早期阅读需要以"自主"的方式开始，由孩子主导。此外，父母还需要留意以下 5 个操作细节。孩子的一些表现，比如抢书、看起来毫无目的地随手翻阅、坐不住、记不住……可能会影响父母引导孩子早期阅读的信心。父母会质疑：孩子这样，是不是"不对""不好"，我要不要纠正？

在真心爸妈看来，这种疑虑主要来自父母对早期阅读的误解和不当操作。如果能在引导孩子早期阅读过程中注意以下这些操作细节，你对孩子的阅读会更放心，也会更有信心。

1. 不要求孩子输出

有的父母希望孩子看了书马上能输出，两三岁的孩子在父母问到"这本书讲了什么"时，最好能讲得头头是道。如果孩子做不到，父母就会很忧虑。比如有妈妈问："我的孩子 2 岁了，拿书让我给他讲故事，今天讲过了，明天让他给爸爸妈妈讲讲，他完全说不上来，怎么办啊？"

这种期待的心理机制和很多父母喜欢教孩子背古诗非常相近，孩子能流利地背诵很多古诗会让父母特别有成就感、特别骄傲："看，我家孩子多聪明！学东西多快！"

但是，我们非常不建议父母总是要求孩子看书后输出点什么。

孩子阅读的成果是潜移默化的。看完一本书，父母也许看不到明确的收获，但是孩子读过几十本、几百本之后，效果自然就会显现出来。

如果孩子每看一本书，父母都要问他记住了什么，会让孩子备感压力、产生抵触，会干扰孩子阅读和思考的节奏，更会让孩子误以为阅读是为了有好表现，让父母惊喜。

"不要求孩子输出"的原则，不但适合孩子的早期阅读，也需要贯穿于孩子幼年、童年、少年时代阅读的始终。

2. 启发式互动

我们不主张生硬地要求孩子输出，但孩子要求父母陪他看书时，大人能适时地和孩子做启发式互动，鼓励孩子思考和表达，却非常必要。

如果孩子还不会说话，父母可以在陪他阅读时问他"××在哪里"，让孩子来指认；如果孩子已经能做简单的口头表达，父母可以问"这是什么呀"，孩子可能会说出来或者指给大人看，父母可以接着再问"那个是什么呢"。通过这样简单的互动，孩子会很有兴趣地继续和大人一起看下去。如果孩子的认知能力和语言表达能力已经比较强，父母可以在陪孩子看书时做更充分的问答和互动。

爸爸 / 妈妈："宝贝，小熊在做什么呀？"

孩子可能会回答："小熊在和小朋友一起玩。"

爸爸 / 妈妈："他们在玩什么呢？"

孩子可能会说："捉迷藏。"

爸爸 / 妈妈："那看看他们都藏在哪里了呢？"

孩子可能就会马上去找。

经常和孩子做这样的互动，孩子的认知能力、思考能力、语言表达能力都会得到充分发展。当然，这样做的前提仍然是"孩子要求父母参与"。如果孩子并没有要求父母参与，我们不建议父母主动介入。

3. 不要求长时间专注认真

经常有 3 岁以内小宝宝的父母提问："我的孩子看书的时候不专注、不认真，怎么办？"

我们认为，3 岁以内的孩子阅读时，大人就不能对他有专注、认真之类的要求，因为这么大孩子的专注时间本来就非常短。研究表明，孩子集中注意力的时间随年龄增长而延长，1 岁以内的宝宝集中注意力的时间不超过 15 秒，1 岁半的宝宝对有兴趣的事物可集中注意力 5 分钟以上，2 岁孩子集中注意力的平均时间约为 7 分钟，3 岁平均约为 9 分钟，4 岁平均约为 12 分钟，5 岁平均约为 14 分钟。

而父母对孩子专注、认真的时间长度要求，显然不止这么短。不少父母认为，两三岁的孩子能持续阅读半小时才叫专注，这就是对孩子要求太高了。

4. 不要求识字

有读者问："孩子现在才 3 岁，都不识字呢，怎么可能做到自己看书？"

孩子的阅读不一定是读字的，读图也是阅读，而且适合 3 岁以下孩子的童书，基本上是以图为主，即便孩子一个字都不认识，也完全不影响他通过读图理解大部分内容。

如果父母简单地把阅读当成"读文字"，认为孩子有了一定的识字量之后才能开始阅读，对于孩子阅读能力的培养来说，已经太晚了。

但让还不识字的孩子做早期阅读，父母需要避开一个误区，就是希望孩子通过阅读来识字。如果3岁的孩子一边看书，大人一边在旁边教他"这个字念什么""那个字念什么"，孩子会觉得阅读过程乐趣全无。

我们主张孩子尽早开始阅读，但不主张孩子尽早识字。我们尤其不主张在阅读时通过"指读"方式机械地教孩子识字，因为把识字生硬地植入阅读，既损害孩子的阅读生活，也不是有效的识字方法。关于阅读和识字更深入的分析，请参看本书《阅读与识字》章节内容。

5. 不给孩子提要求，但配合孩子的要求

不少父母一旦开始培养孩子的阅读能力，就会急于把孩子的阅读活动导入"正轨"，给孩子提各种要求，以让孩子的阅读符合父母的期待。

我们的建议是让孩子的早期阅读自然萌芽、自然发展，可以通过及时为孩子提供适当的读物、制造孩子与书相处的时机等方式，做潜移默化的引导，但不对孩子提任何具体的要求，包括什么时间看书、看多长时间、看什么、怎么看，等等。

但如果孩子在阅读过程中向父母提出要求，比如"妈妈给我读""爸爸给我讲""给我读这本，不要读那本"，父母都要积极配合。

在成人看来，孩子可能有一些行为难以理解，比如连续一个月，要求父母反反复复给他读一本书，或者一次抱好几本书，要求父母一

本一本讲给他听。这都没有问题，孩子精密的头脑中肯定有他自己的想法，尊重他就是了。

父母越少"纠正"孩子的阅读行为，孩子自主阅读的兴趣越容易保持。相反，对孩子要求越多，孩子越容易失去兴趣。

八、孩子没有尽早开始阅读，我该怎么办？

我们说培养孩子阅读能力要尽早开始，可能有的父母就着急了："孩子都 3 岁多了，我还没开始让他阅读，现在做还来得及吗？"

当然来得及。阅读这么美好的事，什么时候开始都不算晚，只要父母方法得当，孩子一样能慢慢开始阅读。对于引导 3 岁以上到小学阶段的孩子开始阅读，我们的建议仍是：

（1）自然开始；

（2）不强迫；

（3）循序渐进。

培养阅读习惯没有捷径，孩子还没有爱上阅读，父母希望通过某种"训练"让孩子马上"养成阅读习惯"肯定不现实。现实的做法是让孩子自己挑选他感兴趣的书，能读多少读多少，愿意读多久读多久，只要孩子从阅读中获得了乐趣，他就会一本一本地读下去，然后慢慢爱上阅读，并随着阅读能力的提升自然进阶到更丰富的读物类型。

我们还遇到过另外两个问题：

孩子十几岁了，不爱看书，还要坚持让他阅读吗？

孩子已经上初中 / 高中了，不喜欢阅读，现在培养还来得及吗？

不得不承认，十几岁的孩子，父母已经做不到"让他阅读"了。青春期的孩子更希望"自主"，不希望自己的事情都由父母安排，事事都听从父母的指导、教育。在阅读上也是一样，如果他不喜欢，父母根本强迫不来。

强迫一个青春期的孩子阅读，还会招致孩子的抗拒，加剧亲子冲突。很多父母都觉得青春期的孩子太叛逆，实际上不是孩子突然就"叛逆"了，而是父母对这个阶段的孩子管得太多，总是要求孩子做他并不喜欢做的事，影响到了孩子的自主能力。

虽然我们极不想给父母们泼冷水，但遗憾的是，到孩子十几岁时父母才想起让他阅读，真的是太晚了。他们从小就没有从阅读活动中获得过乐趣，要纯粹把阅读当成一个"行为习惯"来培养，很难成功。而且不爱阅读的初中生和高中生，成年之后很难成为热爱阅读的人。

不过，父母也不必因此就对孩子阅读的事绝望起来。父母是没有办法"让他阅读"了，但还有一种可能性，就是孩子在某一个契机，突然自己明白了阅读的重要性，发现了阅读的乐趣，爱上了阅读。

这样的情况虽不普遍，但也时常发生。有的孩子会在高中阶段发生特别大的变化，从不爱学习变得热爱学习，从不爱阅读变得热爱阅读，还有人在成年以后，甚至三四十岁，突然发现阅读对自我成长、自我实现的价值，然后成为一个阅读者。

虽然阅读对孩子的成长非常重要，真心爸妈也认为培养孩子阅读能力非常重要，但我们同时也承认，人生有多种形态、多种可能，阅读不是唯一的价值。一些人不热爱阅读，但善于通过"生活""社会"这两个大课堂来学习；另一些人很少读书，但自身"悟性"很高，他们都可能通过阅读之外的途径，帮助自己发展认知，形成思想。所以，父母也不必把阅读的价值绝对化，认为孩子不爱阅读，简直糟糕透顶、完全不能接受。

在育儿上，"接受现实"一定程度上比"努力改变现实"有更积极的作用，其中最重要的作用，是避免频繁的亲子冲突，让父母和孩子在最重要的基本面上达成良好的合作。

第六章

把选书权交给孩子

为培养孩子的阅读习惯，你家给孩子准备了足够多的书吗？

遇到这样的提问，你是赶紧去检查自己给孩子"囤"的书够不够多，赶紧再去买买买呢，还是停下来想一想：孩子读的书，为什么要父母给他准备好？为什么不是让他自己慢慢挑？

我们遇到过很多为选书困惑的父母，他们都很不明白：

我给孩子选的书，很多都是经典篇目，有些是朋友推荐的，为什么孩子不喜欢呢？

我给孩子买书会买很多，也不心疼钱，但是我买的书，孩子都不看，怎么办？

答案很简单：因为不是孩子按照自己的兴趣选的。

每到假期，我们还会遇到很多这样的提问：您能推荐几本适合×岁孩子读的书吗？

我们都会回答：带孩子去书店，让孩子自己选择，他知道自己想读什么书。

有的父母就恍然大悟：是啊，我怎么没想到呢？

给孩子读的书要由大人来选是成人的固定思维，很多父母认为孩子还小，不知道自己想读什么。其实孩子是知道的，只是选书的权利一直被父母掌控，他没有机会去自己实践而已。

"把选书权交给孩子"是培养孩子自主阅读能力的重要方法，我们把它推荐给父母们，很多父母都反馈说：孩子自己去选了好多书，阅读兴趣高多了！

一、尽早让孩子自己选书

致力于培养孩子阅读能力的父母，需要在孩子开始能做选择时，就让孩子尝试自己选书，让孩子有决定自己读什么的自由。

1. 读什么、买什么，由孩子决定

孩子很小的时候，家里的书自然是父母事先买来的，但他要读哪本、不要读哪本，先读哪本、后读哪本，父母都不要指定，让孩子随意徜徉就好。

孩子能自己买书了，决定买什么书来读的权力就需要交给孩子。

无论是带孩子去书店，还是上网买书，都尽早让孩子自己选，父母只提供一些帮助和建议，但不帮孩子做决定，不把自己选择的"好书""经典""名著"硬塞给孩子，更不事先"囤"起很多书来准备给孩子读。

家里的藏书，如果不是特别珍贵，需要格外保护，也需要向孩子开放，供孩子自由选择。

能自己选书，孩子才会对阅读保持浓厚兴趣。同时，学会选择，是孩子自主阅读能力的一部分。不知道自己想读什么，读什么都要由大人来安排的孩子，很难学会自主阅读。

在我们家，父母的书架是对孩子开放的。爸爸妈妈的文学、政治学、历史、社会科学、经营管理等方面的书，孩子都可以随意翻看，要读育儿书、妈妈的孕期指南、菜谱，也都没有问题。

特别有意思的是，两个孩子都有一个特别爱读菜谱的阶段，中餐菜谱也读，面包饼干烘焙的书也读。大儿子十来岁时，读了烘焙书，就要求爸爸妈妈给他添置一些家里没有的烘焙工具、烘焙材料，然后就自己照着书学会了烤蛋糕、烤布丁。小儿子大约四年级的时候，也开始对烘焙感兴趣，经常翻书看，然后就学会了烤饼干，寒暑假期间重返上过的幼儿园时，就自己带着材料，教小朋友们烤饼干。

当然，有些书确实是不适合让孩子太早读到，比如性学方面的书、比较"不文明"的成人笑话，如果家里有，放到孩子不太容易看到的地方就行，不必特别拿出来指给孩子看："这书还不适合你读，你不要看啊！"

真心妈妈小时候，父母有一套《红楼梦》，他们每次说起来都神神秘秘，还把书藏起来不让我读。大人越不让读，孩子就越好奇，后来我自己在放杂物的小库房找到了，悄悄读了点，我感到特别奇怪，"这书有什么呀，为什么不让读呢？"有时候，大人就是太小心了。

2. 父母的"兴趣"未必是孩子的兴趣

父母很容易认为，大人比孩子懂得多，给孩子选书会比让孩子自己选更"靠谱"。但阅读是孩子自己读，不是父母读，需要孩子自己感兴趣才行，而孩子真正的兴趣，我们常常是不知道的。

比如说，两本内容相近的书，大人可能觉得这本更好，但孩子喜欢另一本，为什么呢？他可能觉得那本的色彩他更喜欢，或者那本的形象他更喜欢，甚至可能是开本、纸张的质感他更喜欢。孩子可能不会特别确切地描述原因，但他就是知道他喜欢。孩子头脑中这些非常微妙的小思考、小念头，大人其实并不了解。

父母给孩子选东西，选的常常是"我认为孩子应该感兴趣、应该喜欢的"，而未必是孩子真正喜欢的。比较典型的是选择兴趣班。父母给孩子选什么兴趣班，通常并不是看到孩子真的对这个项目感兴趣，而是从自己的想法出发——我认为这是个好兴趣，我认为孩子应该培养这方面的兴趣，甚至可能因为别人都报这个，我们不能输在起跑线上，所以我们也报这个。

这样做的结果很可能是父母给孩子选的，孩子根本不喜欢，而孩子真正喜欢的，却没有机会、没有权力自己选择。

培养孩子阅读能力的过程中，父母需要遵循一个重要的基本原则：尊重孩子的兴趣，让孩子从小时候起，就一直能读到自己真正感兴趣的书。如果阅读一直是"父母选，孩子读"的状态，孩子不会爱上阅读。有谁会愿意一直做别人强迫他做的事呢？

我们家有两间书房，靠墙排满了书架，但这都不是给孩子准备的，是大人自己读过、在读、准备读的。孩子的房间各有一排书架，也放满了书，但只有很少一部分是我们为孩子事先准备的，大部分是孩子3岁后根据自己当时的阅读兴趣，自己选来的，有的读了，有的准备读，还有的已经读过很多遍，翻得破破烂烂。

3. 孩子的选书方式

真心家的两个孩子都是从3岁多起就自己上网买书。最早是他们选好了，找父母来看，我们会给一些建议，帮助识别出品质确实不高的，然后提交订单，帮他们付款。到上小学后，孩子们选书就基本不再找父母，我们只管付款就好了。

两个孩子小时候选书的办法是这样的：

在幼儿园看到什么书，就要求买相近的书，有时是同一作者，有时是同一系列，有时是相近风格。已经买到的某本书，他们如果很喜欢，就会去看它是不是属于某个套系，如果是，他们就会把整套或整个系列都买齐。有的书封底或者封三会有同一出版社出版的其他童书的广告，孩子们看到后觉得有兴趣，也会要求把广告里的书买来。上学后，知道同学在读什么书，他们也会自己买来读。

这样，他们慢慢建立起了自己的藏书和阅读体系。

4. 不批评孩子的选择

在把选书权交给孩子的同时，父母还需要控制住自己：不批评孩子的选择。

孩子 3 岁之前，买书时确实不太会自己挑选。但一两岁就开始阅读的孩子，到 3 岁左右已经积累了一些阅读经验，具备了一定的选择能力。告诉孩子一些基本的选书标准，然后放手让孩子自己挑选，你会发现，孩子其实很会选书，他选择的都是适合他这个年龄段阅读的，而且品质大多不差。

即便父母认为孩子选择的某本书品质确实不够好，也不要批评孩子，不要说"这本书不好看""这本书没什么营养""这本书对你来说太简单了"之类的话。孩子有机会充分实践，才能慢慢学会识别哪些是好的，哪些不够好，什么类型的要继续买，什么样的以后不再买了。学会自己识别出好书，也是阅读能力的发展。

真心爸妈有一位朋友，接受了我们的建议，从孩子大约 2 岁半起，就带孩子去书店，让孩子自己选书，孩子每次都能选到两三百元的书。自己挑来的书，孩子就特别喜欢读，隔一阵子，又会要求爸爸妈妈带她去买书。这样读了一年多，朋友家的孩子就成了在阅读上特别有主见、特别会选书的小宝贝。

二、建立自己的选书标准

当然，图书品质确实有高有低，孩子刚刚学习自己选择时，不可能一下子就准确识别，这时就需要父母了解一些选书和买书的常识，并为孩子讲解，帮助孩子慢慢建立起自己的选书标准。

有些家庭一时还实现不了完全让孩子自己选择，主要由父母帮孩子选书，我们也建议父母们基于这些常识，建立自己的选书标准，以帮孩子选到真正高品质的读物。

1. 去正规渠道，买正版书

我本以为这不是问题，但随便搜了搜之后，发现这不但是个问题，而且还相当普遍。比如在一个问答网站，我看到两个讨论非常多的问题。

第一个问题：你会为孩子买盗版书吗？

有父母回答：看是什么书了，工具书一定得是正版的，普通课外阅读的大都是盗版书。如果有能力，谁不想买正版？我家儿子太爱看书了，每年不知道要买多少书，所以只能买盗版。盗版和正版没什么区别，就是纸张差点，油墨有点问题，其他都挺好。有价值的书值得买正版，薄薄的图画书看看就行了，不一定非要买正版。

而且，表达相近观点的回答不在少数。

第二个问题：你会给孩子地摊书吗？

有父母回答：会买的。有人说不卫生，但图书馆、书店的书也是很多人翻过的。现在盗版书已经很少了，没有人冒风险去做盗版书了，地摊书一般都是书店、印刷厂积压的书，也就是说是正版书，就是有的书旧点。

这恐怕都是巨大的误解。盗版书不是"很少"，而是"很不少"，童书就是个重灾区。盗版书和正版书不是"没什么区别"，而是"区别很大"，盗版书印刷装帧质量与正版书相比会差很多，内容错讹更是比比皆是。

在真心爸妈看来，正版书和盗版书的区别就像正牌奶粉和冒牌奶粉、正牌护肤品和高仿护肤品一样大。我们不敢给孩子喝冒牌奶粉吧？不敢把高仿护肤品涂在自己脸上吧？图书是孩子的精神食粮，父母怎么敢让盗版书来为孩子的精神世界提供养分呢？

分辨正版书和盗版书对普通读者来说可能有些困难，去正规渠道买书，比如有信誉的实体书店、大型网上书店，是规避盗版书的最好办法。

2. 看出版商、看品牌

我们买吃的、穿的、用的，都会有品牌选择，买书同样也要看品牌。出版商规模不同、出版理念不同，出书品质也会良莠不齐。父母帮孩子选书或者指导孩子自己选书时，需要多做一些功课，事先了解哪些出版社、出版公司出版的童书品质较高，而且水准稳定。

自己买书很多或熟悉图书行业的读者了解这些信息自然毫无困难，但对于自己买书不多、对图书行业也几乎没有了解的读者来说，这恐怕并不容易。真心爸妈提供一些小窍门：你可以打开大型网店的童书销售排行榜，一个一个点开上榜童书，看它们来自哪家出版社或出版公司，也可以浏览大型网店童书频道的品牌推荐区，看看那些品牌出版商都出版过什么样的童书，品牌出版商的书在销量排行上表现如何。看得多了，你就会慢慢对优秀童书品牌有相对清晰的印象。这和我们进行其他消费一样，掌握的信息越多，越有判断力。

3. 看作者、译者

一本书的品质首先取决于作者。看作者，主要看这位作者的专业水准、影响力、被读者认同的程度。通常，出版商会提供比较突出重点信息的作者介绍，我们也可以通过网络搜索获取更多信息。这些信息汇总起来，就可以帮我们判断出，这位作者是不是一位优秀、杰出乃至伟大的作者，我们能不能放心把他的书交给孩子来读。

孩子刚开始自己选书时，我们会在作者上特别把一下关，看看作者是做什么的，是不是某方面的专家，之前写过什么书、销量如何，获得过什么样的评价，从作者资历看他是否有足够的经验、学识来写这本书。

孩子识字量比较大、能自己阅读作者信息之后，我们就引导孩子，选书时一定要先看作者简介，包括一本书的封面、封底、网站销售页面上提供的所有关于作者的信息。

当然，这并不是说新作者的作品水准一定不高，事实上，很多作者的第一本书就有很高水准。这里还有一个小窍门：我们可以看书上有没有作者简介，如果只有署名，但没有关于这位作者的任何介绍（除非是名家、大家），书的品质恐怕就不那么值得信任。甚至有的作者根本就子虚乌有，只是一群人"剪刀加糨糊"攒出一本书，然后杜撰了一个作者名字。

关于作者的甄别，我们还有一个建议，除了无法由一位作者完成的大型图书，需要作家和绘画艺术家共同完成的绘本作品，其他童书尽量选择由一位作者独立成书的，不选由多位作者共同完成的作品。多位作者共同完成的图书，有的是合作编辑、写作，有的是由编辑将不同作者的作品选择、汇编在一起，作者的观念、水准可能会有差异，这样的作品，总体水准不如单一作者独立完成的作品。

如果是引进版作品，译者的水准也会大大影响书的品质，甚至有的中文翻译让人根本读不下去，所以选择引进版图书时，还需要看译者是谁，他有没有足够的资历、经验来完成高水准的翻译。

4. 看销量榜单

我们经常遇到读者问：

能推荐一些适合 3 岁孩子读的书吗？

想给孩子找一些手工书，有什么推荐的吗？

想给孩子选一些百科知识类的书，能不能给个推荐书单？

其实这些问题，都可以在大型网店、大型实体书店的童书销量排行榜上找到答案。销量排行来自海量读者的实际购买数据，是有相同需求的读者共同做出的判断，总体上说，销量很好的童书，比少人问津的童书品质会更高、更可靠。

打开大型网店的童书频道，你会看到童书销量总榜、年度排行榜、月度排行榜、对应不同年龄的排行榜、按不同价格段划分的排行榜。这些排行榜的上榜童书，基本上会覆盖常见的童书类型和读者关注度较高的内容主题，如果不是家里已经买过很多童书，你想找的好书，大多可以从这里找到。

需要留意的是，出版商的营销活动可能会对一本书在短期排行榜，如新书榜、日销榜上的表现有比较明显的影响，所以选书时，最好参考相对长期的榜单，如月度排行榜、半年排行榜、年度排行榜。

5.看评价信息

如果你对一本书值不值得买拿不定主意，还可以看这本书的评价信息，包括：

国外畅销榜的上榜纪录。自国外引进版权的图书，图书封面或者网店的商品详情页面上基本都会有这本书在亚马逊网站的畅销纪录，在有影响力的媒体图书排行榜的上榜纪录。能提供这些纪录的图书，品质一般较高。

专家评价、推荐或者权威媒体的评价、推荐。这些信息是对图书品质的评价，可以作为选择时的参考。一些童书为了营销需要，会邀请娱乐明星推荐，但真心爸妈认为，明星推荐比起专家或者媒体推荐，含金量要低得多，因为明星知名度、影响力虽然大，但他们自己并不一定是专业的、高水准的读者。

获奖纪录。获奖纪录信息可以作为选择绘本和儿童文学作品的参考。国际上有几个重要的图画书奖项、儿童文学奖项，获奖作品水准都非常高。但参考时也需要了解不同奖项的侧重点。

读者评价。你还可以在网站页面上查看已经买过这本书的读者给出的评价。读者评价虽然比较个人化，不如专家评价和媒体评价专业，但可以提供更多具体细节供你参考、判断。

6. 谨慎使用推荐书单

很多父母都希望专家或者有经验的人士能推荐一些书单，自己按照这些推荐书单来给孩子买书。

但推荐书单有两个问题：

一是阅读是孩子自己阅读，选书需要按照孩子的兴趣来选择，别人推荐的书单，不一定就适合自家孩子；

二是一些推荐是有商业目的的推荐，掺杂了商业利益，推荐就可能有夸大之嫌。

所以遇到推荐书单，父母需要学会谨慎识别它们是否真的值得信任，不能一见到推荐书单，就当成自己的买书指南。

7. 版本选择

一些父母在为孩子选书时会遇到另外一个问题：要给孩子买某本书，却发现同一本书有不同出版商出版的多个版本，该选哪个版本？

买通常所说的"经典名著"基本上都会遇到这种情况，比如我们去搜《伊索寓言》，会找到很多不同版本，搜《安徒生童话》也会找到很多不同版本。

为什么会出现这种情况？这就涉及关于著作权的一个重要常识——著作权（版权）保护期。《国际版权公约》（我国也是其成员国）规定"受本公约保护的作品，其保护期限不得少于作者有生之年及其死后的二十五年"。我国自 2010 年 4 月 1 日起施行的《中华人民共和国著作权法》规定，公民的作品，其著作权保护期为作者终生及其死亡后五十年，并具体规定受保护的权利包括发表权、署名权、修改权、保护作品完整权、复制权、发行权、出租权、展览权、表演权、放映权、广播权、信息网络传播权、摄制权、改编权、翻译权、汇编权及应当由著作权人享有的其他权利。

按照著作权保护期的法律规定，大多数我们所知的"经典名著"，都已经超出著作权保护期。于是，图书出版行业就出现了一大图书类型——"公版图书"，也叫"公共版权图书"，它们的出版、改编、汇编都不再受限，所以我们会看到两种情况：

一种是同一本书，相同内容，有不同出版商出版的多个版本；

另一种是同一本书，出版商经过对内容的不同加工，各自出版了不同的版本。

两种情况，父母买书时需要谨慎识别，并做出适当的选择。

（1）相同内容情况下的版本选择：

优选由著名出版商出版的版本。著名出版商会秉持相对较高的出版标准，在出版原文为中文的公版图书时会优选高品质的原始版本，在出版原文为外文的公版图书时会选择著名译者译本，编辑、勘误、校对也都会更加认真、细致，基本可以保证所出版的公版图书有更高的品质。

（2）经过内容加工情况下的版本选择：

对原书内容做不同程度加工的情况，在经典文学名著上特别常见。因为儿童阅读经典名著确实有困难，而父母又普遍希望孩子能早点开始读名著，一些出版商就针对父母的需求，专门出版给孩子读的所谓的名著"节选版""精华版""白话版""儿童版""少年版"，删减还不太适合孩子读的内容，将孩子读起来有困难的部分文字改写得比较

"白话"，缩减篇幅，突出故事。有的出版商为"增加可读性"，还另加插图，成为"插图版""美绘版"甚至"绘本版"。

文学名著之所以成为经典，正是因为作者本身的故事构思和写作风格。名著经过这样一番选择、删减、缩略、改写、文言转白话，已面目全非，给孩子读这样的"名著"，与看名著电视剧、听评书甚至听别人随口讲故事，没什么区别。

所以，我们自己不会给孩子买任何经过内容加工的版本，也会告诉孩子，不要选这样的书。我们也建议父母们在给孩子选择经典名著时，优先选择原文、全本。

孩子的阅读能力是慢慢发展起来的，在他的阅读能力还没有达到读名著的程度时，勉强让孩子读"简易"版本，既浪费父母的金钱、孩子的时间，也会误导孩子对经典名著的认知、拉低他们的阅读品位。

8.品相选择：设计、插图、纸张、印刷、装订

我经常在朋友圈里看到妈妈们互相推荐书，其中一些书，封面设计实在是太粗糙，画面、色彩都缺乏美感，这样连封面设计都不肯认真做的书，内容也未必可靠。把家里的书拿出来对比一下，你很容易发现，封面比较有美感的，内容和书的整体品质都会好很多。

除了封面设计，我们还需要关注图书的插图，包括书中的手绘插画和摄影图片的品质。市场上很多"插图版""美绘版"童书让人眼花缭乱，但有些书，只要看上一眼，你就会觉得插画品质堪忧。另外一些书会使用较多的摄影图片，但图片拍摄水准相当一般。

书的纸张、印刷和装订也是需要考虑的因素。在实体店买书时，

你可以拿起实物，看一下纸张、装订、印刷的情况。在网上买书时，你可以具体读一下网站提供的纸张、装订、印刷信息。纸张粗劣、装订粗糙、印刷品质很差的书，一是影响阅读体验，二是如果出版商在印装品质上都不够用心，在其他方面也未必足够用心。

三、10 个困扰父母的选书、买书问题

讨论"把选书权交给孩子"，相当多的父母都有不少具体的疑惑，这些疑惑很大程度上限制了父母放心地让孩子自己选书。下面一一讨论。

1. 孩子多大时可以让他自己选书？

我们家是分两个阶段：孩子 3 岁之前，买书时是大人选，读的时候是孩子自己选；孩子 3 岁之后，买书时基本上是孩子自己选。

不过我认为父母不需要寻找一个确定的年龄指标，更好的办法是注意观察自己的孩子，发现孩子开始有自己选书的愿望了，就可以尝试让孩子自己选书，这个时机可能出现在 2 岁，也可能出现在 3 岁或 4 岁。

只要父母能够认同这么小的孩子也有自己的选择能力，相信孩子，孩子的选择能力会慢慢发展起来，这也是对孩子长久有益的事。有选择能力的孩子，才更容易有属于自己的生活和人生。

2. 不识字的孩子怎么有能力自己选书？

不少妈妈会问："3岁的孩子可能一个字都不认识，怎么有能力自己选书呢？"

确实，我家两个孩子3岁时也认识不了几个字，但不认识字，孩子可以看"画"。在识字之前，孩子的阅读其实主要是读图，从图片中获取信息。比如，孩子喜欢汽车，如果一本书封面上有大大的汽车，他总能明白这是关于汽车的书吧？

我们的经验是，3岁左右时，孩子会主要根据封面内容来判断喜不喜欢某本书。这其实是很有效的选择方式，如果一本书连封面都不吸引孩子，内文能让孩子喜欢读的可能性也不会很大。

3. 让孩子自己选书是要带孩子去书店吗？

书店是让孩子近距离接触大量图书的最佳场所。如果本地有比较好的书店，最好经常带孩子去逛逛，让孩子在书店的童书区自由挑选。

一些父母培养孩子阅读能力的主要方式是带孩子去绘本馆浏览或者借阅，但只去绘本馆，会大大限制孩子的选择范围。绘本馆是有很多书，但和书店相比还是九牛一毛。一些绘本馆只有绘本，图书类型相对单一，很不利于培养孩子广泛的阅读兴趣。

4. 能让孩子自己上网买书吗？

当然能。我家两个孩子自己选书主要都是在大型网上书店。

有的父母会担心，让孩子上网买书，岂不是鼓励他用电脑？孩子从此迷恋上电脑和网络怎么办？

我们认为，无论父母是否接受，电脑和网络成为孩子重要的学习工具已经是不争的事实。老师会要求孩子上网搜资料，用电脑绘图完成课程"小报"，为课前演讲或者小型研究课题的汇报准备演示文稿（PPT），用软件制作规范漂亮的思维导图，孩子还有需要在网上完成的假期作业。熟练地使用搜索引擎、常用的应用程序，已经成为学习能力、完成作业能力的重要组成部分。在这个大背景下，父母仍旧不加区分地反对孩子使用电脑和网络，恐怕有落伍之嫌。

电脑和网络都是工具，它们产生或正面、或负面的作用，取决于我们如何使用。允许孩子适当使用电脑和网络，并帮孩子建立起使用时间、接触内容、金钱上的安全界限，并不会导致孩子沉迷电脑、游戏或网络。

那些真的有严重"网瘾"、沉迷游戏不能自拔的孩子，大多是因为从父母那里得到的关注、满足、接纳都不够充足，需要靠游戏来安慰和填补，不是因为父母允许他们用电脑和网络。

5. 一般多久带孩子去书店买一次书？

遇到这个问题，我们的回答是：孩子想去时就去。

去书店买书这件事本身就是帮孩子建立与书的联结和亲近感的一种有效方式。孩子要求去买书，自然是因为他喜欢去书店、喜欢买书，这是好事。父母只要没有火烧眉毛的急事，一定要及时带孩子去，而且一定不要批评他：怎么老要买书！

对孩子爱买书保持"警惕"可能与父母对孩子老爱买玩具的担心有关。不少父母都有这样的经历：孩子老是想买玩具，不管家里有没有，只要见到就想买，不给买就大哭大闹。于是"孩子老爱买玩具"就成了育儿烦恼之一，他们很害怕买书也成为这样的烦恼事。

但请相信，书和玩具是不同的。一个并不发自内心喜欢书的孩子，书对他的吸引力肯定强不过玩具，他不会见到书就想买，不给买就哭闹。只有真正喜欢书的孩子，才会老想买书，父母拒绝孩子买书，等于遏制了孩子对书的热爱。

6. 孩子选好的书，父母需要再"把关"吗？

真心爸妈的方法是这样的：孩子 3 岁左右起，我们给孩子打开网店的童书页面，教会他们点哪个按钮放入购物车，就让孩子自己挑选。孩子自己选好了，会让大人再帮他们看看，我们会一本一本仔细看，有时会帮他们剔除一两本，主要是那些内容品质不佳的，封面花花绿绿缺乏美感的，胡乱编选非原创的，其他的都尊重孩子的选择。筛选掉哪本书，我们都会跟孩子讲解原因，以帮孩子建立选书标准。这个阶段大约持续到孩子上小学前。

孩子上小学后，选择经验已经比较丰富，也已经大致掌握前文所说的选择标准，买书时基本上都是由他们自己选好，我们不再帮忙筛选。

一些父母担心：如果不严格把关，孩子的阅读"失控"怎么办？比如，家有女孩的父母会担心孩子在小学高年级就迷上言情小说，家有男孩的父母会担心孩子只迷恋玄幻小说。

我们觉得不必太过担心，某种程度的"失控"，或者某阶段对某种类型书的迷恋，都是正常现象。比如我们上高中时，女孩子都读言情小说，男孩子都读武侠小说。但真正热爱阅读的孩子，不会只停留在这种单调的阅读上，他会更享受从广泛阅读中获得的乐趣。只有并没有真正爱上阅读的孩子，才会停留在对单一类型的书的迷恋上。

我们还遇到不少父母，说自己的孩子只看爆笑校园漫画类型的书，他们担心如果放手让孩子挑选，孩子仍然只选这些。其实换一个角度想，孩子很可能是没有接触过其他类型的童书，有自己选择的机会，孩子才能看到更多好书。我相信，如果有巧克力可选，孩子不会只吃辣条。

7. 孩子选到大人看来不够好的书怎么办？

有两个办法。一个办法是在可靠的地方买书。对买书的渠道有所选择，就能基本保证不买到品质太差的书甚至盗版书。

另一个办法是父母约束自己，不要太急于控制孩子选书的品质。你眼中的经典，孩子未必有兴趣，你认为都是漫画、没有营养的书，可能恰恰是孩子这个阶段最感兴趣，也最适合他现阶段阅读能力的。

孩子买书也有一个经验积累的过程，见得多了，买得多了，他的辨识能力才会逐渐提升。真心家两个孩子偶尔也会买到在我们看来品质不那么高的书，我们也不说什么，更不会威胁：你老买这样的书，下次不让你自己挑了！

爱阅读的孩子，对书有自己的判断，我们不能要求孩子只读经典，也不能要求孩子选的书全部符合父母的判断标准。

8. 孩子买的书没看完，又要买新的怎么办？

那就给他买。

孩子买的书，我们从不监督他读，不问他是否读完，也不要求孩子必须读完了这本再买下一本，读完了这批才可以买下一批。孩子有足够多的书可以选择，才能随时拿起一本他当下最想看的书翻看。

每个孩子的阅读都有一个贪多阶段，看了一会儿这本书，马上又拿起另一本，新买的还没看完，马上又想买更多。我们家两个孩子都曾经因为喜欢一本书，就买了整个系列的二三十本，全都堆在手边，一本一本毫无计划地翻看。孩子贪多，说明他阅读兴致很高，父母需要学习接受他的贪多，保护他的阅读兴致。

有的孩子不怎么阅读，就是因为父母对买新书的限制太严格，家里的书太少，感兴趣的书都读完了，而父母塞给他们的书，他们又没兴趣读。我们不能要求家里的藏书达到家庭图书馆的规模，但至少要做到让孩子慢慢拥有一两个书架的藏书。

书是要反复读的，读到什么程度算是读完呢？如果我们期待买来的书孩子都能一本不落地很快读完，恐怕大部分家庭会陷入"买书—没看完—不能再买"的循环，孩子的书架上就只能有寥寥落落的二三十本书了——靠如此有限的藏书，如何能培养出爱阅读的孩子？

另外，要求孩子读完一本再买下一本，阅读就很容易变成任务，一变成任务，兴致和兴趣都会大打折扣。

9. 孩子光买书不看书怎么办？

有的父母带孩子去书店了，也让孩子自己挑选了，孩子特别开心地买了一些书回来。接着问题来了，父母发现，孩子自己选的书，有的买回来快速翻一下，有的翻都不翻一下，就不看了。于是大人就不淡定了："熊孩子光买书不看书，这怎么行？要是这样，买书根本没有达到预期效果啊！"

分享常买书的人调侃自己的一句话：买书如山倒，看书如抽丝。看到好书，总是忍不住想买，至于买来的书什么时候能读完，就要看时间和机缘了——这是不少爱书人的常态。写到这儿，我环顾了一下自己的书架，新买来排队等着被主人光顾的书，还有好几大摞。当然，其中也有买回来后觉得并不想读的。

这件事，妈妈们也可以参照一下自己买衣服的经历。我几乎没有遇到过不喜欢漂亮衣服的女性，但她们有时买回来才发现那件衣服并不是自己真正喜欢的，有时是新鲜两三天，就不喜欢了。于是很多衣服会被束之高阁，然后在某天被主人以"断舍离"的名义扔掉。

但是在这个过程中，大家都会学习，慢慢知道什么样的衣服适合自己，越买成功率越高。女性买衣服的能力就是通过一次又一次的失败锻炼出来的。

孩子买书也是一样。他并不可能天生就是一个理性、成熟的图书消费者，不能做到买的每一本书都是自己真正感兴趣的书，也不能保证会从头到尾读完每本书。但如果经常有机会买书，选书能力就会得到锻炼，他会越选越精准。如果父母因为孩子两三次不成熟的购买选择就拒绝孩子继续学习和实践，结果很可能是孩子永远都学不会给自己选书。

有的父母会心疼钱，觉得那些买来不看的书是白白浪费了。但如果我们能宽容自己偶尔买错衣服，就应该对孩子买书不看抱有更宽容的态度。再说，买书只是培养孩子阅读能力必做的事情之一，如果我们没有用有效的方式培养出孩子对书的亲近感和热爱，只归咎于买书显然也有失公平。

还有一些孩子买书不看是因为他根本就没有时间看书。孩子周一到周五要上学，放学后或者周末还常常有不止一个课外班。有的孩子一周上课外班的时间甚至超过 15 个小时，完成这些学习任务，孩子会想歇歇、玩玩，还能余下多少时间从容地与书为伴呢？

所以我们不主张书一买回来，父母就逼着孩子读。应该让孩子自己决定什么时候读、读什么，只要家里有适合孩子读的书，而且父母只做必要的引导，不过多介入，孩子很容易就能随手拿起一本书来看上一会儿。

那么，孩子不看的书，就堆在那里占地方吗？真心爸妈有个具体的小建议：父母可以隔一段时间和孩子一起收拾一下书架，跟孩子确认哪些书是他想留着慢慢看的，哪些书是他根本不想看的。不想看的书可以通过很多渠道，比如妈妈群、二手书网站、其他二手网站折价转卖出去，这样既可以收回一部分钱，又能腾出地方容纳更多孩子喜欢的新书。

10. 父母自己不太爱看书，如何引导孩子学会选书？

真心爸妈开过多年书店，做过多年出版，自己每天读书，还写过好几本书，我们对于引导孩子选书的见解，确实得益于这些经验。

那么，如果父母自己不太爱看书，怎么引导孩子学会选书呢？最好的办法当然是父母也培养起阅读习惯。不读书的父母恐怕很难为孩子选择到真正高品质的童书，甚至很可能觉得正版书和盗版书没什么差别。当父母自己成为爱看书、会看书的读者时，你会发现，不但帮孩子选择到适合他的高品质童书毫无困难，引导孩子学会自己选书，也完全不是难题。

如果父母自己真的不能喜欢上阅读，那就退后一步，一开始就让孩子自己选择：把他带到书店去，"你喜欢什么，咱们就买什么"。孩子买得多了，读得多了，自然就会把自己锻炼成选书高手。

四、父母买书的 4 个常见偏颇

1. 跟风买书

现在图书团购活动很多，不少团购的规模也很大，有些父母就不免跟风，一见朋友圈里有人推荐某书或者有人组织团购，就不管自家孩子的阅读兴趣、阅读能力，马上去买。

尽管买书很重要也很必要，真心爸妈也主张不限预算多买书，但买书仍然是一件需要理性的事，要选择真正高品质、孩子确实感兴趣、适合孩子阅读能力的书。即使团购再便宜、再热门，也不能随意跟风，否则即便买回来，孩子也未必愿意读。而父母会觉得孩子必须读买来的书，就很可能强迫孩子读或者拉着孩子来听大人读，这样就把孩子从阅读活动中获得的乐趣给大大削减了，孩子可能会因此对阅读非常抗拒。

2．为超低价格买书

一些书在做活动时价格会很低，有的父母一看原来卖100元的书现在20多元就能买到，或者99元就能买到几十册的大套装童书，觉得真划算，就赶紧去"抢"回来。

但一分钱一分货的道理在任何商品上都能得到印证。真正的好书，出版商有固定的成本，卖家也需要有一定的利润，不会打到让你觉得超便宜的折扣，那些让你觉得便宜得像捡到宝的书，品质不会那么让人放心。

给孩子选书，品质是第一位的，品质不高的书，再便宜都不能买。以超低价格买书是没花多少钱，但没品质的书，给孩子看了也未必有好处，说不定还有负面作用。孩子因此浪费时间和精力，损失也比金钱大多了。

3．早早囤书

一位妈妈问："早早给孩子买太多书好不好？会不会起到反作用？"

这个提问看似过虑，却也不无道理。我们经常看到一些妈妈，一见有价格便宜的书，不管自家孩子现在看得了看不了，就赶紧"剁手""囤起来"。这样其实不够理性，而且很可能出现反作用。

一是孩子的阅读兴趣无法预测，开始阅读后，他会慢慢发展出自己的兴趣，兴趣也会随着时间的推移不断变化。父母或抢好货，或图便宜早早囤起来的书，将来孩子未必爱看，这样也是一种浪费。

二是市场上不断有新书、好书出版，太早囤下的书，几年后再看，也许已经过时了。

三是给孩子囤了太多书，一旦孩子不太想读，大人就会失望，不免给孩子施压。

书是买来读的，不是买来炫耀或者安慰自己的。关于囤书，真心爸妈总的建议是：不事先给孩子准备很多书，鼓励孩子按照自己的兴趣，随时购买，随读随买。

4. 只重视绘本

一些父母给孩子选书时，关注的类型过于单一，基本上就只有绘本。有的父母会给孩子买几百本甚至上千本绘本，但对在绘本之外该给孩子买什么样的书概念全无。

绘本不等于童书，童书也不等于绘本。绘本只是童书的一个类型，除了绘本，童书类型还有很多。

过度重视购买绘本的父母，需要拓展自己的选择范围，为孩子选择形式多样、内容丰富、适合孩子年龄、有差异的童书。这样，孩子广泛的阅读兴趣才容易被培养出来，阅读不同类型图书的能力——其实也是真正的阅读能力，才有机会发展。

五、一个讨论：且慢"种草"

讨论过"把选书权交给孩子"的原则和选书、买书的一些具体问题，真心爸妈想再讨论一个妈妈群里的时髦话题——"种草"。

有一次，我们遇到了一件小趣事。群里几位妈妈讨论小学低年级的孩子适合看什么样的科学漫画书，真心妈妈就把我家孩子小时候特别喜欢的一套书分享给大家。一位妈妈马上说："我家娃 11 个月，先种草。"真心妈妈赶紧告诉她："先别种草，先别种草，这是适合七八岁孩子的书，您家的孩子还早着呢。"

在妈妈们的朋友圈里，"种草"一词出现的频率绝对位居前三，另两个是晒娃、打卡。

有人晒了个带娃"神器"，马上有人"种草"；有人晒了套折扣特别划算的书，马上有人"种草"；有人说自家孩子上了个特别棒的课程，也马上有人"种草"。

有人"种草"，就有人"拔草"，时不时就有妈妈说"今天拔草了"，语气有点小轻松、小得意，外加一点小小的成就感。

"种草""拔草"真是一对特别生动的词，见多了，眼前总会浮现出"老母亲"们勤勤恳恳、埋头耕耘的景象。为了孩子，妈妈们不停"拔草""种草"。然后呢？那些"种"下又"拔"掉的"草"，被"种"到了哪里？——它们全都种到了孩子的"自留地"。

如果把孩子上幼儿园和上学之外的时间和空间当成孩子的自留地，你想象一下，就不难发现，它已经被妈妈们种满了从各处"拔"来的"草"：大家都在推荐的早教神器，给孩子用上；大家都在买的书，给孩子囤上；大家都在上的课，给孩子报上……

林林总总的"草"都是妈妈的爱和用心良苦。不过真心爸妈却常常生出一个不太美妙的联想：我们的孩子，见到妈妈"种"下的这些"草"，是什么感受？他们会不会把它们看成不受欢迎的"杂草"？他们会不会想：妈妈，这是我的自留地啊，我还想自己"种庄稼"呢，求求您别"种草"了！

真心爸妈曾经特别认真地坐下来讨论妈妈们到底为什么那么爱"种草"。其中固然包含着明显的跟风和从众心理——"别人都在这么做，我不做，岂不是让我的孩子输在起跑线上？管它有用没用呢，这'草'我先种上！"细想想，事情好像又不那么简单。为什么明显是跟风行为，而且听起来好像也没那么好听，妈妈们却乐此不疲呢？我们认为，可能有三个原因在深层推动，虽然它们肯定不会像"种草"那样被公开宣之于口，甚至妈妈们内心也未必乐于承认。

原因之一：不相信自己。

一个人内心如果有一个坚定的"我"，这个"我"相信自己能用自己的方法去实现某个目标，就不会那么容易随风而动，但可惜不少妈妈没有。

她们不相信仅凭自己和孩子爸爸的能力就能教育好孩子，所以需要经常看看别人在怎么做，自己好赶快跟上去，于是就特别容易被各种示范、各种"威胁性诉求"打动，只要有人用了说好，只要有人威胁不用有什么不好，就心慌意乱，赶紧"种草"。

原因之二：不相信孩子。

真心爸妈跟妈妈们讨论时，每次说起"让孩子自己决定""尊重孩子的意愿"，总有妈妈忧心忡忡地问："那孩子要是选错了怎么办呢？孩子要是只想玩，根本不想学习怎么办呢？"

我们总是不惮于用最坏的可能来猜测孩子，认为如果父母不勤勤恳恳地看着、管着，为孩子安排好各种活动，孩子就会虚度时光、荒废学业，却不肯相信，孩子其实有能力安排好自己在幼儿园、学校之外的活动，种好他的"自留地"。如果他看起来做不到，那也是因为父母已经把他的"自留地"种得满满的，他根本就没有用武之地。

原因之三：没有自己的育儿和家庭教育理念。

风吹不动一幢根基稳固的房子，却能轻而易举地吹动一团无根的柳絮。如果父母通过学习和实践，建立起自己的育儿和家庭教育理念，明确地知道自己该怎么做才能有效地帮助孩子发展他自己，就不会一有风吹草动马上被卷进去，不会被不知从哪里来的一阵小风吹得失去方向。所以给买《育儿基本》的读者写留言，我们特别喜欢写一句话：愿每个家庭都找到自己的育儿基本。

为什么要写这么多字讨论"种草"这件小事？因为我们觉得，妈妈们每天"种草"，虽然看起来就是个日常小乐趣，没什么大不了的，但日积月累下来，却会产生一个你无论如何都不愿意接受的后果——妈妈种下的"草"，荒了孩子自己的"田"。

你"种"的"草"会占去孩子发展自己的时间和空间。

蒙台梭利说过，孩子和大人一样，也承担着属于他的责任和工作，这个工作，就是发展他自己。

孩子发展自身的工作，其实是在大人看不到的隐秘之处进行的。比如小婴儿，你并没有刻意教他说话，但有一天他突然开始说一两个词，然后慢慢变成了叽叽呱呱的小宝贝；两三岁的孩子，某一天突然向你表达了一个让你特别吃惊的想法，而你根本就没有教过他；青春期的孩子，你并没教过他如何去喜欢别人，突然有一天他就像个大人一样，开始表达对异性的喜爱了。

这都是孩子自己的成长，也都是在属于他自己的空间和时间完成的。父母不给他这样的时间和空间，孩子就失去了教育自己、发展自己的机会。

可能有的父母会想，这样多危险，还是大人掌控孩子的一切更安全。但问题是，孩子成年之后注定要走上自我发展、自我教育之路，小时候没有这样的实践机会，你让他以后怎么办？

你"种"的"草"，会限制孩子发展自己的学习能力。

很多父母特别烦恼：我这孩子，不看着他，他自己根本就不会学习怎么办？孩子不会学习是因为父母对他的学习介入太多了，他没有机会发展自己的学习能力。

你给他报个班，他就跟着老师去上课；你给他布置了一个打卡，他就乖乖地每天打卡；你给他买个"神器"，他就每天跟着这"神器"学习。但做所有这些事，孩子都是被动地听从大人的安排，没有机会去想"我想学什么"，没有机会摸索"我该怎么学"。

幼儿园阶段，这样的乖宝贝会很让人省心，但问题会在孩子上小学后爆发出来：因为缺乏学习能力的锻炼，他会依旧依赖父母，甚至如果没有父母督促着，他都不知道该如何安排时间自己完成作业。

所以，咱们且慢"种草"，相信自己也相信孩子，给孩子留一些自己的空间和时间，留一块他能自己慢慢耕种的"自留地"吧。

第七章

帮孩子享受阅读

一提到孩子的阅读，最常见的表述是"培养孩子的阅读习惯"。这个约定俗成的说法会误导父母把培养的重点放到非常具体的习惯上，比如做阅读计划、设阅读目标、制订阅读时间表、做阅读打卡。这几种方式都很容易把阅读从"乐趣"变成"任务"，影响孩子的阅读体验。

对孩子来说，真正能让他乐于持续阅读并从阅读中长久获益的，并不是所谓的阅读习惯，而是孩子从阅读中获得的享受。

目的明确、形式非常正式的阅读看似有效，实际上会给孩子很多压力，让孩子难以获得乐趣，所以常常事倍功半；无目的的、沉浸式的、随意的、非正式的阅读，看似散漫低效，却能让孩子感受到更多乐趣，真正爱上阅读。

所以，帮孩子享受阅读，比刻意培养阅读习惯重要得多。

一、不做阅读计划

如果认为某事对孩子很重要，一些父母会马上想到要给这件事做个计划，学习有学习计划，考试前有复习计划，假期有假期计划，阅读当然也要有阅读计划，包括今年要读哪些书、每天什么时候读、读多长时间，等等。

在父母比较强势的家庭中，阅读计划通常由父母做好，然后布置给孩子。在一些比较"民主"的家庭里，阅读计划是父母"和孩子一起做"的——这种"一起做"多少有些伪装的成分，主导计划内容的仍旧是父母。

真心爸妈的主张是不做阅读计划。让孩子随意读，读到哪算哪，读到什么算什么，接下来想读什么就读什么，这是最能保护孩子的阅读自由和阅读主动性的方式。

阅读计划对一部分从事研究工作或者有阶段性目标的人确实必要。真心爸妈研究家庭教育，会给工作相关的阅读做大致的计划，比如某一阶段集中阅读关于孩子人格养成的心理学著作，某一阶段集中研读发展心理学著作，这些都是目的性很强的阅读，是为具体的工作目标服务的。

但孩子没有这样具体的研究和工作目标，很少需要为课程、课题研究做有计划的专业阅读。绝大部分不做研究工作也没有具体学习目标的成人也并不需要做有计划的阅读。

孩子会在日复一日的阅读中，建立自己的阅读兴趣和阅读逻辑。有时孩子会反反复复读一本书读上好几周，有时很长一段时间都读同一主题的书，比如关于历史、数学、机器人的；有的孩子甚至深入更具体、更细分的主题，比如运载火箭、希腊神话；有时他的阅读又从一个领域大幅度跨越到另一个领域，比如从科幻小说到历史纪实。

在父母看来，孩子这样读好像既没计划又没效率，但实际上，孩子这么读有他自己的内在逻辑。他可能对某本书的某一部分内容特别有兴趣，所以多停留一段时间，反复探索；也可能在一本书中发现某个问题，然后到另一本书里找答案。可能是某本书提到了一个故事，但没有讲清楚，他找另一本书里的这个故事来补充；也可能他通过某本书接触到一个全新话题，然后开始围绕这个新话题阅读。

孩子是个独立个体，会有自己的思考和方法，父母尊重他的思考和方法，不干涉他的阅读活动，不给孩子制订计划并要求他按计划阅读，也不生硬地给孩子推荐大人认为他应该读的"好书"，孩子会在自由探索中，自如地掌控自己的阅读进程、拓展阅读范围，建立起属于自己的阅读世界，并从中获得充足乐趣。就我们的经验而言，对于非专业读者，这种没有计划的"散步式读书"是最有乐趣也是最有收获的。

我家大儿天真初中时追一本在美国很火爆的大部头奇幻小说，故事的主人公是一群半人半神的中学生，都是希腊诸神的后裔。他之前没怎么读过希腊神话，为了解希腊诸神的故事，他读了一位德国学者的经典名著《希腊神话故事》。之后，他的兴趣又从奇幻发展到科幻，《三体》获奖时，赶紧买了《三体》来读，读过《三体》，又读完作者的其他作品，如此仍不过瘾，又自己在网上搜索了好几位比较有名的科幻作家，把他们的书买来继续读。

我家小儿开心有一次在书店看到一本写精神病患者的书，当时没要求买，过了一阵子跟我们说想买那本书，他想读，我们就帮他买了回来，他果真自己读得津津有味。他读完了这本，又接着读了那位作者的其他书，之后又买了另外一些关于心理或者精神疾病的书，都很有兴致地读完了。读过之后，他特别喜欢和我们讨论成人和孩子的心理，我们也发现，这几本书让孩子对心理、精神疾病的理解特别明显地深化了。

二、不设阅读目标

计划和目标紧密相关，我们不主张为孩子制订阅读计划，同样也不主张为孩子设定阅读目标，包括大人"和孩子一起"规划阅读目标。

不要求孩子一个月、一年读到多少本书，不要求孩子做读书笔记、写读后感、摘抄好词好句，不考查孩子有没有因为阅读而写出更漂亮的作文。什么目标都不要设定，只是读。千万不要总想着在孩子阅读的时候，用点儿什么方法去推动，以求他读得更多、更好、更有效率、更有收获。

成人都有体会，喜欢的事，没有任务目标也会特别乐意去做，有任务目标的事，再喜欢也会觉得有压力。像是有人喜欢看电影，但除非有写影评的工作要做，否则绝大部分人都不会给自己定一个一年要看多少部电影的目标。

孩子阅读也是一样，一有父母给设定的目标，阅读就会变成"作业"，阅读带来的乐趣也会大打折扣。更何况，有的父母会操之过急，给孩子设定一个很高的目标，直接把孩子吓到，也让孩子心生厌倦，觉得阅读是可怕、可厌的事。

我们就遇到过不少这样的父母。除了写读后感、摘抄好词好句，还要求孩子读完一本书，马上就能给大人复述，要不然就觉得孩子什么都没记住，是白读了。有的父母甚至要求孩子能背诵读过的书里的部分内容。这样的要求，等于是把孩子的阅读变成了另一门语文课。

当然，我们并不是说不允许孩子做阅读笔记、写读后感、摘抄好词好句，如果孩子自己想做，这些都没有问题。关键是父母不要要求甚至强迫他这么做，要让孩子的阅读保持在非功利的、无压力的自然状态。

这也不是说语文课不好，只是孩子的阅读和语文课是两件完全不同的事。学校语文课程中使用的各种"精读"方式都是必要的训练，但父母不能将这些推而广之，要求孩子在自主阅读活动中也这么做。

在培养孩子阅读能力的过程中，父母需要扮演的是父母的角色，而不是语文老师的角色。否则，这样的角色错位很可能产生误导，从而让父母对孩子做很多全无必要的要求。

三、不制订阅读时间表

一些父母喜欢帮孩子制订时间表，把写作业、玩儿、上课外班、听英语等活动都安排进去，为的是让孩子养成好习惯。要培养孩子的阅读能力，他们的第一反应是：我把阅读时间也排到时间表里，让孩子每天定时看书。

为孩子规定阅读时间是个好办法吗？咱们可以先看一个活生生的例子——作业时间。

为孩子写作业问题焦虑的家庭大都尝试过规定作业时间的办法，比如，放学回到家马上开始写作业；吃完晚饭马上开始写作业；周末作业要在周六就写完；每天的作业要在限定时间内完成；晚上9点必须完成作业，9点半必须上床睡觉……

这个方法可能对少部分孩子管用，但在大多数家庭都会成为亲子大战的导火索。父母一见孩子没按时开始写作业，就马上发难："作业时间到了，你怎么还在玩？磨磨蹭蹭地干吗呢，不是说好了到点儿就开始写吗？"

作业这样必须完成的任务尚且如此，阅读这件事如何就能得天独厚，让孩子按照规定好的时间表一日不辍呢？阅读当然重要，但把每天的阅读活动变成写作业一样的亲子大战，只能让孩子讨厌阅读。

对真正热爱阅读的孩子来说，阅读活动是无缝融入生活的。他可能在放学后等吃晚饭时随手拿起一本书来看；可能写作业累了，拿起书来看上几页，边看边休息；可能想在睡前看会儿书放松一下；可能上厕所时也想拿本书陪他。随时能读是特别好的状态。

当然，躺床上看书和上厕所看书的习惯确实不太好，你可以告诉孩子上厕所看书为什么不好，让孩子把躺在床上看书变成趴在床上看书，但是不能把看书变成必须在某个时间在书桌前正襟危坐的活动。没有一个孩子会乐于接受上学累了一天之后，还有个几点开始、几点结束的"阅读课"在等着他。

阅读原本应该是一种自由的活动，想看就看，不想看就不看，乘兴而往，兴尽而止。按照时间表机械地阅读，既容易让孩子乐趣全无，也无法让孩子享受到真正的自由阅读。更何况，不少父母执行孩子阅读时间表的程度，僵化到让人咋舌。

一是阅读时间到了，就必须开始看书。

父母们简直像闹钟一样，时间一到马上就发出指令，无论孩子这时是想休息一会儿，还是想玩会儿玩具，或者他只想干脆无所事事地发会儿呆。

二是阅读时间还没到，现在还不能看书。

这听起来有点不可思议，但也确有其事。一位妈妈说："我让孩子自己上网选书，孩子的积极性倒是挺高，书一到货，也不等阅读时间了，马上就抱着看起来。"这样的说法实在让人诧异：没到时间难道还不让人看书了？

有一次，我们遇到一个小学生，她的烦恼是做完作业想看会儿书，但父母非得让她出去玩儿，而且不玩儿到规定的时间不许回家。增加孩子的户外活动时间当然很必要，但如此要求也未免过于刻板，户外活动并不比阅读更重要吧？父母的要求，应该也并不比孩子的意愿更重要吧？

提到习惯，包括阅读习惯，很多父母马上会想到"定时"，定时吃饭、定时睡觉、定时起床、定时刷牙、定时洗澡、定时写作业、定时阅读……但习惯真的不等于定时。习惯是积久养成的生活方式，人们习惯某事，会在日常生活中高频率地做这件事，比如有人喜欢跑步，每周都会抽时间跑几公里；有人喜欢看书，每天都会抽时间阅读。

有些习惯有大致的时间范围，比如早晚刷牙；有些习惯则完全不要限定时间，想做就做了。如果一人喝着咖啡听着音乐，突然想起来跑步时间到了，马上换衣服去跑步，或者本来在靠着沙发舒服地刷剧，突然想起来今天的书还没看，然后就极度自律地放下精彩剧情去看书，听起来好像都有点刻板好笑。父母为什么就想把孩子变成这样呢？

深究起来，父母给孩子定时间表也有一个久远的源头，就是孩子小时候的"定时喂养"。

有的父母，比如我们自己，相信孩子应该"按需喂养"，喂奶是孩子想什么时候吃就什么时候吃。但有的父母信奉"定时喂养"，认为限定孩子的吃奶时间会培养出更好的进食习惯。然后这种"定时"的观念，又会随着孩子的成长，一点点延伸到孩子的其他活动上，父母希望孩子做什么事都能"定时"。

再深究下去，给孩子定时间表，让孩子循规蹈矩地完成日常活动，其实还是"控制"孩子的观念在起作用。这样做的时候，父母想要的只是一个无条件服从命令听指挥的孩子，根本没有考虑到孩子作为一个独立个体的需求。

我们反对"阅读时间表"以及父母为孩子制订的其他时间表还有一个原因，就是我们认为，家庭是家庭，学校是学校，孩子的家庭生活不能变成"课表活动"，一个家也不能像学校那样运行。

绝大部分学校需要有一个固定的时间表，才能有效安排成百上千个孩子的活动。但家庭应该是让所有家庭成员包括孩子都能放松地做自己的地方。每个人在家里，都需要有根据自己的意愿安排时间的自由，而不是被别人要求按时做这做那，这样，一个家才能给每个人足够的滋养，帮助他积蓄能量，去应对外界环境和各种挑战。

四、不参与阅读打卡

为培养孩子的阅读习惯，一些父母会使用另外一种方法——让孩子做阅读打卡。

我们非常不建议父母让孩子参加任何阅读打卡活动，因为打卡培养的是他律，会毁掉孩子的自律。

习惯于他律的人做事是被动地做，因为不得不做，不做会产生糟糕的后果；习惯于自律的人做事是主动地做，因为"我知道我需要完成某件事，而且我也愿意完成某件事"。

受他律影响的人，对于要做的事难以产生愉悦感，对工作成果的品质也没有自我要求，因为他在完成任务；自律的人对于要做的事会感到愉悦，对工作成果的品质也有自己的要求，因为他在完成的是自己设定的目标。

一些幼儿园和学校为培养孩子阅读能力，也经常推出打卡活动，要求父母拍照或拍视频发到家长群或家长的朋友圈。一些父母会觉得这是老师的要求，我们必须做，所以特别积极地参与。我见到过一个比较极端的例子，孩子已经上初中了，还不得不每天摆出"阅读姿势"，供妈妈拍照打卡。

这样的孩子真让人同情。实际上，打卡活动如果不是自己选择参加的，很多孩子都会本能地抗拒，就像一位妈妈讲述的孩子阅读打卡的故事：

之前幼儿园要求中文阅读100天打卡，我家大宝其实非常喜欢读书，他很想得奖状，但是又特别不愿意每天配合打卡，我就每天等他睡觉后拍一本书打卡让他得了奖状。现在幼儿园又要求英文阅读打卡100天，他更恼火了，我这次干脆没参加活动。

对于阅读打卡，真心爸妈的基本建议是：

为保护孩子的阅读愉悦感，让孩子真正享受阅读，而不是只能阶段性地完成阅读任务，父母需要避免为孩子安排阅读打卡活动。

对于幼儿园和学校的阅读打卡活动，要求自愿参加的，要看孩子是否真的自愿；非参加不可的，我们可以把它当成一项作业，但不把它强行融入孩子自然的阅读生活，更不必将它视为培养孩子阅读习惯的救命稻草——"你看，幼儿园和学校都要求读了，这回你得好好读了吧？"

我们相信，如果没有长期坚持用正确的方式培养孩子的阅读能力，孩子即使打100轮卡，他也不会爱上阅读。

五、理解并尊重孩子的阅读体验

我们说做阅读计划、设阅读目标、制订阅读时间表、参加阅读打卡都会影响孩子的阅读乐趣，无助于培养孩子的阅读能力，那么，到底是什么样的体验能让孩子充分享受到阅读的乐趣？热爱阅读的孩子头脑中发生了哪些奇妙的事，让他不用别人督促，就特别乐于拿起书来读呢？

1. 着迷——沉浸书中

爱阅读的孩子，一定都有过把自己完全沉浸在书中的"着迷"体验。这种着迷和大人追剧没有任何差别，都是身心投入程度极高，非得一口气从头看到尾、看到"过瘾"不可的体验，孩子看完书后还特别乐于与同道中人分享、讨论。

真心妈妈第一次有这种着迷的体验是在小学时的一个暑假。某天早晨，父母都上班去了，妹妹也去了幼儿园，家里只有我一个人，我拿起我爸正在看的一本小说，发现故事很有意思，就趴在炕上一页一页地看下去。直到父母下班回来叫我，我才知道整整看了一上午，一直支着的两只胳膊都伸不直了。

父母们不妨观察一下，你的孩子有没有过这种捧着一本书，不说不动，看得入迷的状态。

让孩子读入迷的一定都是他们特别感兴趣的书。为了帮孩子遇到着迷体验，父母首先需要做的就是把选书权交给孩子，让他有机会读他自己读得进去的书。

2. 兴奋——真有意思！真好玩！

孩子看书看得哈哈大笑，兴奋不已。"哈，真有意思！真好玩！"你的孩子，看书时有没有过这样的表现？

真心家两个孩子小时候经常这样。有时是一个人待在屋里看书，突然咯咯笑起来，甚至哈哈大笑。有时笑过了，他会跑过来找爸爸妈妈："我刚才看到了一个特别好玩的事，我跟你说啊……"然后就兴奋无比地给大人讲起来。

孩子的这种反应和大人在网上、朋友圈、电视上看到有趣、好玩的事会特别欢乐，还会讲给别人听是一模一样的体验。孩子看书时得到这种体验，就会把这种愉悦的体验和看书联系起来，然后不断试图重温。

孩子能从中获得巨大乐趣的书，一定是他觉得有意思、觉得好玩的书。孩子眼中的"好玩"，不是大人眼中的"好"。很多父母都发现，孩子挺爱看书的，但大人推荐给他的经典名著，他并不感兴趣。那正是因为对他来说，经典名著没那么"好玩"，以他的年龄和阅历，从那些书中还得不到乐趣。

3. 会心——与书中人物共情

很多成人看小说、看电影、看电视剧时，会特别投入地把自己代入为某个人物，从而更深刻地体会到人物的喜怒哀乐。

孩子看书也有这样的共情时刻。当遇到和自己的生活有某种共通之处的书时，他会把自己融进去，理解和感受某个特别喜欢的人物和他的情感。这种"会心"是很深刻的内心体验，孩子经历过的这种体验越多，越会乐于通过阅读去感受自己日常生活之外的生活和世界。

比如，很多妈妈都会和孩子一起读著名绘本《大卫，不可以》。一些妈妈是把它当成什么不可以做的教科书的，但对孩子来说，他在书里遇到的是一个和他一样淘气、一样经常被妈妈说"不可以"的小男孩，他会理解大卫的淘气，也会同情大卫被妈妈说"不可以"。对他来说，这不是教科书，是童年乐趣的记录。

要想孩子更多地享受到这种会心时刻，父母需要做的是不对孩子做各种先入为主、充满成人定见的灌输，让孩子自由地去和书、和书中人物交流。

4. 惊喜——原来如此！

在看书时不断获得"原来如此"的惊喜，也是容易吸引孩子爱上阅读的一种体验。如果他在生活中遇到一个小疑问，或者读某本书时产生一个小疑问，当时没有得到特别满意的解答，然后有一天在其他书里，忽然遇到了说得特别清楚明白的答案，惊喜的感觉就会产生。

我们的两个孩子有个阶段看一套漫画数学书，其中讲到印度数学很神奇，他们就很好奇：神奇在哪里呢？于是就又去买了好几本关于印度数学的书来仔细研读，读了几天之后，发现了妙处，原来印度数学真的有很多特别的计数和计算方法呢！孩子们很开心地讲给我们听，我们虽然听得稀里糊涂，却被孩子惊喜的感受深深感染了。

从阅读中获得"原来如此"的惊喜感受是孩子了解书对自己的"功用"的第一步。有此体验的孩子，才能慢慢学会"用"书，到书中获取更多知识、观点、方法以及他需要的其他认知上的帮助。

孩子能乐于持续地从书中获得这样的感受，乐于持续地"用"书，有一个重要的条件，就是他阅读中的"新发现"总是得到父母的认可而不是否定和批评，当他想讨论这些新收获时，父母总能积极参与。

5. 豁然开朗——打开新天地

读书是一个求知的过程。每一本书都可能将我们引入一个新领域，让我们觉得，原来世界如此之大，原来在我不曾了解的地方，还藏着如此多的新知，而且其中还有好多新知恰好能解决我们曾经遇到的困惑。

这是一种豁然开朗的体验，是一种自己站到了高处，并且还能往"上"走的感觉。有过这种体验的人，会更向往进入好书在他眼前展开的新世界，会持续做更广阔、更深入的阅读。

比如真心爸妈，我们研究育儿是从阅读市面上常见的育儿书开始的。读得越多，越觉得父母与孩子的角色有很多值得深究之处。于是我们又去读《少有人走的路》这样分析一个人的心智如何走向成熟的心理学著作，然后一步一步去读儿童心理、儿童人格养成的心理学著作，之后又去读更多的心理学经典。这样读过几年，我们回头再看育儿问题，就发现理解孩子的心理、行为、成长过程变得容易很多——即便遇到困难，我们也相信通过更进一步的阅读和学习就可以解决。

再比如我家两个孩子读科幻小说。他们开始热衷读科幻小说后，家里餐桌上的聊天话题经常是地球、宇宙、外太空、时空、未来科技的可能性，等等。真心爸妈明显感觉到，科幻小说为孩子打开了一个看待宇宙时空的新视角，而且他们为此感到特别愉悦、兴奋。

想要孩子经常有这种"豁然开朗"的感觉，最重要的条件是他的读物不被限定，他可以在自己的阅读实践中，自主地延伸、进阶，不断接触到更丰富、更高水准的读物。

6.骄傲——会读书的我真厉害！

著名心理学家阿德勒认为，优越感是人们很多行为的心理动机，每个人都享受优越感带来的愉悦感受，进而去不断追求新的、更大的优越感。

孩子的阅读活动也包含着这一机制。我家小儿子刚刚开始上科学课时，有一次放学回来，特别骄傲地告诉爸爸妈妈："今天我们科学课上讲了个小常识，全班只有我和两三个同学知道！"我们就问："那你是怎么知道的呢？"小儿子答："我从书上看到的啊！"

当孩子在某种场景下发现阅读让自己有过人之处时，他会感到特别骄傲，"会读书的我真厉害！"于是他会继续阅读，让自己的这种优越感一直保持下去。

要想孩子持续地从阅读中获得这样的优越感，父母需要认同孩子的成就并积极赞美他们，不要用各种"差评"打击孩子。

可能一些父母会担心，这样做会让孩子越来越骄傲，但真心爸妈认为，优越感带来的不是"自满"而是"自信"。相信自己的能力，相信自己能做得更好，会让孩子在阅读、学习和其他活动中，都保持更充足的内在动力。

7.找到知己——分享与讨论之乐

和别人分享从书中得到的新知，讨论与书中内容相关的话题，体验到"找到知己"的感觉，也是阅读带来的一种特别令人愉悦的体验。

真心爸妈就特别享受这种体验。我们两人在家里的重要话题之一，就是分享自己近日阅读所得。有一次，真心爸爸一口气读完好几本关于蒙古族的历史著作，就给真心妈妈讲成吉思汗和他的子孙都做了什么，元朝和南宋之间到底发生过什么。真心妈妈读了新的心理学著作，也会和真心爸爸讨论从中得到了什么关于育儿、婚姻和个人成长的启发。

可能是受父母影响，孩子们也很喜欢和我们讨论他们读的书，以及被书中内容引发的各种各样的联想，大家经常你一句我一句，讨论得无比热烈。有时两个孩子争着说各自的话题，真心爸妈还不得不调停："等等，等等，让他先说，他说完了你再说。"

分享书中所得，互相讨论并不断延伸话题，让人享受到思想交流的愉悦——这是一种深刻的内心愉悦。帮助孩子持续获得这样的愉悦，需要父母积极参与讨论，并自觉地做一个和孩子平等的讨论者。

8. 自我实现——高峰体验的瞬间

高峰体验的概念出自人本主义心理学家亚伯拉罕·马斯洛在《自我实现的人》里提出的需求层次理论。简单地说，那是一种类似"人生如此，夫复何求"的感觉。他说：

> 高峰体验是自我实现的短暂时刻。这是一些心醉神迷的时刻。处于高峰体验中的人有一种比其他任何时候更加整合（统一、完整、浑然一体）的自我感觉。当他更加纯粹地成为他自己时，他就更能够与世界，与以前非我的东西融合。处于高峰体验中的人通常感到正处于自身力量的顶峰，正在最佳地、最

充分地发挥自己的潜能。当一个人处于最佳状态时，他的'发挥功能'还体现出一个很微妙的特点，这就是行动的轻松自如。此时，他表现得胸有成竹，明察秋毫，好像完全清楚自己在做什么，毫不怀疑、踌躇，也非止步不前。

当一个孩子读书入迷，完全投入，找到乐趣，获得惊喜，读到豁然开朗，觉得找到知己，并且为会读书的自己感到骄傲时，他实际上是享受到了一次又一次小小的高峰体验。

一个享受过这样的自我实现体验的孩子，会更加热爱阅读，并且随着阅读给他的生活和学业带来的收获逐渐增多，他会更多地体验到自我实现的感觉，进而成为一个有自我实现能力的成人。这是阅读为我们带来的最美好的图景，爱上阅读的孩子，内心也会有这样的理想图景。

前面我们列举了爱阅读的孩子会从阅读中获得的 8 种奇妙的体验，如果孩子体验过其中的任何几种，他就会发自内心地爱上阅读。而如果这些体验，一次都没有在孩子身上出现过，或者出现过但是没有对他的内心产生过任何触动，那么"爱上阅读"这件事会很难发生。

正如马斯洛所说：

几乎每个人都确实有过高峰体验，但并不是人人都能够认识到这一点。有些人把这些小的神秘体验弄丢了。

那些读了很多年绘本，但最终没有爱上阅读的孩子，在他们的亲子共读生活中，肯定也在某个时刻有过这样的体验。遗憾的是，父母常常过于注重在孩子身上培养出作为一种简单的行为习惯的"阅读习惯"，却常常并不足够留意孩子有没有经历让他爱上阅读的各种神奇体验。

获得过这些体验的孩子可能不会每天都在固定时间坐下来，读上半小时、一小时，但他会在想看书的任何时候，或者拿到一本特别喜欢的书时，不需要任何准备、任何督促，非常自然地开始阅读，直到获得一种满足、释然的感觉。

所以，当我们说起如何让孩子爱上阅读，如何培养孩子的阅读习惯时，所指的、所关注的不应该是如何让孩子养成"坐下来看书"的行为习惯，而是如何帮孩子与上述这些阅读体验相遇。

第八章

帮孩子发展阅读技术

自主阅读的要素之一是"我会读",即孩子能凭借个人能力进行有效阅读。但阅读能力的培养恰恰是个难点。很多父母发现,无论自己多努力地为孩子朗读,为孩子讲解,孩子一旦离开父母,就不会自己阅读了。

发现孩子阅读能力不足的父母可能会想,有没有一种有效的办法,能快速帮助孩子提升阅读能力?答案恐怕会令人失望。

孩子的阅读能力是完成阅读活动所需的一种综合性能力,需要由诸多专门的"技术"来支撑。支撑阅读能力的技术,通常称为"阅读技术"。

"技术"比"能力"更具体,比"方法"更重实际操作,又比"技巧"更基础,更不追求巧妙和多变。孩子能否掌握必要的阅读技术,实际上决定着孩子是否真正具备真实、稳定的阅读能力。

但是，孩子需要通过长时间训练、大量练习，才能真正掌握和熟练运用阅读技术，他无法通过短时间的集中突击获得提升，就像一个学会驾驶方法、知道如何开车的新手司机，一定要通过长时间的实际操作，才能成为技术过硬的好司机一样。

同时，孩子阅读技术的发展也需要父母的支持、肯定和配合。

一、决定孩子阅读能力和水平的 8 种技术

要实现有效的自主阅读，孩子需要掌握哪些重要技术，又如何能掌握它们？下面是真心爸妈从自己的阅读经历、两个孩子的阅读学习过程中总结出的一些经验。

1. 复述

复述是把读到的内容用自己的话讲出来。

这其实和孩子给父母讲他今天在幼儿园、学校遇到了什么有趣的事没有区别。孩子读了书，想讲给大人听的，一定是他们觉得最有趣、印象最深刻的部分。

复述会同时锻炼孩子的理解能力和表达能力。通过复述，孩子会加深对书中内容的印象和理解，也会不断提升概括能力，练习如何清晰、精准地表达。父母津津有味地听孩子讲他读到了什么，也会强化孩子从阅读中获取的成就感。读了书想讲给父母听的孩子，会比从不对阅读内容做出任何个人反应的孩子，阅读能力强很多。

培养孩子学会复述并不困难，父母做到以下几点，孩子就会越来

越喜欢复述。

第一，时常启发孩子，"你读的某某书讲了什么好玩的事？"孩子看到大人有兴趣听他讲述，常常会滔滔不绝地说起来。

第二，在孩子讲述时，父母不要抱着考查的态度，一会儿说他讲漏了什么，一会儿又说他讲得啰唆。我们家的办法是，孩子讲什么大人就听什么，无论讲得多长、多啰唆、多逻辑不清，都不打断、不干涉。孩子经常做这样的复述，抓住书中主要内容并清楚地表达出来的能力就会逐渐提升。

第三，一定不要把让孩子复述读到的内容当成一项功课，机械地要求孩子复述看完的每一本书，那样会把孩子吓跑。

总之，帮孩子掌握复述技术的要诀是，孩子愿意讲时大人就兴致勃勃地听他讲，孩子不愿意讲时，大人也不要求，更不强迫。

2. 评论

评论是就读到的内容发表自己的观点。

孩子读了某本书，能就书中讲到的人、事、知识等发表自己的看法，说明他不但读到了书中的内容，还经过了自己的思考，把阅读所得和自己的经验、观点结合起来。

孩子的评论可能会非常随意，在大人看来既不全面，又不严谨，也不深刻。但没有关系，只要他的表达中包含了自己的见解，就是在做评论了。比如，孩子读到一个故事，谈论其中的某个人物时说"我觉得某某真傻"，或者读完一本书说"这本书太好玩了"。父母稍加引导，提出"为什么说他傻呀"或者"你觉得哪里好玩"之类的问题，孩子就会很自然地开始解说他的观点，他的评论活动就会从"直觉"向更深入的"思考"发展。

评论活动会锻炼孩子的独立思考能力和独立表达自己观点的能力。经常就书中内容做评论的孩子，显然比从不做评论的孩子阅读能力更强，也更善于思考。

如何引导孩子学会评论呢？

第一，发现孩子就书中内容表达看法时，引导孩子具体说说他为什么这么看。

第二，在孩子与父母谈论书中内容时，父母可以经常问他"你怎么看"。

第三，父母应该做自然的引导，不能机械地要求孩子"对书中内容做个评论"或者"这本书看完了，说说你的看法"。

第四，孩子表达自己的观点时，无论他的观点是否有道理、是否偏颇，父母都要鼓励，不能打击。如果大人经常就孩子发表的意见做"对、错、好、坏"的评判，"你这样说不对""你这样说不好"，孩子就很难养成独立思考并发表自己观点的习惯。

3. 讨论

讨论是孩子和父母或者同学、朋友共同谈论某个话题。大家各自发表看法，并且从他人的言语中获取线索和启发，继续深化自己的观点。

讨论是一种深入的互动，与阅读内容相关的讨论，也是阅读的延伸和深化，不仅能帮助丰富孩子的认知，还会锻炼孩子与他人做思想交流和互动表达的能力。因为讨论的过程，也是参与讨论的双方互相启发的过程，双方都需要理解对方的表达，能从对方的表达中捕捉有用的信息和线索，组织自己掌握的信息和材料，把自己的观点梳理清楚，然后逻辑清晰地表达出来。

一个善于讨论的孩子，遇到事情，会很自然地表达"我的想法"，而不是人云亦云；需要做语言表达时，他也很少照本宣科，而且从不怯场。

毫无疑问，独立思考能力和语言表达能力对于孩子的学校学习也相当重要。

如何引导孩子展开讨论？

第一，父母可以在孩子复述或者评论他读到的内容时很自然地发起讨论："这事我知道，是不是……"，或者"我觉得……你觉得呢？"父母表达自己的看法，也表示乐于倾听孩子的看法，孩子就容易和父母讨论起来。当然，当孩子表示想讨论时，父母要表现出兴趣并积极参与，对孩子发起讨论的愿望视而不见，会大大挫伤孩子的热情。

第二，在讨论中，父母需要分享自己掌握的信息，贡献自己的观点，但不可以否定孩子的观点。互相否定很难让讨论进行下去。

第三，讨论不要正式，要随意，就像日常聊天一样。

第四，讨论的内容不需要宏大，不要引导孩子讨论"故事主题""中心思想"等内容，孩子有兴趣讨论什么，父母就跟他讨论什么。

父母如何做一个好的讨论者，我们在第九章《父母的职责：辅助、互动、示范》中会有更详细的解说。

4.抓住核心内容

抓住核心内容是至关重要的阅读技术。我们读了一本书或者一篇文章，如果只是一大片文字在眼前过了一遍，核心内容全都没有读到，那么读了也等于白读。

一篇读物的核心内容都包括什么？如果是故事性读物，那么主人公、主要相关人物、故事的起因、转折点、主要情节、结果，就是核心内容；如果是知识性读物，那么关键词、对关键词的解释、其中解读的事物有什么用途、有什么好处，就是核心内容。

孩子考试时做阅读题目的水平可以很直观地反映出孩子抓住核心内容的能力。阅读题目通常是给出一篇阅读材料，然后针对其中的核心内容提出一些问题。如果孩子不能迅速在一大片文字中打捞到那些最重要的内容，就很可能在阅读题目上得不到分数。

引导孩子复述、评论、讨论，同时也是在培养孩子抓住核心内容的能力。孩子读得越多，表述得越多，就越善于抓住核心内容。阅读量非常大的孩子，甚至可以做到略去阅读材料中不重要的表述，直接将关注重点定位到核心内容，"把书读薄"讲的就是这个道理。

父母既需要在孩子做复述、讨论、评论时，留意观察和引导孩子关注核心内容，同时也需要注意避免两种倾向：一是过于要求全面，总是希望孩子把书中内容记得很全；二是过于关注细节，经常就书中特别具体的细节向孩子提问。前者会误导孩子在阅读时"眉毛胡子一把抓"，后者会误导孩子"丢了西瓜捡芝麻"。

5. 泛读

泛读是一种快速阅读技术，成年人做的很多阅读其实都是泛读。

会泛读的孩子，不是一个字一个字地读，而是一整句话甚至一整个段落地读，并且能快速地从这些语句和段落中提取出重要内容。因为掌握了泛读技术，善于阅读的孩子也能读得又快又多。

不会泛读的孩子是一个字一个字地读，读的时候，他看到的不是一句一句的话，也不是一个一个的段落，而是一个一个的字词，所以很难快速、完整地理解句意和段落意思，更不容易快速把握整个阅读材料的内容。不会泛读的孩子，阅读效率会相对低。

如何让孩子学会泛读？

第一，让孩子有充足的读物，他能随时随地根据当时的兴趣浏览翻阅。如果孩子的书架上总共只有三五本书，泛读技术的发展也就无从谈起。

第二，父母不要认为孩子一页一页读得很慢，每个字都读得很细，每个细节都读到了，才是阅读。

第三，孩子阅读时，不要求孩子朗读。逐字朗读是一种非常低效的阅读方式，无法培养孩子真正的阅读能力。

第四，孩子阅读时，不要求孩子指读。逐字指读也是非常低效的阅读方式，很可能将孩子导向不会阅读。

鉴于朗读和指读被相当多父母当成培养孩子阅读能力的重要方法，本章后文将集中讨论这两种方式的弊端。

6. 精读

泛读重阅读量，重阅读速度，不求深入理解和记忆，即所谓"好读书，不求甚解"。精读则正好相反，是深入阅读的技术，不但要求把握核心内容，还要求深入理解，甚至深入到每句话、每个词，而且可能需要读者反复阅读。孩子在语文课上学习课文，重点就是学习精读技术。

精读是学习知识、理论的重要方式。真心妈妈大学时的专业是中国文学，读研究生时转向之前完全没有系统学习过的广告传播专业，当时正是靠着花功夫反复精读了多本这个专业最经典的著作，才建立起在新专业上最初、最基本的知识架构。我家大儿天真曾经花几个月时间精读《三国演义》，反反复复，不知读了多少遍，到最后，聊得兴起时甚至能背上一段原话。

读到这里，你可能会想，精读这么重要、这么有用，那我要求孩子全部精读吧。我们觉得没有必要，而且这样也会影响孩子的阅读兴趣，限制孩子全面的阅读能力的发展。

孩子的日常阅读和学校学习，既需要用到泛读技术，也需要用到精读技术；既需要能反复读一本书，也需要能一小时快速翻完一本书。两种能力都具备的孩子，才能说是真的会阅读。

对日常阅读来说，孩子会泛读可以保证涉猎的广度，会精读可以保证阅读的深度，让自己能持续学习、进步。

对学校学习来说，泛读可以帮助孩子高效预习新课程，快速把握新课程的重点，精读则可以帮助孩子跟随老师的讲解，深入理解教材内容。

考试时也是一样。每一场考试时间有限，孩子不掌握泛读技术，就不能快速读完阅读材料；不掌握精读技术，则即便是读完了，也无法深入理解内容，无法准确答题。

成年人更是既需要会泛读，也需要会精读，它们共同构成了一个成熟读者必备的阅读能力，同时也是终身学习能力的重要组成部分。

为了让孩子能自由地发展他的精读技术，父母需要避免两个倾向：一是过度重视阅读量和阅读速度，总是希望孩子读得又快又多；二是对孩子读得慢、反复读一本书不以为然，认为那种读法浪费时间。

7. 扩展

扩展是延伸阅读的能力，包括两种形式：专题内延伸和跨专题延伸。

善于阅读的孩子会从一个专题的某本书，延伸到另外一本书，之后再继续延伸，直到感觉自己在这个专题内的阅读兴趣已经得到了充分满足。有时，孩子也会抓住从某本书中获得的线索，从一个专题自然地跳跃到另外一个专题。

这样，孩子的阅读范围就会不断扩大，读物的形式和风格也会不断增加，知识面也会随之不断拓宽。孩子会通过这种扩展逐渐建立起一个完全属于自己的阅读体系。

这种扩展还对孩子的学校学习有相当明显的帮助。在自主阅读中积累起扩展经验的孩子，开始新科目的学习或者在考试时遇到新的阅读材料时，就不会感到困难，更不会完全不知从何着手。

要帮助孩子掌握阅读中的扩展技术，父母需要为他提供扩展阅读的条件：一是充分支持孩子选择丰富的读物，避免读物内容单调、层次单一；二是支持孩子阅读中的"跳跃"与"贪多"，不要求孩子必须读完一本再读下一本，也不批评孩子阅读中的"囫囵吞枣"。

买书不限量，及时满足孩子买新书的要求，也都可以有效支持孩子在自主阅读过程中及时根据兴趣做有效的延伸阅读。

8. 良好语感

语感既是一项重要的阅读技术，也是持续阅读的成果之一。良好的语感可以帮助阅读者比较直接、迅速地感知、理解语言文字。

语感好的孩子阅读时会很自然地从上一句联想到下一句，会快速熟悉作者的表达方式，能够完整理解句子和段落的意思。语感不好的孩子上下文联系能力明显较差，把前后语句联结起来完整理解的能力也会稍低。

记得我们上学时，每次语文课学新课文，老师都会先叫班里阅读量大的同学为全班朗读课文，而很少叫不太会阅读的同学。因为前者即便是读从来没读过的课文，也很容易读得快速、流畅，后者则很容易结结巴巴、前言不搭后语。

良好的语感最主要的来源是大量的阅读、广泛的阅读、阅读多样化的文本。阅读量小、阅读面窄、阅读的文本类型单一，无法培养出良好语感。

前文讨论这些阅读技术时，我们主要侧重探讨父母如何帮助孩子发展它们，其实阅读技术还有一个重要的来源——学校的语文课程。我们国家的中小学教育目前尚未普遍设立专门的阅读课程，语文课程实际上承担了阅读课程的部分功能。

　　语文课不只是讲生字、生词、课文，而是通过课文学习，帮助孩子掌握必要的阅读技术，具备基本的阅读能力。我们在第二章《阅读如何帮助孩子发展学习能力》中重点讲过，阅读不是为了学好语文、写好作文，但是谈到阅读技术和阅读能力，我们应该看到一个相对的逻辑：学好语文对孩子阅读能力的发展至关重要，换句话说，学好语文的目的之一是为了更好地阅读。

　　当然，仅靠父母的有效引导、有效学习语文课程还远远不够。孩子如果没有大量的自主阅读，很难熟练掌握这些技术。就像学习开车，操作方法都是教练带着做过多少次的，但是一个人要真正成为合格的司机，还是需要自己独立开过很多路、遇到过很多不同状况并慢慢学会独立处理。

二、理解并尊重孩子自己的阅读技术

　　在培养孩子阅读能力这件事上，父母们可以说是几家欢乐几家愁。一些父母忧虑孩子还没有爱上阅读，而孩子已经很喜欢阅读的父母，又常常为孩子到底该怎么读，孩子的阅读方法对不对、好不好而烦恼。后者总能在孩子的阅读方法中发现这样那样的问题，然后想方设法地纠正。

　　经常被父母"敏锐"地发现的问题包括：

　　（1）阅读时爱"跑题"。

　　　　我家孩子4岁半，给他讲故事的时候他特别爱提问，要是回答他的问题就跑题了，不回答又觉得不能满足他的好奇心。请问应该怎么做？

我女儿 4 岁，看书的时候想象力太丰富，总是由书中的一点发散到很远很远，我要不要在她扯太远的时候把她叫回来呢？

（2）读得太慢。

孩子老是喜欢看同一本书，4 岁了，最近几周都是这样，怎么改变这种情况？

孩子看书时太爱问问题，一本书要读很久，怎么办？

（3）记住得太少。

我家孩子阅读从来不做笔记，感觉只是看看而已，如何引导孩子深度阅读并做笔记呢？

我家小孩喜欢看书，就是看到后面，前面的内容就忘了，感觉白看了，怎么办？

（4）读得太快。

我家孩子看书，有时只是一目十行地翻看，我该怎么帮他读得认真点儿？

孩子看书时不是逐字阅读的，这样是不是说明孩子没读进去？会不会影响孩子的阅读收获？

（5）不读完整本书。

孩子看书经常看到一半就放下怎么办？孩子看书时喜欢抱一大堆随便翻怎么办？

如果让父母们敞开罗列，相信大家发现的问题写都写不完。但是，这些真的是"问题"，需要父母帮着纠正吗？我们不这么认为。

真心家两个孩子都很喜欢阅读，前面说的那些现象他们小时候阅读时都有。

他们看书时，也是想象力特别丰富，问题一个接着一个，从一个问题，能联想到十万八千里远，能和大人讨论上半小时、一小时，直到爸爸妈妈认输："不行了，不行了，我们答不上来，得去查查资料了。"

他们也常常一本书反反复复读很久、读很多遍，有时是好几天连续读，有时是隔了一个月，又把一本已经读过的书拿出来重读，有的书干脆就放在手边，想起来就读一会儿。

从小到大，除了老师要求的读书笔记，他们自己看书从来不做笔记。

对孩子阅读中的这些现象，真心爸妈的态度是"不闻不问"，因为在我们看来，这些都完全不是"问题"，只是孩子自己的阅读方法而已，而且它们还都是孩子自己摸索出来的很好的方法。换个角度看，父母眼中的"不对""不好"，都是孩子的能力。

1. 跑题——孩子在动脑筋

孩子看书时爱提问题说明他"看进去"了。如果孩子对读到的内容完全没有思考，就提不出任何问题。不停从一个问题联想到另一个问题，说明他想象力丰富、知识面宽广、善于思考，能够调动更多信息来解决眼前的问题。这都是父母花很大力气也不一定能培养出来的方法和能力，我们应该高兴才是。

一些父母担心，孩子这么读是专注力不足，我们认为不是。专注力是集中注意力于某事，孩子能在阅读时提问，恰恰说明他的投入程度很高、注意力都在这件事上。

对于孩子阅读时爱"跑题"、爱提问题，我们的建议是：一定不要管，不要想方设法纠正；不仅不要管，还要热情鼓励，告诉孩子他这样做特别棒。

人们常说一些孩子是"死读书""读死书"，指的是无论自己阅读，还是在学校学习，他能从书上得到的只有字面意思，能从课堂上得到的只有老师明确讲到的东西。书上讲了什么就是什么，老师说了什么就知道什么，不会思考，不会提问，也不会把新学到的知识和之前学过的知识联系起来。这样的孩子和看书时想象力丰富、不断提出问题的孩子相比，学习能力会差很多。

2. 读得慢——孩子在精读

孩子一本书读很久，读很多遍，父母可能会认为他每读一遍，从书中获取的信息都是相同的，有这时间不如再去读一本新书。

其实完全不是这样。孩子肯在一本书上花很长时间，说明这本书一定有特别吸引他的地方，他能从阅读中获取足够的信息，也能获得足够的满足感。而且同一本书，孩子每读一遍都会加深对已经获取的信息的印象，也都能看到新东西——之前没有注意到的细节，之前没有发现的关联，之前没有看明白的因果关系，等等。所以，重读实际上就是孩子自发的精读练习。

反倒是孩子一本接一本地读下去，任何一本书都不会读第二遍，父母才应该担心，因为这说明孩子不会精读，他从书中获得的信息会很浅、很有限。而且，孩子这么读，很可能只是为了完成父母给他布置的阅读任务，让大人开心、满意，他自己对所有读过的内容都没有明确的兴趣。

所以，父母要让孩子有"一本书看多少遍都行"的自由，不阻止孩子的重复阅读，不要求孩子读得快，不要求读完一本马上去看别的新书。

3. 记得少——孩子在内化知识

孩子看书时记住的东西少，问什么都说不出来，记不住原文的情况，父母也不用太过担心。孩子做自主阅读不是上语文课，并不需要能马上回答老师的提问。不能马上答出来，也并不说明孩子就一无所获。

如果父母对"显性知识"和"隐性知识"的概念稍有了解，就可以放下对孩子看书时到底记住了什么的忧虑。

这对概念是英籍犹太裔物理化学家和哲学家迈克尔·波兰尼提出的，他认为：人类的知识有两种。通常被描述为知识的，即以书面文字、图表和数学公式加以表述的，只是一种类型的知识。而未被表述的知识，像我们在做某事的行动中所拥有的知识，是另一种知识。他把前者称为显性知识，将后者称为隐性知识。

显性知识，简单地说，就是"能明确表述的知识"。显性知识能够被人类以一定符码——最典型的是语言，也包括数学公式、各类图表、盲文、手势语、旗语等诸种符号形式加以完整表述。孩子从书上看到的知识就是显性知识。

隐性知识存在于人的头脑中，是个人能力的一部分。来自人学习到的显性知识、人自身的经历、经验和对某事的反复实践。

孩子的学习过程其实就是把书本上的显性知识内化为自己的隐性知识的过程，也就是把知识转化为能力的过程。

一些孩子看完一本书，你马上问他，他都能答得上来，但过三天再问，就全忘光了，这就是他读到的知识没有内化。很多孩子平时看起来很用功，做作业没什么困难，但一到考试，题目形式稍有变化或稍微难一点、需要动点脑筋，他就不会了，也是因为他的课堂所学没有被有效内化。

有的孩子读完一本书，你马上提问，他说不出什么，但是可能突然有一天，他说出了一个让你吃惊的观点，或者突然能自己清楚地解释一个原本他会向父母求解的问题。这就说明他悄悄地把从书上看到的东西内化为自己的思考能力和解决问题的能力了。

所以在孩子的阅读上，父母并不需要关注他记住了多少，有没有记笔记，能不能马上做"输出"。父母真正应该关注的是，孩子的知识面有没有随着阅读越来越宽，思考能力、提问能力有没有随着阅读变得更强。只要孩子的知识水平和能力都在提升，父母就完全不用担心他的阅读品质。

4. 读得快——孩子在泛读

一些父母认为孩子阅读时一目十行、读得太快、不能逐字阅读是需要纠正的不良阅读习惯。不过真心爸妈认为，这是一种特别正常的泛读状态。快速阅读时，你不可能关注到每个字词。被父母要求阅读时一字不落的孩子很难掌握泛读技术，阅读速度一定非常慢。

成熟读者的阅读经常是看到不认识的字、不明白的词、觉得读起来困难的段落就跳过去的。那些被忽略掉的东西并不影响读者对整本书的理解，而且这种"囫囵吞枣"式的阅读，还能保证更大的阅读量。

真正的阅读需要阅读量的积累。孩子掌握了泛读的技术才可能做大量阅读。如果孩子读得很慢，一学期才勉强能读完一本书，那他即使有所谓的阅读习惯，每天都在读，也不能说是善于阅读。

所以，父母需要接受孩子的"一目十行""囫囵吞枣""不求甚解"，不能要求孩子精读每一本书。等孩子的阅读量足够大、阅读能力足够强之后，他很可能发现，某一本之前快速浏览过的书值得再看，就又回过头来重读了。

5. 不读完整本书——孩子在甄选读物

一位妈妈问过我们一个困扰她很久的问题：

我孩子上小学，看书时总是喜欢抱一大堆，看到有兴趣的就多看一会儿，不喜欢的翻几页就丢到一边，我该怎么培养他把整本书读完的习惯？

当然，她也做了很多努力，比如跟孩子制订阅读计划，商量好这本书几天读完、读完这本书再看下一本，甚至还"威胁"孩子，不把家里现有的书读完，就不能再买新书。

可惜她的努力效果全无，孩子依然会把自己喜欢的书读上好几遍，但对妈妈要求读完的书却没什么兴趣。

孩子这样读是不是真的有问题？到底要不要培养孩子从头到尾读完一本书的习惯呢？

真心爸妈认为，阅读并不意味着每一本书都要从头到尾读完。

阅读是一种基于兴趣的活动。孩子读的都是自己感兴趣的书，才能读得专注、愉悦。孩子遇到不感兴趣的书，根本不想读，或者坚持读几页，最终还是放弃，原本就是阅读的常态。

真正的阅读活动中，孩子享受的是阅读的过程，沉醉书中的状态，随着书中的内容进行思考、想象的乐趣，并不是从头到尾读完每一本书的成就感——读完一本书确实会带来成就感，但前提是那本书他真的非常喜欢。

成熟的成人读者也是一样，他的愉悦来自"我读了一本好书"，而不是"我读完了一本书"。为了读完一本书而阅读，阅读就变成了任务，读者就失去了自由徜徉书中的乐趣。当然，遇到自己特别感兴趣的书，人们会一秒钟都不舍得放下，废寝忘食也要读完。

　　阅读一本书的过程也不仅仅是坐下来，把书打开，从第一页一直看到最后一页的过程。

　　想起一个问题去查书，把一本书反反复复读很多遍，读完一本书讲给别人听，就一本书发表自己的评论，都是阅读过程的一部分。如果孩子只会把一本书从头看到尾，他的阅读过程中不包括其他内容，可以说孩子还没有真正地学会阅读。

　　换个角度来看，并不是每一本书都值得从头到尾读完。有的是书的品质不高，不值得读完；有的是书的内容枯燥乏味，让人读不下去；有的是原著虽好，但翻译太差；还有的书是实际内容和你选择时的期待不符。这些书，其实都不值得花时间从头到尾读完，但我们又无法避免买到这样的书。

　　也许有的父母会想，书都买了，钱也花了，不读完多可惜！但是我们再想想，是孩子的时间和阅读兴趣宝贵呢，还是买那本书的二三十元钱宝贵呢？

　　会翻来覆去地读感兴趣的书，把没兴趣的书丢到一边，懂得选择，也懂得放弃，是孩子自主阅读能力的一部分。从这个意义上说，这样的孩子，比父母给什么就读什么、不管自己感不感兴趣都能乖乖读完的孩子，阅读水平和阅读能力都高多了。

　　可能关注孩子品格发展和良好习惯的父母又会担心，孩子这样看书，以后做什么都半途而废怎么办？

　　我想这是曲解了"坚持"的意义。坚持做自己想要的、有价值的事情，这种坚持才有意义。被逼着坚持做自己不喜欢的事情，那不叫坚持，叫妥协、忍耐、放弃自我。真心爸妈不想自己的孩子被父母培养成没有主见、没有自我的孩子，所以孩子不喜欢的事，我们从不勉强他们坚持。

"不读完整本书"可能会遭遇一个具体问题：学校规定的必读书目，孩子不想读怎么办？我们的办法是，告诉孩子把这些阅读当成作业，把阅读量分解，当成任务一点一点完成。

总之，当发现孩子的阅读方式与父母期待的并不相符时，父母要做的不是否定孩子的阅读方式，不是用灌输的方法，把孩子强迫或者半强迫地导向父母认为"正确"的方向，而是支持孩子在自己的阅读实践中探索属于自己的阅读技术。如此，孩子才能真正学会用自己的方式，主动地、自由地阅读。

三、指读阅读将孩子导向不会阅读

指读，指的是以手指字、逐字读音，最初的来源应该是"指读识字"，也就是在孩子识字阶段，父母、老师指着生字，由孩子读出读音。但就现状看，相当多父母将指读作为培养孩子阅读能力的一种手段，将"指读识字"发展成结合识字与阅读双重目的的"指读阅读"。所以现在提起指读，通常指的是"指读阅读"。有的是孩子指、孩子读；有的是父母指、孩子读；有的是父母指、父母读，孩子看字、听音；也有的是三种方式交替使用。

使用指读阅读方法的父母数量相当可观。但真心爸妈认为，指读阅读是一种阅读能力欠缺的表现，用指读方式来训练孩子阅读完全不利于孩子阅读能力的发展，最可能导向的结果是孩子将来根本不会阅读。

1. 后果之一：不指着就不能读

在互联网上搜索"指读"，你会找到无数"技术指导"，最关键的要求是"逐字指认，不能跳字；逐行指认，不能跳行"，这样可以避免跳行、读错字、读多字或读少字。

但这几种情况真的需要避免吗？真心爸妈认为不然。对于真正的阅读，包括孩子的阅读来说，跳行、读错字、读多字或读少字都是正常现象。

孩子只在两种情况中要避免这些问题，一是老师要求他朗读课文时，二是他需要一字不差地背诵课文时。语文课上的朗读训练就足以帮助孩子学会顺畅朗读课文。背诵时，老师也会使用一定的方法帮助孩子"熟读成诵"，两种情况都不需要父母在家给孩子额外加码，要求孩子读所有读物都一字不差。

孩子阅读时习惯了指读，未来很可能不指着就不能读。真正会阅读的人，有谁看书时是手指头在页面上一字一字、一行一行地移动的呢？

我们可以做个假设，如果孩子已经三四年级了，读点儿什么还需要用手指头去指，父母会认为孩子这样读很好、不需要纠正吗？我想更可能的情况是，爸爸妈妈一看就火冒三丈："你怎么还这么读！"——可是，小时候大人就是教他这么读的啊！

一些父母认为，阅读必然要经历一个从需要指读到不需要指读的过程。但是，如果我们未来的目标是不指读，有什么必要从指读开始，然后再通过某个"过渡阶段"来摆脱它呢？

2. 后果之二：不出声就不能读

指读还有一个如影随形的小伙伴，叫"出声"。指读指导中通常要求孩子要边指，边读出声，以供大人判断孩子是否准确掌握了这个字的读音。

我们同样可以想一想，会读书的人，有谁是非读出声不可的吗？总是要求孩子读出声，会培养出一个坏习惯——不出声就不能读。

孩子在课内必需的阅读活动中，除非老师要求朗读，课堂上读课本、考试时读试卷，都不能出声。一些习惯了阅读时读出声的孩子，为应对不允许读出声的场景，会自己发展出另一项技术——唇读，不出声或者极小声地逐字读。这和读出声没有本质区别。

3. 后果之三：读得很慢

逐字指认、读出声音或者不出声唇读都会导致另一个结果，就是读得很慢。

一般人的平均语速是每分钟大约 200 字，如果逐字指认，速度还会降低很多；而一般人的平均阅读速度是每分钟 300~500 字，阅读能力强的人还会更快。孩子可能暂时无法达到这样的速度，但孩子指读阅读速度和非指读阅读速度同样有相当大的差异。

假设同样的阅读材料，有的孩子能以正常速度阅读，有的孩子需要指读或者唇读，最后连试卷都读不完的，会是哪一个？

4. 后果之四：阅读理解能力低下

坚持让孩子指读的父母认为，阅读就是读字，所以需要逐字读。

但真正的阅读，读的不是一个一个的字，而是词、词组、句子、句群、段落、全篇。

如果一个孩子阅读时注意力都放在每一个字上，他基本上就很难看到词、词组，更看不到句子、句群、段落、全篇。这样即便每一个字他都认识，也很难完整理解整句话在说什么、整段话在说什么、全篇在说什么。这就是阅读理解能力低下。

有不少父母坚信指读非做不可，是因为小学一二年级的语文老师会让孩子指读生字——老师把生字写在黑板上，由孩子大声读出。但指读生字是为了识字，不是在阅读时指读。我们特别问过两个孩子，一二年级时语文老师有没有让他们指读过课文，孩子们非常肯定地回答："没有！"

我相信，稍具专业常识的语文老师都不会让孩子做这样的事。他们非常清楚，指读几行字的小课文虽然看起来没有什么问题，但等到课文长到一两页甚至好几页时，指读不但效率低下，而且几乎就是孩子不会阅读的重要表征。

5. 对指读作用的两个误解

一些父母坚信孩子需要指读，并不曾确切考虑过指读对于孩子阅读能力的发展是否有正面作用，却被指读推广者宣称的另外两个"益处"吸引。

其一，"指读帮助培养孩子的专注力"。

专注力自然是孩子必备的素质，但是说孩子把手指在页面上逐字移动能有效培养专注力，我想是误解了专注力的真正含义。专注力是将注意力投注于眼前在做的事，而不是这件事的某一个细节。专注于可能并不重要的细节，反倒会影响对整件事的专注。

举个例子，读一篇阅读材料，一个不需要指读的孩子读完全篇就会思考它讲了什么，而习惯指读的孩子却在想遇到一个不认识的字怎么办，两种表现哪一种是真的专注呢？

其二，"指读培养手、眼、脑协调"。

手、眼、脑协调能力对孩子自然必要，但将这种能力用到阅读上，却是画蛇添足。阅读需要用到的只有视觉和大脑，并不需要动手——除非需要画重点、做批注，在阅读时让手帮助眼睛识别和追踪视觉对象，会大大限制阅读时仅凭视觉获取信息能力的发展，让阅读效率严重低下。

要锻炼孩子的手眼脑协调，动手玩有一定"建设性"的玩具比指读有效太多。父母实在不需要让孩子的每一种活动都训练到虽然重要但与此活动并不相关的能力，这样牵强附会，可能让孩子的很多活动都被繁杂的目标纠缠，给孩子增添累赘，并且会带来不理想的效果。

我们不能确认用"指读阅读"的方法来培养孩子阅读能力这一做法的出处、有没有真正专业的理论支撑，但作为一个一直坚持阅读的成人，基于阅读的常识，我们坚信阅读时指读是一种糟糕的阅读习惯，不但不应该着力培养，甚至都完全不应该出现在孩子的阅读活动中。

四、"让孩子朗读"之误：朗读不是阅读

就现状看，和指读一样，朗读也在儿童阅读活动中占据着相当显著的位置。作为一种"大声读书"的活动，朗读以两种形态进入孩子的阅读生活，一是父母让孩子朗读，二是父母给孩子朗读。前者作为培养孩子"自己读"的重要方式，后者作为"亲子共读"的重要形式，都备受推崇。

"让孩子朗读"和"给孩子朗读"的父母，大多受到《朗读手册》《为爱朗读》等畅销的阅读和家庭教育图书的启发，并为电视媒体享有相当高收视率的朗读节目、相当频繁的朗读活动所鼓舞，对朗读帮助培养孩子阅读能力的作用抱有相当大的信心。但真心爸妈认为，在培养孩子自主阅读时，这两种形态的朗读，负面作用都大于正面作用。

在本章的这一部分，我们将讨论为什么"让孩子朗读"无助于培养孩子学会自主阅读，在第十章《亲子共读不是真正的阅读》中，我们将讨论为什么"给孩子朗读"并不能促进孩子阅读能力的发展。

1. 孩子的朗读现状

一些使用指读方法来培养孩子阅读能力的父母，在孩子识字量已经比较大、不再需要指读之后，会要求孩子在阅读时朗读；另外一些没有使用过指读方法的父母，也会要求孩子在达到一定识字量之后，用朗读方式阅读。

我们经常遇到一个"经典"提问：孩子阅读时老丢字落字，我该

怎么帮他？发现这个问题的父母通常都要求孩子朗读，以监督孩子有没有偷懒。

我们常见的"阅读打卡"视频中，相当比例的孩子也是举着书，像语文课上读课文那样朗读。

这些现象中隐藏着父母们一个巨大的误解，就是把"阅读"和"朗读"等同起来，认为在朗读就是在阅读，孩子今天的朗读会导向明天的阅读。

2. 阅读和朗读是完全不同的活动

阅读是通过视觉接收文字、图表、公式等形式的符号，通过大脑进行吸收、加工，以理解符号所代表的意思的过程，注重的是信息的获取。朗读是把文字转化为有声语言的活动，注重的是有声语言的表现力，包括语音、语气、语调、节奏，等等。

学校语文课程中，老师为培养学生的语感、对文章情感和美感的理解力、表达能力，会要求学生做大量的朗读练习；电视媒体为吸引观众，会借助朗读的表现力、感染力，推出表演性的朗读节目；诗歌、小说、散文、剧本的朗诵活动，作为深具文艺性的活动备受欢迎；在部分受教育程度较高的人群中，朗读或者朗诵也常常被作为聚会主题或者聚餐的余兴节目；也有相当多的读书人喜欢寂静无人时或高声朗读或低声吟诵，并将之视为一种身心之乐。

但在上述朗读情境中，朗读者朗读时都不以信息获取为目标，也就是说，他们在做的只是朗读活动，而不是阅读活动。

所以说，"阅读"和"朗读"虽然都名为"读"，朗读也经常被纳入阅读中讨论，但实际上二者是完全不同的活动。阅读不需要朗读，也不包含朗读；朗读不需要阅读，也不包含阅读。

真正的阅读是默读，是安静地读，不读出声，也不做唇读。有阅读习惯的成人并不会每天抱着一本书坐在椅子上大声朗读。

3. 以朗读替代阅读，会将孩子导向不会阅读

和指读一样，要求孩子阅读时必须朗读，会让孩子习惯于只要阅读就必须出声，继而衍生出唇读、阅读速度慢、阅读理解能力难以提升等问题。

而且，要求孩子必须读出声来，会让孩子在阅读时把注意力放在如何把文字转化成有声语言，而不是从文字中获取信息上，他读到的内容很容易只经过了嘴巴而没经过脑子，孩子的阅读收获也会大打折扣。

孩子当然也需要一定的朗读练习，但目的是提升朗读能力而不是阅读能力，父母不能要求孩子用朗读替代不出声的、真正的阅读。不学会默读，孩子永远学不会阅读。

第九章

父母的职责：辅助、互动、示范

前文我们讨论了在培养孩子自主阅读能力过程中，父母需要把选书权交给孩子、帮孩子享受阅读、帮孩子发展阅读技术。细心的读者可能已经发现，其中需要父母深度介入的工作并不多，甚至我们还在不断提醒父母，有意识地减少对孩子阅读活动的介入和干预。

那么，父母到底该扮演什么样的角色，介入到什么程度，才既可以有效引导孩子热爱阅读、不断提升阅读能力，又不会对孩子自主阅读构成限制和干扰呢？

我们能读到的关于培养孩子阅读能力的名作，主要来自阅读教师。其中有很多值得学习的方式，真心爸妈也从中受益颇多。但我们仍然需要更适合父母操作的方法：家庭化的、日常的、沉浸式的。因为父母要做好的并不是"阅读教学"，而是在家庭日常生活中培养孩子的阅读能力，不能逾越自己的角色，去承担阅读教学甚至语文老师的工作。

真心爸妈认为，父母仅需要将自己在孩子阅读生活中的作用放在辅助、互动和示范上，做一个好的支持者、一个好的听众、一个好的讨论对象、一个好的答疑解惑者，还有一个好的榜样。

一、不做讲读者

在进入父母角色的解说之前，我想先讨论父母在孩子阅读生活中最不应该扮演的角色——讲读者。

给孩子讲读是亲子共读推广者最鼓励父母做的事，也是很多父母认为自己在介入孩子的阅读生活时最应该做的事。

但真心爸妈认为，这是父母最不应该做的事，它的负面作用大到无法估量。这件小事是摧毁孩子阅读兴趣的杀手，也是孩子独立思考能力、批判性思维发展的最大阻力。

1. 讲读如嚼饭喂娃

真心爸妈对讲读有一个形象的比喻——嚼饭喂娃。

如果说读书给孩子听等于是给孩子喂饭，那么父母把自己从书中读到了什么，详详细细、添油加醋地讲给孩子听，甚至把一本书讲好几遍，就是比喂饭更糟糕的事——把饭先送到自己嘴里，嚼碎了再喂给孩子。

嚼饭喂娃虽不普遍，但也不少见，此事有多令人不适，在此不提。但同样的事发生在培养孩子阅读能力上，相当多的父母却认为天经地义，非如此不可，理由是如果不讲，孩子就读不懂。殊不知，习惯于被"讲"书的孩子，从书中得到的东西会越来越少，甚至丧失了自己从书中获取养分的能力。

总是给孩子讲，孩子自己的阅读能力就发展不起来，没有阅读能力，他就不会自己读。大人给讲书实际上是阻碍了孩子直接接触书中的内容，他只能接触到父母能理解到的内容。而我们需要承认，绝大部分优秀童书的作者，都比普通父母高明，如果只让孩子接触到父母能理解的部分，那还让孩子读书做什么呢？更何况，父母讲书给孩子听，也会像喂饭那样，夹带父母的"私货"，这不但会影响孩子独立思考能力的发展和他独立思想的形成与完善，甚至可能让孩子不知不觉中接受很多非常有局限性的观念。父母总是希望孩子能超越自己，发展得更好，但如此讲读可谓"屋檐底下放风筝——飞也飞不高"。

所以真心爸妈的建议是：孩子阅读时，遇到不明白的地方向大人求助，父母应该竭尽全力帮孩子答疑解惑，但坚决不能讲书给孩子听。

2.孩子能读到的东西比大人多

很多家庭，在孩子很小的时候就会不知不觉地开始讲读。学龄前的孩子阅读时，父母总会认为孩子还小，又不认识几个字，不给他讲，他根本看不懂。所以大人不但会给孩子逐字逐句地读，还会把附加的大人的理解，大人想要孩子从书中学到的东西，全都讲给孩子。

> "看，这是小老鼠的妈妈，她多爱小老鼠啊，小老鼠多乖啊，小老鼠要听爸爸妈妈话啊！"

"白雪公主的后妈真坏，是不是？"

"看，渔夫这么贪心，要这要那的，最后什么都没有了吧。所以，做人不要贪得无厌是不是？"

我们认为，这样的讲解，一句都不要说。孩子对图画有天然的理解能力，如果孩子想看的书上只有图画没有文字，就让孩子自己"读"；如果有文字，而孩子还不认识字，就任由孩子只看画面不看文字，或者在孩子要求大人给读时，把书上的文字原原本本地读出来，让孩子自己去理解。

认为孩子"看不懂"是个很大的误解。实际上，孩子不但能看懂，而且他看到的东西还和大人不同，更惊人的是，同样的画面，他看到的会比大人看到的多。

世界著名早教专家蒙台梭利在她的《童年的秘密》中讲过一个小故事。

有一次，一个15个月大的小男孩摊开一些色彩艳丽的明信片给她看，跟她说"汽车"。她知道孩子是想让她看汽车，但她从那些画面上看到的，只有风景、人物、动物，根本就没有汽车。

于是她对小朋友说："我没有看到汽车。"小男孩看着她，挑出一张明信片，很得意地说："这里！"蒙台梭利看到，画面中央是一只猎狗，远处有一个扛着枪的猎人，角落里有一座小屋和一条弯弯曲曲的线，线上有一个很小很小，几乎看不到的小黑点。孩子指着黑点给她看：“汽车！”

毫无疑问，孩子是对的，那条在画面角落的曲线是一条路，而大人根本就不会留意的那个小黑点代表着一辆汽车。

蒙台梭利觉得，孩子的注意力可能还没被吸引到那些“漂亮和有用”的图画上。于是挑出一张有长颈鹿的图片指给孩子看：“看这长长的头颈。”孩子脸色阴沉地回答：“长颈鹿！”于是，蒙台梭利没有勇气再讲下去了。

这么小的孩子已经非常懂得运用自己的常识和想象，从画面中“读”到丰富的内容了。成人的注意力却常常在画面最主要的，而且是大人一厢情愿地想让孩子“知道”“了解”的那些东西上。可以说，阅读时，大人和孩子完全不在同一频率。

两个孩子小时候，我们受到孩子的邀请和他们一起看书时也经常发现，明明是非常熟悉的故事、画面，孩子却总能发现新东西。这些发现还常常伴随着他们的新理解，如果因此得到大人的赞美，孩子会特别开心，看到大人无动于衷，孩子则很失望：“这都看不到。”

3. 大人的“成见”会束缚孩子的思考

阅读原本是培养孩子独立思考能力的有效方法，但给孩子讲书，却是禁锢孩子思维、遏制孩子独立思考的有效手段。

成人的认知能力和认知水平肯定比学龄前孩子高，但同时，成人对任何事情的认知都不可避免地因为自己的成长经历、学识、专业、经验而带上"成见"。倒不是说这些"成见"一定不对，但它们相对固定或者僵化，这件事是这样的，那个人是那样的，成人都有自己难以轻易改变的理解。

但孩子的看法不一定和成人相同。父母通过讲书，把成人的见解灌输给孩子，会把孩子对书的理解限定在成人思维的框架中，孩子的想象力、独立思考能力，都会受到这些讲解的束缚。而且大道理讲多了，再有趣的书也会变得无趣。孩子只有从阅读中获得了自己的想法、自己的看法，才是真正"读进去"了。

很多父母发现，自己给孩子读了很多书，讲过很多书，但是孩子阅读时的理解能力依旧很差。这是因为，父母在带他阅读的过程中，束缚了他的思考，孩子既没有发展出自己的阅读理解能力，也没有养成自己动脑筋思考的习惯。

一些父母认为，大人带着读，边读边讲，孩子才能更好地读完一本书而且收获更大。父母还总是担心不给孩子讲、读，孩子会不理解或理解错。这样的父母会特别想给孩子讲书，让他多学点东西，学到所谓"正确"的东西。

我想这是个天大的误解。让孩子自主阅读，他读到的东西再少也是自己读到的。父母带着读、给他讲，读到的东西再多也是"喂"给他的。孩子自己从书中学到的才是真正的收获。被父母生硬灌输进去的不会变成他自己的东西，而且会像很多父母已经发现的那样，"左耳朵进，右耳朵出"，很快被孩子遗忘了。

一些父母认为，家庭教育就是把父母的所知、所想都传递给孩子。

所以在日常生活中，父母经常用"灌输"的方式给孩子解释问题、讲道理，有的父母甚至用强力"洗脑"的方式来"塑造"孩子。这样的做法很可怕，不是培养，而是扼杀。

4. 大人的讲解会干扰孩子自己阅读

阅读和看电影、看电视剧、听歌、吃饭、上厕所一样，是"私人活动"。阅读产生的愉悦感，只有读书的人自己能感受得到。

一个兴致勃勃投入阅读活动的孩子，他的大脑会非常活跃，有时惊喜、有时惊诧、有时兴奋、有时悲伤。孩子能完完全全把自己投入书中，获得属于自己的乐趣时，他才能真正地爱上阅读。

但是，在父母给孩子讲书时，孩子失去了这种相当私人的乐趣。他不得不配合大人的讲解，时不时表示我在听、我听到了、我听懂了。他头脑中那些奇思妙想会经常被打断，而且当他沉浸在自己的乐趣中，表现得有点"走神"时，又常常被大人批评"不专心"。孩子的阅读经常被干扰，他就会感到不快，对这种活动失去兴趣。

那么，不给孩子讲书，孩子在阅读时，大人到底该怎么做呢？我们的原则是：只在孩子要求父母协助或参与时才介入，而且介入的程度由孩子来决定。

5. 为什么大人能听讲书，而孩子不能

可能会有父母疑惑：现在知识付费这么发达，很多成人都付费订阅讲书专栏听别人讲书，为什么父母就不能给孩子讲书呢？

这不一样。成人听别人讲书是为了快速了解书中内容、获得书中

的精华。有的人有阅读习惯，但认为不是所有书都需要花时间一本一本地读，有些书听别人讲讲主要内容就够了；有的人没有阅读习惯，觉得自己读书太费劲，不如听别人讲，又快又明白。

但培养孩子阅读能力是为了让他愿意自己读，有能力自己读，让他用听讲的方式来读，在方法上就是南辕北辙了。

所以，孩子还小的父母需要特别反思一下讲书对孩子的负面作用，停止"讲读"，从阅读主导者的角色退回到阅读辅助者的角色。

二、一个好的支持者

培养孩子自主阅读能力，父母最主要的支持工作是尽自己所能，为孩子提供阅读条件和阅读环境，包括让孩子有书可读、有地方读书。

关于让孩子有书可读，我们已经讨论过两个重要的原则和方法：一是多买书，不限预算；二是把选书权交给孩子。

这里，我会讨论"让孩子有地方读书"，这是被一些父母忽视的问题，而有些父母虽然注意到了，却在操作上出现了偏颇。

1. 给孩子一个自己的书架或书房

可能你会有疑问，一本书那么小，孩子坐在哪里不能读，还非得有一个专门的地方吗？"闹市读书"不也是佳话？但是我们需要承认，成熟读者才能做到"随处皆可读书"。对于刚刚开始学习阅读的孩子来说，一个相对安定、安静的环境更适合阅读。即便是成熟读者，一间放满书架和书的书房也永远是最舒服、最适合读书的地方。

所以我们建议，无论房间多小，给孩子一个自己的书架。如果家中的空间条件允许，给孩子一间自己的书房。这是形式，也是方法。

当孩子像拥有自己的玩具架一样拥有一个属于自己的书架时，他会更容易和他的书建立亲近感，也更容易随时拿起书来阅读。

有的父母是把孩子的书放在大人的书架上，这样不是特别好。一是成人的书架可能比较高，孩子不方便拿书。二是孩子的书和父母的书放在一起，孩子容易把书拿乱，增加整理工作。家里有一个或者两个孩子，本来就会增加很多家务，父母需要摸索让家务更轻松的方法。三是大人的书架通常在书房或者客厅，和孩子的房间有空间上的距离，这种距离也会造成孩子和书心理上的距离感。

如果确实没有办法给孩子一个单独的房间，至少可以在家里的某一处，比如客厅的一角、餐厅一角，或者比较大的阳台，为孩子布置出舒适的阅读区域。

我们甚至可以直接将客厅变成书房，这个举动可能会改变整个家庭的氛围，帮助一个家庭从娱乐型家庭变成学习型家庭。（详情请参看附录《我有一个梦想：客厅变书房》）

2. 和孩子在整理书架上建立合作

从孩子3岁左右开始，父母可以慢慢教孩子自己整理书架，把书分门别类地排列好。

别小看这项"小图书管理员"的工作，整理书架也是在培养孩子分类、归纳、整理的能力。孩子会学会把同一系列的书放在一起，把不同类型的书分开存放，同时还会考虑到书的开本大小，兼顾书架陈列的美观。分类、归纳、整理的能力在学习或者生活的其他方面，都是很有用的能力。

小儿开心上小学时，学校特别重视孩子的阅读，有专门的图书馆，楼道里也有阅读区域，孩子们下课时可以自由阅读。大约从三年级开始，学校就安排孩子们参与整理图书馆和楼道书架的工作，孩子们都非常喜欢，开心不止一次地表示出他对整理书架工作的自豪。

在家里教孩子整理自己的书架也会让孩子产生这样的自豪感。有一次，开心说他要整理书架，然后就足足干了一整天，把一排书架整理得清清爽爽。当然，他也会在干活的时候偶尔停下来，看一会儿新发现的有趣的书。

父母不能期待孩子在很小的时候就能把自己的书架整理得非常好，也不要想着自家孩子天生非常整齐利落，会一直非常自律地把书架管理得整洁、有序。

事实上，孩子看书，经常是拿下来不放回去，最后几乎整架的书四散在床上、地上、书桌上，甚至房间的某个角落。

这时父母千万不要叫苦，不要批评孩子把书弄乱，更不能经常唠叨着要孩子整理。要知道，小学三年级前的孩子几乎都是这样的，他们不觉得乱糟糟的状况不能接受。对他们来说，乱放的书也有自己的秩序。大人只要隔一段时间带孩子一起收拾一次就好。

父母帮着收拾好书架，也不能严令孩子必须保持。如果让孩子感到书架一定要保持刚刚收拾完的样子，他们会对从书架上拿书来看失去兴趣。

可能有的妈妈会说："不行啊，我是完美主义者，我就不能忍受乱糟糟的状况。"但是我们不能仅仅因为自己的喜好或者个性，就要求孩子配合。非常严苛挑剔的父母会让孩子感到很压抑，觉得家里缺乏自由、没有生气。对孩子，我们要学会适当地"睁一只眼，闭一只眼"，那样孩子和大人都会快乐得多，家庭氛围也会轻松得多。这也是父母和孩子的一种有效合作。

其实，在断断续续的整理实践中，孩子慢慢就会掌握自己管理书架的技巧。小儿三年级时，两个孩子就已经能完全不用大人帮助，自己把十来个书架的书全部分门别类重新整理一遍了。

3. 如何选择合适的书架

曾经有读者问我："该给孩子准备什么样的书架呢？"我们把家里用的格子式书架拍给她看，那位妈妈就觉得很奇怪："你家没有专门准备那种给孩子用的书架吗？"

我知道那种书架的样式，有的是白色钢丝网制作的，有的是木制的，书摆上去封面朝外展示，主要用于展示绘本，还经常被商家吹嘘成"培养孩子阅读能力的神器"。

我们不认为那种书架更适合孩子。父母给孩子准备书架，要用普通人家书房书架的样式，而不是书店童书展区或者绘本馆的展示型书架。

一是展示型书架其实放不了多少书；二是封面朝外的陈列方式很容易损伤书脊和封面；三是孩子需要熟悉书在家庭里出现的方式，展示型书架不是成熟读者会使用的样式，既占地方，又无法营造读书的氛围。

在幼儿园或者学校组织的阅读活动中，经过特殊设计的陈列和展示也许有必要，但我们要在家庭中培养阅读习惯，应该选择更适合家庭阅读的布置方案，否则也会给孩子阅读带来阻碍。

当然，孩子小的时候，书架确实可以选得矮一些，方便拿取。此外，需要提醒的是，书架无论多高，都需要固定好，以避免小宝宝攀爬发生危险。

4.让孩子成为家里平等的成员

让孩子拥有自己的书架或者书房，并不只是让孩子有地方放书、有地方读书这么简单，这个举动更深远的意义在于：让孩子成为家里平等的成员。

我们认为，父母需要有意识地让孩子在家里有自己的空间、有属于自己的东西，让孩子明白，他是这个家里平等的成员，不是父母的附属品，不是生活中的一切都得由大人说了算的"小不点"。这对于培养孩子的独立性和自主能力非常重要。我们看到很多孩子上学了，书包要等父母帮着收拾，作业要等父母每天到家长群里去问，这就是因为孩子根本没有"我是我自己""什么事是我自己的事"的意识。

当然，父母也要坚持这样的想法：孩子虽然是我们的孩子，但他也是他自己，我们不能包办、控制他的一切。否则等孩子长大一点，父母希望孩子独立时，就会发现，孩子习惯了所有的事都由父母安排，根本没有自己的事自己负责、自己完成的能力。

三、一个好听众

孩子读完一本书，了解到一些新知识、新信息、新观点，可能会特别兴奋地想跟父母分享。父母需要乖乖地做个好听众，听孩子讲述、评论，这会给孩子很大的成就感，让他对阅读越来越感兴趣。

好听众的本分是尊重讲述者，专心听、不打扰、不批评、不反驳，只在孩子要求你听时做个听众，孩子不想给你讲时，自己不主动要求孩子讲。

不少父母会遇到"孩子总是把爸妈的话当耳边风"的问题，这与孩子说话时父母自己会不会做个好听众密切相关。

"孩子把爸妈的话当成耳边风"实际上是指两种情况：

一种是大人跟孩子说话，孩子根本不能专心听。常见的场景是，父母跟孩子说了句话，孩子没反应；再说一遍，孩子还没反应。父母就急了，马上提高声调，再加上一句："我跟你说话呢，听见没有？"孩子这才回过神来，一脸茫然："妈妈你跟我说什么？"

另一种是父母要求孩子做什么，孩子就跟没听见一样，就是不做，逼急了，再跟父母顶几句嘴，较半天劲，最后不是父母投降，就是孩子屈从，总之没办法皆大欢喜。

当然，很多时候是两种情况交织在一起：孩子先是装听不见，实在躲不过去了，就开始对抗。父母一边生气孩子不专心听大人说话，一边生气孩子"不听话"。常常是父母气得不行，孩子却无动于衷。

孩子把父母的话当成耳边风的原因之一是大人跟他说的话里夹带了太多"噪声"，简单说，就是唠叨太多；原因之二是父母经常把孩子的话当耳边风——也就是说，是父母不懂倾听，才造成孩子不懂倾听。

孩子的大部分习惯都是从每天跟他在一起的父母那里习得的。要想孩子专心听大人说话，父母需要首先做到专心倾听孩子说话，并且理解、尊重孩子的表达。

父母有这样的意识，不但能在孩子的阅读生活中自觉地做个好听众，也会在日常生活的其他方面，做个好的倾听者。

这样，孩子就会知道，他的话、他的意愿都会被大人认真思考，会得到毫不敷衍的回应，他也会用同样的方式回应大人。

四、一个好的讨论对象

在《帮孩子发展阅读技术》一章，我们已经谈到，"讨论"是孩子的一项重要阅读技术。但孩子熟练地掌握讨论的技术，有赖于父母的积极参与，如果父母很少参与，孩子就会失去很多讨论机会。父母要扮演"一个好的讨论者"的角色，这对孩子保持阅读兴趣非常重要。

1. 与孩子讨论的技术

好的讨论者的本分是只在别人要求讨论时，才参与讨论，不主动甚至强硬地介入；讨论时保持活跃，积极分享自己掌握的信息和自己的观点；充分表达自己，但不随意评判对方；在需要时稍作引导，但不说教。

讨论能进行下去的一个关键就是平等讨论，每个人都可以发表自己的看法，但不争论对错，不否定也不批评别人。

孩子毕竟是孩子，他讨论时的表述可能不是特别条理分明，他提出的看法可能比较幼稚、偏颇，这时父母不要跟孩子说"你这样说不对""你不能这么想问题"，只作为平等的讨论参与者，积极贡献自己的看法，分享自己了解的信息，就像和团队成员开"头脑风暴"式的小组讨论会一样。

父母贡献的看法、分享的信息会给孩子带来新的启发，其实也就是大人潜移默化地在对孩子进行教育，而且这种教育比生硬的灌输有效得多。

很多关于自我、生活、社会、世界的问题不像数理化题目那样有唯一答案。所以和孩子讨论这些问题时，父母需要特别注意给孩子多角度的启发，让孩子认识到一个问题需要从不同的角度来看，不能非黑即白，自己不知道的不等于不存在，自己不理解的不等于不正确。这样孩子会慢慢获得几个重要的素质：尊重与自己不同的意见；有自己的是非判断但不偏执；看事情不狭隘，更有包容性和共情能力。

熟悉真心爸妈的读者都知道，我们有一个育儿"法宝"，就是和孩子聊天。我们和孩子聊天的话题极其广泛，其中最主要的就是讨论各种"问题"，分享彼此的观点。

当然，在讨论中，我们会借助各自的信息来源，孩子们会说，"我从知乎上看到有人说……"真心爸妈会说："我刚刚看了一本什么书，刚好也谈到这个。"一家人经常在这样的讨论中愉悦地"荒废"掉一两个小时。

我家大儿天真六年级一学年的阅读兴趣都在《水浒传》《三国演

义》《西游记》（不是专门的儿童版本，是成人读本）上，他读书还不过瘾，又把三部加起来可能有 100 多集的电视剧都看了一遍，还买了大套的相关桌游和弟弟一起玩。小儿开心当时对这种半文半白的大部头还没什么兴趣，就和哥哥一起看电视剧、玩桌游。

于是我们家的餐桌讨论就热闹极了，一会儿是小说上怎么说的，一会儿是电视剧怎么演的，一会儿是某人到了游戏里变成什么样，谁最厉害，谁和谁关系最好，谁在某一战、某一场景说了什么话，这句话在电视剧里是怎么说的……

孩子信手拈来的故事、情节、典故，东拉西扯的联想，不着边际的比较，既丰富又生动，父母只要谨守"本分"，积极参与，这种讨论会让双方都特别轻松、愉悦，而且有所收获。

2. 营造"一家人聊天"的氛围

除了做一个好的讨论者，积极参与孩子发起的阅读讨论，真心爸妈还有一个建议，就是尽量营造"一家人聊天"的氛围，父母在日常生活中经常做孩子"平等、认真、有趣的对话者"。

一些父母每天跟孩子说的话很少，一张嘴就是批评、教育、指导，甚至是唠叨，除了这些，他们面对孩子时就不知道说什么。孩子也是一样，他跟父母说的话，不是回答"在学校过得怎么样？""在幼儿园过得好吗？""作业写完了没有？""考试多少分？"这样的提问，就是应对大人的批评、教育和唠叨，除了这些，也不知道能和父母说什么。

我们家不是这样。孩子们都特别喜欢跟父母聊天，会主动给我们讲在学校的趣事和从书上看到的趣事。一家人随时随地都能聊起来，经常还会觉得意犹未尽。

可能有人会想：和一个孩子有什么话题可聊呢？

当然有。我们家一家四口热衷聊天很多年了，随便什么话题都能聊得起来。我们能就眼前的食物聊到转基因、卡路里、减肥、有机种植、生态环境；下大雨时，我们能聊到节气、气候、台风、酸雨、温室效应、全球变暖；看网上的段子，我们能聊到段子手、流行、大众传播……总之，只要大人孩子有聊天的兴趣，什么都能成为让人兴致盎然的话题。

而且，我们家也没有聊天话题的禁忌，什么事情都可以拿出来讨论，包括性、性别、婚姻、亲子关系、金钱、犯罪、战争、伦理、宗教、人性等。比如有一次，真心爸妈带小儿子在校门口等大儿子放学，我们热烈讨论的话题是"性别平等"，真心妈妈还特别认真地告诉小儿子："等将来你结婚了，一定不能对妻子动手啊，夫妻之间最重要的就是尊重。"引得旁边别的家长特别不解地看了我们一眼，估计她在想："这是什么妈妈呀，有跟十多岁的孩子谈论这个的吗？"

五、一个好的答疑解惑者

孩子自主阅读时，可能会有一些疑问需要父母来解答，父母一定要做一个认真负责的答疑解惑者。这对于帮助孩子从阅读中获得更大收获、保持好奇心、学会有效提问都非常重要。

好的答疑解惑者的本分是：尽量给孩子清楚明白的解答；不随意

用"我不知道"拒绝孩子；对于不知道的事，告诉孩子"我现在还不太清楚，我去查查"，查明白后，马上反馈给孩子。

当然，孩子没有提问时，父母也不要主动向孩子"提问"以考查孩子的阅读成果。我们需要相信孩子，相信他有自己的阅读能力、理解能力和自己的思考。

孩子的提问对父母来说，可能常常是小小的考验，一些问题可能会很奇怪，让人不知如何回答；一些问题又会很宏大，让人不知从何说起；还有一些问题会有些尴尬，让父母觉得不适合与这个年龄的孩子直接谈论。

但无论是什么样的问题，真心爸妈的建议都是：不欺、不瞒、不哄骗，认认真真地解答。

一位妈妈曾经向我们求助："3 岁的孩子看书时看到'洪水'，他说，大马路上淹房子的水是黄水，不是红水。该怎么给 3 岁孩子解释'洪水'不是'红水'？"

真是个善于思考、语言表达精确的宝贝。如果是我，我会这么给孩子讲："洪水的洪和红颜色的红，不是同一个字。洪水的洪的意思是'大'，洪水就是大水，下雨时山上流下来的水、河里的水，水量都很大，力量也很大，所以叫洪水。洪水会夹带泥沙，所以是黄色的。"我们家两个孩子从小到大的各种提问，我们都是这么详细、确切地解释的。

1. 提问即是求知

孩子一出生就开始学习，他能用语言表达想法后，包括他开始阅读后，每一次提问，都是一次求知过程。

> 我是从哪儿来的？我为什么要上幼儿园？上学有什么用？爸爸妈妈你们可以永远活着吗？为什么我不能像爸爸妈妈一样去上班？……

这些问题无论多难于回答，都是孩子对外部世界的探索，可能涉及他对生命、自然、社会、自我的认知。孩子的知识和思想，都是他从小到大，通过这些大大小小的探索，一点点积累起来的。

父母都特别关心孩子的学习，想方设法地想让孩子多学些东西，但是当帮助孩子学习的机会摆在面前时，很多父母却经常浑然不觉地错过了——他们把孩子的奇怪问题当成无知的童言童语，带给大人的小小麻烦，可以随意敷衍过去的日常对话，唯独不以为这些问题是让孩子增长知识的机会。

2. 哄骗的副作用

问："妈妈，我是从哪来的？"

答："你呀，是小天使带来送给爸爸妈妈的。"

问："妈妈，花这么好看，你为什么不让我摘呢？"

答："你摘花，花会痛，还会死掉，它就见不到爸爸妈妈了啊！"

面对不停提问的好奇宝宝，很多父母都会熟练地使用一套简单的小窍门——编一个有爱的、童话般的小谎言，把孩子哄骗过去。

可你知道这些善意的哄骗有什么副作用吗？我们浪费了孩子的提

问，把孩子的一次求知探索变成了失效的行为，而且给了孩子一个未来需要纠正的错误认知。

孩子真的是小天使送来的吗？父母当然都知道不是。摘花，花会痛吗？我们不是植物学家，不知道花到底会不会痛，但按照常识，我们至少知道：不摘公共绿地的花草不是因为花会痛，而是因为这不符合社会公德。

提供哄骗答案的父母，比毫不犹豫地提供拒绝型答案——"我不知道！""小孩子别问那么多为什么！""这是大人的问题，你不用知道！"——的父母要好上很多，但两者的结果，并没有什么不同：都没有对孩子的疑问给出有价值的反馈，没有增加孩子的认知。

在一定程度上，哄骗式的回答比拒绝回答效果更差，因为你给了孩子一个错误的认知，这个认知未来一定需要纠正。

比如"我是从哪儿来的"，你现在觉得孩子没有办法理解，所以敷衍地回答"是小天使送来的"，但你没有办法总是如此哄骗孩子，迟早有一天，你需要一步一步地告诉他真实的答案。到那时孩子就会为之前大人的哄骗行为感到疑惑。

再比如，当你发现告诉孩子"花会痛"并不能有效制止他采摘公共绿地的花草时，你迟早要下决心告诉孩子：这样是不好的行为，我们不能因为自己喜欢就这么做。那么孩子又会疑惑："你之前告诉我花会痛，花到底会不会痛呢？"你只好告诉孩子："花会不会痛，可能植物学家知道，但妈妈真的不知道。"

我们还见到一个孩子的提问："我们不是要保护动物吗，为什么还要吃动物的肉？"一位爸爸／妈妈建议的回答是：因为我们把它吃掉,就没有别人再伤害它了啊！这样的回答,真是逻辑混乱、毫不负责。

我们可怜的孩子,就是这样被哄骗着,在小时候获得一些错误的认知,然后再一点点花费时间,用新的探索把那些错误认知一一修正。和那些每一个问题都能得到父母毫不敷衍的确切回答的孩子相比,他们被浪费掉了多少时间,又错过了多少有效学习的机会！

如果我们能理解,回答孩子的提问是帮助孩子认识世界、帮助孩子学习的机会,为解决眼前的提问,编造一个随便的回答对孩子没有价值,恐怕就不会那么心安理得地哄骗孩子了。

3. 认真作答的方式

不能哄骗孩子,那么到底该如何回答孩子的提问？真心爸妈的办法是：充分尊重孩子,就自己所知,根据孩子的理解能力,实话实说。

（1）表现出兴趣,别嘲笑、打击孩子。

无论孩子的提问在大人看来多么幼稚,父母都要表现出兴趣,不要嘲笑、打击。

孩子能区分善意的笑和嘲笑,也能准确理解表情的含义。父母回答问题时是特别认真还是随意敷衍,孩子在很小的时候就能分辨。

当他发现父母对他的提问露出嘲笑、不屑,甚至不耐烦的表情时,他会认为：父母根本不愿意回答我的问题。这样,父母就成功地把一个求知欲超强的好奇宝宝,变成了一个对你失望透顶、不再喜欢问你问题的孩子。

（2）认认真真地对待孩子的提问,就自己所知给出回答。

（3）给出的答案,需要没有原则性、方向性的错误,也不包含有意的误导，以帮助孩子建立正确的认知。

（4）给出适合孩子年龄段的解释，这个解释日后可以丰富、深化，但不需要纠正。

同一个问题，回答起来可繁可简，可深可浅，也可以有不同的角度。父母给出适合孩子年龄段的、孩子可以理解的解释就好，不需要觉得一下子被问倒了，不知从何说起。

比如回答"我从哪里来"这个问题，面对幼儿园的宝贝，父母可以说："爸爸妈妈相爱，结婚了，所以生了你。"回答已经有一定知识储备的小学生，则可以告诉他："妈妈的卵子和爸爸的精子结合成受精卵，受精卵再发育成胚胎，在妈妈肚子里长成一个小胎儿，胎儿出生后就成了小婴儿。"

前面的回答很简略，孩子能理解，而且不需要日后再纠错；后面的回答更丰富、更确切，也正好可以承接对孩子之前提问的回答。这样，孩子的认知没有被误导，可以逐渐丰富起来，他的每一次提问，也都没有被浪费。如此，孩子会逐渐变成特别乐于提问的孩子。

（5）耐心解释，不厌其烦。

无论孩子的提问多么奇特、幼稚、概念不清、关系混乱，我们都会耐心地给孩子解释清楚。对字的解释，会努力达到字典级，一些常用但解释不清楚的字，我们会去查字典；对知识的解释，会努力达到科普级，以帮孩子建立正确的认知；对事物关系的解释，既会力求清楚，也会照顾孩子的理解能力。

我们觉得两个孩子长大后都有丰富的常识，乐于阅读各种知识型读物，相当程度上是因为他们经常和父母做这种探究某字、某物、某种关系的对话。

（6）用规范语言解释，不用担心孩子听不懂。

回答孩子提问时，父母需要尽量用规范、完整的语言做准确的表述。我们一直这么做，从来不担心孩子听不懂。事实上，孩子的理解能力远远超出父母的想象。

得益于父母和他们用规范的语言对话，我们两个孩子很早就能精准地描述需求，比如要吃润喉糖，会说："爸爸，那种褐色的保护嗓子的糖果还有吗？"喝了水把杯子还给爸爸，会说："爸爸，你帮我稳妥放好。"他们还很早会就会用"然后""可是"等连词，把长句子说得非常严密。

（7）用聊天的方式回答，不用教学的方式。

使用规范语言不等于在态度上表现出"你不懂，我教你"。孩子的话可能是随意说的，孩子的问题可能也是随口提的。如果父母开始解释时，转换为教学式的态度和语气，孩子会觉得很奇怪，而且这也会破坏孩子和父母相处时轻松愉悦的气氛。

（8）引导孩子学会探索问题的方法。

当然，父母也不是百科全书，不能清楚回答所有问题。这时，我们可以引导孩子学习探索问题的方法。

比如，有一次，我们遇到一个提问："孩子问老虎和狮子谁更厉害，该怎么回答？"

我们会这么做。先告诉孩子："真不好意思，爸爸妈妈也不确定。"接着对孩子说："不过咱们可以一起来查一查，看看它们各自的生活环境、生活习性、捕猎对象、身长体重、运动速度、爆发力都是什么样的，然后来判断到底哪个更厉害。"

之后我们会带着孩子从家里现有的动物方面的书中查找，或者上网查找资料，获得上面说的那些信息，和孩子一起讨论哪一个可能更厉害一些。如果孩子表示想去实际看看狮子和老虎，我们会尽快带孩子去动物园看。

你可能会奇怪，这么做并没有明确回答孩子的问题啊！这样的过程，其实是教给孩子一种探索问题、解决问题的方法，引导他们学会收集信息、整理分析信息，然后找到答案，或者对没有确切答案的问题形成自己的看法。孩子掌握了这个方法，就能慢慢学会自己用这种方法去解决新问题，这样，孩子的知识面会越来越广，探索问题和解决问题的能力也会越来越强。

需要提醒的是，父母不能简单地告诉孩子"爸爸妈妈不知道，你自己去查"，那样一是孩子会觉得自己的提问被拒绝，二是孩子可能并不知道如何查询到这些信息，所以父母要尽可能地给孩子具体的方法指导。

此外，我们不建议父母直接要求孩子多思考、多提问，父母对孩子提要求越少，孩子的思维越自然、越活跃。

六、一个好榜样

我们把这个角色放到这一章的最后，不是因为它不重要，而是因为太重要了。

有阅读习惯的父母，对扮演好一个支持者、一个好听众、一个好的讨论者、一个好的答疑解惑者的角色，不会感到非常困难。

但如果父母没有阅读习惯，也不觉得阅读是有乐趣的事，恐怕也很难帮孩子爱上阅读，养成阅读习惯。

父母只看手机、电脑、电视剧，孩子不会热爱读书；父母见到书就说贵，孩子不敢也学不会自己买书；父母之间不兴高采烈地分享阅读所得，孩子也不会兴致勃勃地发起与阅读相关的讨论；父母说自己一拿起书来就犯困，孩子也会一拿起书来就犯困；父母说自己从毕业后就没完整地看过一本书，孩子就会奇怪了：你自己都不看书，为什么逼着我看书？

其实父母不爱阅读话题严肃的书也没关系，还有轻松的旅行书、美食书可读。开卷有益，只要给自己一些时间开始读书，兴趣和乐趣都会自己跳出来。

1. 自己做不到的事，不要拿来要求孩子

我们经常遇到这样的提问：

> 父母如何如何，怎么让孩子做到不如何如何？
>
> 父母不如何如何，怎么让孩子做到如何如何？

比如，父母都爱玩手机，有什么办法让孩子不爱玩手机吗？父母不爱看书，怎么做才能让孩子爱上阅读？我们的回答通常是从父母自己改变开始。

父母常常对孩子抱着"青出于蓝而胜于蓝"的期待，自己不具备

的好习惯，希望孩子具备；自己没有的才艺，希望孩子能掌握；自己的短处，希望孩子能弥补；自己没有实现的梦想，希望孩子能实现。但问题是，父母是成人，成人自己都做不到的事，凭什么要求年幼的孩子一定要做到呢？

在家庭教育上，我们是对孩子非常宽松，但对自己非常"严厉"的父母。我们的基本主张是，孩子身上的问题，要到父母身上找原因，要求孩子做到的事，父母要先做到。

当然，这种态度也经常遭到读者的质疑：

为什么孩子有什么状况都要把责任推给父母？

为什么说到培养孩子什么习惯，都要先说父母自己要成长、要改变？

道理很简单。首先，父母是成人，理应比孩子更自省、更自律；其次，父母承担着家庭教育的重任，一举一动都是在为孩子做示范，好示范带出更好的孩子，坏示范自然会带出问题多多的孩子。

有的父母会把问题归结为"天生"。"我这孩子，天生就脾气大。""我这孩子，天生就不爱学习。""我这孩子，从小就贪玩。"……"天生"真的是一个很好的说辞，让父母们在很多时候都可以免于自省与自责。但恕我直言，在家庭教育上，把问题归结为孩子"天生"如此，只是大人懒惰和逃避责任的借口罢了。

那么，父母拿自己做不到的事要求孩子，孩子能做到的可能性有多大呢？恐怕微乎其微。

最可能发生的情况是，孩子直接拒绝，"你自己做不到，为什么要求我"，之后父母逼迫孩子，最后不断爆发亲子冲突，父母和孩子在家庭教育各种各样的细节中，陷入旷日持久的拉锯战。

2.最好的家庭教育是父母做给孩子看

真心爸妈的专栏文章后面的留言区，除了有很焦虑的留言，也经常有轻松愉悦的留言，那些父母觉得带孩子、教育孩子都是很轻松的事。他们和真心爸妈一样，都有一个最基本的方法：要孩子怎么样，父母自己做给孩子看。

想要孩子爱阅读，父母自己有空就拿起书本；想要孩子不爱玩手机，父母回家后，自己的手、眼就不要"长"在手机上；想要孩子做事认真，父母自己不论大事小事，都认认真真地去做；想要孩子言语斯文，父母先言语斯文；想要孩子好脾气，父母先做到温和平静；想要孩子跟大人好好说话，父母先跟孩子好好说话；想要孩子不懒惰，大人不要干一点儿活就喊累；想要孩子爱整洁，父母先把屋子收拾得整整齐齐、打扫得干干净净……

这些方法不会立竿见影，但从孩子出生起，如此坚持十年八年，我们相信将来孩子身上需要父母操心费力、严厉管教的问题就会少很多。

教育孩子有多难？不会难于父母改变自己。如果父母有教育自己、改变自己的决心与行动，相信通过家庭教育中这种"示范"教育，孩子发生令人惊喜的改变并不困难。如此两全其美的事，何乐而不为呢？

第十章

亲子共读不是真正的阅读

与我们之前谈到的方式相反，亲子共读是一种父母高介入、高干预的阅读方式。

目前,亲子共读几乎被当成培养孩子阅读能力和阅读习惯必经的、唯一的途径。儿童阅读几乎等于亲子共读，而且这种"共读"几乎覆盖孩子的全部阅读生活。

然而，真心爸妈在与数千位父母讨论阅读话题之后却发现，几乎被推上神坛的亲子共读潜藏着未曾被关注和讨论的恶果。

和父母从为"孩子学习好"出发，坚持陪孩子写作业，却往往陪出学习意愿和学习能力都很差的孩子一样，亲子共读从培养孩子阅读能力和阅读习惯出发，却往往培养出根本不会阅读的孩子:

阅读意愿为零——父母不给读，孩子就不想读;

阅读能力为零——父母不给读，孩子就不会读;

选书能力为零——父母不指定，孩子就不知道读什么。

在方式和结果层面上，亲子共读和陪写作业没有任何不同。

一、惊人的事实

1. 亲子共读变成了爸妈阅读

很多坚持亲子共读的父母，都遭遇了一个烦恼：亲子共读变成了爸妈阅读，孩子根本不配合，我该怎么办？

"爸妈阅读"通常会导致以下状况的出现：

（1）父母给孩子朗读、讲书的热情很高，但孩子的热情显然没有那么高；

（2）如果父母不叫孩子来看书，孩子自己就想不起来看书；

（3）父母给孩子读书、讲书时候，孩子根本不专心，经常听不了几分钟就跑掉；

（4）孩子不知道想看什么书，只等父母来选。

这显然和父母开始亲子共读时的期待相去甚远，花费相当多时间和精力的父母不免困惑且不平：为什么会这样？

2. 读了那么久，孩子却根本没有爱上阅读

很多父母沮丧地发现：亲子共读做了 1 年、2 年、3 年、5 年，而孩子却根本就没有爱上阅读。

"我的孩子非常喜欢亲子共读，我们已经坚持 3 年了，但一直停留在'我读她听'的状态，有没有更好的方法让孩子过渡到自主阅读呢？"

"我的宝贝 4 岁半，我们坚持亲子共读近 2 年，他已经养成了睡前阅读的好习惯，但还不会自己读书，我如何进一步引导他学会主动阅读？"

"孩子在睡前要拉着爸爸妈妈讲一个又一个的故事，但给他书，他从来不看，为什么呢？"

"孩子上学前，我们一直坚持亲子共读，读过很多绘本，但是孩子上学后，对自己独立阅读却毫无兴趣，我该怎么办呢？"

"孩子读过很多绘本，但是他上学后，对读文字多点的书很抵触，为什么？我该怎么引导他？"

"我孩子 9 岁了，之前一直是亲子共读，现在我想让他自己读了，可他一点兴趣都没有，一说看书就要妈妈读，为什么呢？"

"孩子五年级，每次去图书馆借书或者去书城买书，都是让妈妈帮他选，他从来不选，叫他选他只会选一两本漫画书，然后就说，妈妈你再帮我选选，他自己都懒得去找。"

这些提问中的孩子显然全部都还没爱上阅读。父母这么努力地做亲子阅读，孩子听了那么多绘本、睡前故事，还是没爱上自己读书，这是为什么呢？

3. 读了那么多，孩子的阅读能力依然很差

"爸妈阅读"也好，孩子没爱上阅读也罢，如果孩子的阅读能力能够随着亲子共读时间的积累而有所提升，也算是一个能帮助到孩子学校学习的收获。但是很可惜，这个希望也常常落空。

在一个问答网站，我曾经回答过一位妈妈的提问，她对遇到的问题感到非常困惑和焦急：

> 女儿今年三年级了，特别爱看书。我前几天给她统计了一下，她读了350多万字的书了。但是孩子的表达能力和理解能力都很差，老师说稍微复杂的话，让她复述一遍，她都不能完成。平时老师课上讲的内容，她最多只能吸收一半，需要我再给她讲一遍才能消化。
>
> 这次期中考试，阅读理解的题目特别多，她好多题都没有做，我问她为什么空着不写，她说都不懂，不知道怎么写。我感觉是孩子读不懂题目，不知道试卷的题在考什么，这种情况应该怎么办？

这位妈妈描述的状况非常特殊，而且特别矛盾。

三年级的孩子累计有350多万字的阅读量，不是阅读量"还可以"，是相当不错。有这个阅读量的孩子完全应该具备很好的表达能力和阅读理解力。而这位妈妈描述的孩子的状况可以说不是一般的差，是非常差。

那么造成这种结果的唯一的可能性是孩子之前的阅读质量非

常差。

这里的阅读质量差，不是说没让孩子做笔记、做复述，而是读这些书的时候，孩子根本不是"自己在读"，既没有从读过的内容中获益，也没有从阅读过程中获益。可以说那些书，真的都是白读了，那些阅读时间也都白花了。

这位妈妈的提问不是孤例。在群组讨论和单独咨询中，真心爸妈经常被问到非常相近的问题，有读不懂课文的，有读不懂数学题的，有作业题目都需要父母帮着读才能做的。而提问的父母都坚称孩子上学之前很喜欢阅读，也都读过不少书。

最初几次，我尝试着提问："孩子之前的阅读是自己读，还是亲子共读？"

答案全都是亲子共读。无一例外！

再后来，只要遇到此类提问，我就几乎可以断定原因所在。条件所限，我没有办法做大规模的问卷调查或者长期追踪访谈，但是上千次个案咨询的结果已经足够触目惊心，也让人无比痛心。

我们也从自家两个孩子的老师那里收到很多反馈，老师们最恼火的一个现状是：许多孩子根本不会阅读，试卷上的阅读内容一多，孩子们就完全"抓瞎"。

为什么会这样？按照当今父母做亲子共读的热情、大家花的时间和精力、读过的绘本数量来看，孩子们上学后应该爱阅读、会阅读才是，为什么情况恰好相反——亲子共读这么火，会阅读的孩子反而不多了？

我想原因有两个：一是过度重视绘本阅读，忽视了孩子的阅读进阶；二是错误地把亲子共读当成培养孩子阅读能力的唯一方式，完全忽视孩子自主阅读能力的培养。

这一章我们将集中讨论亲子共读，第十一章《绘本该读到什么时候》将重点讨论绘本阅读。

二、孩子为什么不爱读也不会读？

1. 阅读依赖

亲子共读推崇的阅读方式是：

在孩子小时候，父母把孩子抱在怀里，手里拿着一本书，边读给孩子听，边给孩子讲解；

孩子长大一点后，在他阅读时，父母要陪在一边，或继续为孩子朗读，或继续边读边讲，或要求孩子读给父母听；

在孩子上小学甚至初中后，仍然是孩子看书时，大人陪在一边，仍然要为孩子朗读、给孩子讲解、让孩子读给父母听。

这种方式一开始就把孩子的阅读活动囿于"孩子读、大人陪"的场景，会造成孩子严重的阅读依赖，让他认为阅读就必须得由父母"陪着做"甚至"帮着做"。

阅读上对父母有依赖感的孩子，会有以下表现：

（1）父母不陪着，自己就不看书；

（2）要父母帮助选择要看的书；

（3）看书时依赖父母的输出，比如要大人给朗读、讲解；

（4）看书时懒得自己动脑筋，很少提出问题；

（5）读给父母听是遵从父母的要求，而不是自己的意愿；

（6）把阅读当成任务而不是乐趣。

有这些表现的孩子，读书再久都不会培养出阅读习惯，因为习惯本身就是一种主动的自律，而不是被动的遵从。

2. 阅读填鸭

亲子共读过度重视阅读过程中父母对孩子的"输出"，孩子的阅读活动就会变成父母的"填鸭"活动。最典型的表现有几个：

（1）不顾孩子的接受能力。

3个月的小婴儿可能就得开始听妈妈讲绘本；8个月的婴儿就可能被父母责怪亲子共读时不专注；小学一二年级时，明明之前只读过绘本的孩子就会被父母要求马上能共读纯文字书甚至文学名著。

盲目的阅读焦虑让亲子阅读开始的时间越来越早，父母对孩子阅读的要求越来越高。而孩子的发展阶段、接受能力，则完全被排除在父母的考虑之外。

揠苗助长可能是我们最早教会孩子的几个成语之一，大人讲的时候总是绘声绘色，把那个农夫嘲笑得体无完肤，但回过头来看看自己，有多少父母打着"为孩子好"的旗号，做了违背孩子发育规律的事？

（2）只管单向地向孩子灌输。

父母在亲子共读活动中，特别关心让孩子学到什么、收获什么，所以给孩子讲书时最常做的是拼命地把自己认为孩子应该学到的东西往孩子头脑中灌输，却不注重和孩子的互动、孩子自己在阅读过程中的输出，不允许孩子提问和讨论。如果孩子一边听一边提问，就认为孩子不够专注，孩子从眼前的读物想到别的问题，就认为孩子"爱走神""爱跑题"。

（3）把亲子阅读变成机械的活动。

比如规定每天固定的亲子共读时间，只要时间一到，无论孩子正兴致勃勃地做什么，都把孩子捉过来，开始亲子共读；比如迷恋阅读打卡，特别关注今天是亲子共读第几天，我们一共读了多少本书，却不关心孩子到底有没有兴趣。

每次想到这些现象，我们眼前都会浮现出一个极令人担忧和恐惧的场景：一只可怜的小鸭子被捉着脖子捏大嘴巴，嘴巴里塞进一根管子，饲料就顺着管子直接填到小鸭子的胃里。

可能没有任何一对父母喜欢被说成是如此简单粗暴的"饲养者"，但在亲子共读中，多数父母所做的的确是与"填鸭"无异的工作。

3. 阅读替代

典型的亲子共读活动由父母发起和主导，控制权掌握在父母手里，孩子只能被动跟从。

父母是亲子共读活动的"导演"，主导读什么、怎么读、阅读进程。

父母同时是阅读的"主角"。"读"的活动由父母而不是孩子进行。

书拿在父母手里，而不是孩子手里。

父母读什么、讲什么，孩子只能听什么，还被要求"不要打断爸爸妈妈"。

孩子要提问、要讨论，父母却告诉他"等咱们读完了你再说话"。——通常等到"读完了",孩子已经忘掉当时想说什么了。

所以,亲子共读虽名为"共读",本质上却是"父母读"而不是"孩子读"。在这样的阅读活动中,父母替代孩子,成为"阅读者",而孩子成了与阅读活动本身无关的听众,既无法产生浓厚兴趣,也无法达到高度投入,更无法发展自己的阅读能力。

看清楚这一点,就不难理解为什么"孩子读了很多书",阅读能力和理解能力却差得惊人了。

4. 执迷于"共读"

很显然,坚信亲子共读的父母们并没有意识到这种阅读培养方式会影响孩子的阅读兴趣,扼杀孩子的阅读主动性,限制孩子阅读能力的发展,成为孩子的"阅读杀手"。他们对亲子共读这种形式的热衷,甚至超过了对"培养孩子阅读能力和阅读习惯"本身的热爱。一说到孩子阅读,很多父母马上就想到亲子共读,然后就会想一些能延长亲子共读时间的办法,于是孩子阅读就变成了亲子共读的马拉松。至于出发点——"培养孩子阅读能力和阅读习惯"已经完全被抛诸脑后。

真心爸妈认为,要培养孩子阅读能力和阅读习惯,应该坚持孩子自主阅读而非亲子共读,甚至亲子共读就不应该出现在孩子的阅读生活中。

我们遇到很多妈妈抱怨自家三四岁甚至五六岁的孩子吃饭困难,而这些宝贝都是从小就被喂饭的,他们没有机会锻炼自己吃饭的能力,自然会出现吃饭困难。

我们也遇到很多妈妈抱怨自家孩子不爱阅读或者阅读困难,深究下去，和吃饭困难产生的原因如出一辙，这些孩子都是从小听妈妈读书，或者由父母安排共读活动。他们从来没有被鼓励自己拿起一本书来随意阅读。

阅读能力是"自己看书并理解其中内容"的能力，孩子做不到"自己会读"，就不叫有阅读能力。

很大程度上，亲子共读和给孩子喂饭一样，最终的结果都是让孩子在应该有能力自己做的时候，错失了学会自己做好这些事的机会。一位妈妈问："可是，如果不做亲子共读，孩子怎么才能过渡到自主阅读？"

我们的回答是："如果一开始孩子就是自主阅读的，又怎么需要过渡呢？"

三、"给孩子朗读"之误：读书给我听的妈妈？

坚持亲子共读的妈妈可能都深受一段美好诗句的影响：

> 你或许拥有无限的财富，一箱箱珠宝与一柜柜的黄金。但你永远不会比我富有，我有一位读书给我听的妈妈。

诗句的作者是诗人史斯兰克·吉利兰，诗的题目叫《阅读的妈妈》。这四句是整首诗的最后一节，因为被美国阅读研究专家吉姆·崔利斯在他畅销名著《朗读手册》绪论前引用而广为人知。"我有一位读书给我听的妈妈"也被致力于亲子共读的妈妈们奉为圭臬，很多人都仅仅因为这句话，就把自己变成了读书给孩子听的妈妈。

这几句诗确实很美好，妈妈温柔地读书给孩子听的场景也令人向往。但问题是，我们不能仅仅因为看似美好的诗句，就急急忙忙地去读书给孩子听，全然不管给孩子朗读是否真的能帮助培养孩子阅读能力——这么做实在太草率了。

朗读是一种历史悠久的活动，加拿大作家、翻译家阿尔维托·曼古埃尔在他的著作《阅读史》中专门用一章的篇幅讲述了朗读的历史。

早在6世纪，罗马僧侣圣本笃就在他创建的修道院开始了朗读活动，由指定的修道士为其他人朗读宗教圣典；在中世纪的欧洲，聚集在一起聆听别人朗读也是人们必要的日常活动，游吟诗人会在市集为人们吟咏自己熟记而他人未曾听过的诗篇，贵族之家会在用餐时间向家人和朋友大声朗读；17世纪的欧洲，在非正式聚会中当众朗读的风气也极为盛行；在19世纪的古巴，为文盲工人朗读报纸甚至成为向他们传播新闻和思想的重要手段。

在中国历史上，朗读也是一种常见的活动，教师会为学生朗读经典，诗人和文人在聚会时为朋友朗读诗文，识字的人为不识字的人朗读家书。艺人将传说和历史故事改编成评书，主要为极少阅读或者没有能力阅读的人讲述。家人之间也偶尔也会互相朗读书籍。

朗读活动之所以在世界各地历史上广泛存在，有两个重要的原因：一是教育并不普及，在很长历史时期内，能够直接阅读书籍的人都是少数；二是印刷和书籍的传播并不普及，在很长历史时期内，人获取书籍并不容易。

但无论朗读的历史如何悠久，朗读活动曾经如何普及，我们都需要看到，为他人朗读主要有以下几个目的：

一是信息传播，帮助没有阅读能力的人获取信息，包括为文盲朗读、为不识字的儿童朗读；二是教育，将需要人们学习的知识、信条，通过朗读的方式传达给他们；三是社交，人们通过朗读活动增进交往和感情；四是亲情沟通，家人之间通过互相朗读增进亲密关系；五是娱乐，将朗读作为一种表演性活动娱乐聆听者。

朗读本身从来没有被当成一种帮助他人学会阅读的方式。事实上，朗读也并不足以承担这样的任务，单靠读书给别人听，并不能教会别人阅读、帮助别人培养出阅读习惯。听别人朗读和听有声书的结果是一样的。

听和读是两种不同的能力，孩子只是听别人朗读、讲书，可能会听到好多知识、故事，但不会听出独立阅读图画或者文字的能力。我遇到过很多读书给孩子听的妈妈，她们都是坚持了好几年。孩子上小学前的阅读，基本上都是妈妈读、孩子听。她们的孩子上学后，在阅读上都不同程度地遇到问题，有的甚至很严重。

一位妈妈非常不解：我一直给孩子读书，读过了上千本绘本，为什么孩子上学后读课文还磕磕绊绊，连认生字都错误百出？是我做得还不够多吗？这位妈妈做得不是不够多，而是太多了，用"读书给孩子听"覆盖了孩子的整个阅读。

更何况还有不少妈妈，陶醉于坚持做"读书给孩子听的妈妈"的付出感和成就感，执着于给孩子朗读行为的完整和完美，不允许孩子打断、提问，让这件事成为完全不需要孩子参与的"表演"。

她们对这件事本身的执迷已经大大偏离了初衷，正在把孩子培养成妈妈不给读，自己就不会拿起书来读，也完全不会读的孩子。

我相信，与此相比，做一个培养孩子学会自己阅读的妈妈，是更有成就感的事。而且，如果妈妈自己真的变成一个阅读者，你会发现，"读书给孩子听并不能让孩子爱阅读、会阅读"的道理真的是简单无比。

真心爸妈是培养孩子阅读能力的受益者，但从来没有主动做过"读书给孩子听"的事情。除非孩子要求我们读书给他们听，平时一切的阅读活动都由孩子主导，等到孩子喜欢上自己看书，他们就根本不喜欢大人读书给他们听了，他们觉得那样太慢，也完全没有自己读起来有意思。

在孩子两三岁时，会经常要求父母读书给他听，因为那时候孩子还不认识什么字，又常常想把书看懂，就会求助于父母。这时候父母的角色其实就是孩子阅读时的"辅助工具"，作用不过是帮孩子把不认识的字读出来，大人按照孩子的要求，照本宣科地读就行了，但不必因此积极主动地把给孩子读书变成常规工作，更不必从此开始执着地、长年累月地为孩子读书——过犹不及。在这件事上，父母超越了辅助者的角色，对培养孩子阅读能力的作用就转向了负面。

四、如何区分亲子共读和自主阅读？

真心爸妈建议从自主阅读开始培养孩子的阅读兴趣和阅读习惯，一些读者表示很疑惑：可是，孩子越小，越容易拿着书来让父母给读、给讲，找父母问问题，这不还是亲子共读吗？

这就涉及一个关键问题：到底如何区分亲子共读和自主阅读？

1. 区分方法：识别阅读活动由谁主导

我们可以通过识别阅读活动是由谁主导做出清晰的区分。由孩子发起和主导的，是自主阅读；由父母发起和主导的，是亲子共读。

我们用几个典型场景说明一下。

（1）给孩子读书。

孩子拿着一本书来找父母："爸爸／妈妈，我不认识这些字，你给我读。"是孩子在自主阅读。父母拿一本书去找孩子："宝贝，咱们今天读这本书。"是你在找孩子做亲子共读。

（2）给孩子讲书。

孩子拿着书来找父母："爸爸／妈妈，你给我讲讲。"这是孩子自主阅读。父母在孩子看书时主动去找他："宝贝，我来给你讲。"这就是要做亲子共读。

（3）阅读时提问。

如果是孩子主动向父母提问，是孩子在自主阅读；如果是父母向孩子提问或者引导孩子提问，就是父母试图介入孩子的阅读，把自主阅读变成亲子共读。

学会识别阅读活动由谁主导，我们就很容易区分孩子阅读活动中各种各样的场景到底是亲子共读还是自主阅读。

2. 父母参与的尺度

这个方法还可以帮助父母有意识地控制参与孩子阅读活动的尺度：父母的参与、帮助不超出孩子的实际需要，不达到会影响孩子阅读活动主导权的程度。

如果阅读活动由孩子发起，读书、讲书、回答问题的要求由孩子提出，其实是孩子把父母当成了他的一种"阅读资源"，这也是自主阅读能力的一部分——阅读中遇到困难时，懂得借助外部力量。这和习惯自主阅读的孩子稍大一点后很容易学会借助"网络搜索"获取更多信息，也会借助由 A 书读到 B 书的"延伸阅读"来解决阅读 A 书时的问题，是同一个道理。

被孩子当成"阅读资源"时，父母需要做的不是马上让这个资源的功用无限放大，而是谨守作为"阅读资源"的本分。

如果孩子找父母读书，而父母顺便把孩子不认识的字教他认了一遍；孩子找父母帮忙讲一讲，父母趁此机会不但给孩子讲清楚了他提出的问题，还输送了一些"私货"——父母对他该怎么阅读和理解这本书的指导，以及父母关于书中内涵与作者本意不同的解读，就超出了孩子的实际需要。

父母提供的帮助超出孩子的实际需要就是父母在暗中与孩子争夺阅读活动的主导权，这会把孩子已经开始的自主阅读重新变成亲子共读。隐性的亲子共读不但对孩子的阅读生活没有帮助，更会带来新问题。

当然，如果孩子真正习惯了做自主阅读，要求父母给读书、讲解的情况会在孩子的阅读生活中占比很低，而且这些情况主要发生在孩子开始自主阅读的早期。

如果孩子五六岁之后，阅读时还总是要父母给读、给讲，不给读或者不给讲自己就不能读，父母就需要检讨，在孩子早期阅读阶段是否介入过多，造成了孩子的阅读依赖。

五、如何从亲子共读过渡到自主阅读

我们说培养孩子的阅读能力要从自主阅读开始，可能有的父母会着急起来："我们已经在做亲子共读了，还有没有办法过渡到自主阅读呢？"

还有很多正在做亲子共读的父母，原以为经过一个阶段的共读，孩子会自然过渡到自主阅读，但却发现过渡迟迟没有发生，也不免着急："如何才能让已经习惯共读的孩子愿意开始自己读？"

从亲子共读到自主阅读的过渡确实不会自然发生，但也不是无法实现。要引导孩子开始过渡，父母需要从以下五个方面做出改变。

1. 阅读场景：让孩子与书独处

孩子缺乏与书独处的体验，自然很难习惯自主阅读。但现实的情况是，很多父母会不自觉地限制孩子获得与书独处的机会。

一位妈妈曾描述过家中 3 岁孩子看书的情景："他一个人抱了一堆书，坐在地上一本一本地翻着看，叫他出去玩也不去，叫他吃东西也不吃，叫他玩玩具也不玩，甚至叫他名字，他都不理人，这样真的好吗？"

孩子自己翻书翻得兴致勃勃，大人为什么一定要叫他，非要他干别的呢？

其实从 1 岁以内起，有书放在手边的孩子，都会有自己拿起书来随便翻看的行为，这就是自主阅读的萌芽，但父母常常从这里开始，就做出会产生负面效果的行动：哟，孩子开始想看书了，真好，来爸爸／妈妈给你讲吧！于是自主阅读的萌芽，就变成了亲子共读的开端，孩子会逐渐习惯，只要一拿起书来，就叫爸爸妈妈。

如果你的孩子已经有了这样的习惯，真心爸妈的建议是，每次孩子叫爸爸妈妈一起看书，大人都温和地告诉他："你先自己看，有什么问题再找爸爸妈妈来问。"

孩子一旦开始尝试自己看，他很快就会发现，这比跟父母一起看有趣太多，因为没有人老是跟他说话、打扰他、指导他，他可以特别安心地去书中发现他觉得好玩的东西。有了这样的体验，孩子会很快习惯于自己看书。

我们的一位读者，孩子3岁多，已经亲子共读将近2年，意识到亲子共读会妨碍孩子自主阅读的发展后，开始尝试让孩子与书独处。他在客厅里为孩子准备了一排书架和很多孩子之前没有读过的童书，告诉孩子"这些书你都可以自己随便翻"。然后他惊喜地发现，一整个下午，孩子都自己坐在书架前，一本一本地翻看，不少他之前以为孩子根本看不懂的书，孩子都看得津津有味。

2. 阅读体验：让孩子自己发现惊喜

我们在《帮孩子享受阅读》一章中讨论过，爱上阅读的孩子，会有着迷、兴奋、会心、惊喜、豁然开朗、骄傲、找到知己、自我实现等体验，孩子越早和这些体验相遇，越容易开始自主阅读。

一位读者曾经发给我一段亲子共读的视频："我觉得孩子阅读时一点都不投入，您帮我看看，是不是我们哪里做得不好？"视频中，妈妈和孩子对坐，正拿着一本绘本，绘声绘色地讲解，孩子坐在对面，眼光根本就没有停在书上——事实上也没办法停在书上，因为他看到的画面根本就是反着的，对妈妈的讲解也几乎完全无动于衷。

这样的场景当然让父母挫败，但孩子不投入，其实毫不奇怪。在亲子共读的场景中，孩子自己获得惊喜的机会非常少，他们得到的基本上是父母通过语言、语气、表情传达出来的"二手体验"，感染力和吸引力都差得太多。

要改变这样的状况，唯一的办法是把书交给孩子，让孩子自己去发现惊喜。哪怕只是从一堆文字中认出一个"一"字，或者在画面中发现一只隐藏的小兔子。经常获得小成就，会让孩子特别惊喜、开心，这种成就感带来的愉悦能一再重现，孩子自然会爱上自己看书。

一些习惯了亲子共读的孩子可能刚开始还不太适应拿书在手里自己看，父母可以鼓励他：以前都是爸爸 / 妈妈给你讲书里有什么好玩的事儿，这回你自己看，给我讲讲好不好？能讲点有趣的事给父母听，会让孩子很有成就感，当然，父母也需要有意识地强化孩子的成就感，当孩子真的把从书里看到的讲给大人听时，大人要表现得兴致勃勃。

要让孩子学会从书中发现惊喜，父母还可以使用一个小技巧：让孩子自己去选择新书。父母已经给讲过很多遍的书，孩子自己拿起来很难有新发现，但像自己挑选新玩具一样选到一本他觉得可能很有意思的新书，他会迫不及待地去探索其中的好玩之处。

3. 阅读能力：帮孩子学会"自己拿书来读"

孩子不能顺利开始自主阅读也有受到能力的限制的原因。前文《帮孩子发展阅读技术》一章，我们已经专门讨论过复述、评论、讨论、抓住核心内容、泛读、精读、扩展、良好语感 8 种技术，这些主要是对一直进行自主阅读的孩子来说的，对于习惯亲子共读的孩子，阅读能力指的是一些更基本的能力，包括：

知道我现在想不想看书；

知道我想看什么书；

自己找到想看的书；

自己打开书看。

你可能想，这算什么能力啊？孩子又不傻，这还不知道？！让人沮丧的是，很多和我讨论阅读的父母都描述了这样的现象：我不叫他看书，他根本就想不起看书；我不帮他找出书来，他根本不知道要看什么；从来不会自己从书架上拿书来看。

要帮孩子学会"自己拿书来读"，父母可以做下面这些工作：

给孩子准备专门的书架，把书架放在孩子拿取方便的位置，比如孩子自己的房间，告诉孩子，他自己书架上的书，他想怎么看就怎么看。

对孩子的阅读活动不再做事无巨细的指导，让孩子明白，阅读这件事，不需要在父母的监督下进行，不需要担心父母批评他读得不好。

给孩子的时间留白，让孩子有可以自由支配的时间，而且这些时间是用来玩还是用来看书，父母都不再干涉。有充足时间可以供自己安排的孩子，更容易有闲适的心情，自己安安静静地看一本喜欢的书。

孩子是否具备"自己拿书来读"这项最基本的能力，还与父母在生活、学习的各个方面，给了孩子多大的空间和自主权相关。一个基本的规律是，父母在某一方面给孩子的自主权越小，孩子在这方面的能力越差。

如果父母能在孩子生活、学习的各个方面，都强化"让孩子自己做主"的意识，减少对孩子的指导和干涉，孩子更容易习惯于"自己拿书来读"，因为孩子很清楚，在阅读这件事上，他已经被充分"授权"自己去学习和探索。

曾经有一位读者和我讨论：我小时候，父母也没怎么教我看书，我都是自己随便看，看着看着，连字都认识了。怎么轮到自己的孩子，我花了这么多工夫，孩子就不肯自己看呢？在我看来，原因正在于原来的父母管得不多，给了孩子足够的自由，而现在的父母管得太多太细，让孩子连自己自由地看看书这么简单的事，都不敢自己做主了。

4. 阅读要求：降低要求，减少指点

父母对阅读有多重视，对孩子阅读的要求就有多高，这让很多父母在鼓励孩子自主阅读上相当矛盾：我知道应该让孩子自己读，但孩子要是读得不好、收获不大怎么办？

这种心态，很大程度上影响了父母放手让孩子尝试自主阅读的积极性，所以要让孩子能从亲子共读顺利地过渡到自主阅读，父母还需要调整心态，降低对孩子阅读的要求，同时在孩子自己阅读时，减少对孩子的各种"指点"。

在做亲子共读时，很多父母都喜欢考查孩子听明白了没有、记住了多少，但在开始让孩子自主阅读后，父母最好不要再追求这些效果指标。

在做亲子共读时，很多父母都执着于"精读"，认为孩子得把一本书读透，但孩子真正的自主阅读，很多时候是"泛读"，他会读得

又多又快。如果父母为此批评孩子"读得不认真",孩子阅读的积极性就会大受影响。

还有一些父母认为孩子阅读时应该读出声、应该逐字指读,这两项要求,既影响孩子阅读能力的发展,也与阅读的基本常识相悖,所以孩子一旦开始自主阅读,这两项要求,都应该放弃。

总之,允许孩子用自己的方法自由地读,孩子才能顺利地完成从亲子共读到自主阅读的过渡。

5. 读物选择:帮孩子找到适合的过渡读物

一些孩子在亲子共读过渡到自主阅读时出现困难,还有一个重要原因,就是父母操之过急,希望孩子能一下从亲子共读绘本,过渡到独立"读明白"绘本,或者从只读文字很少的书,过渡到读文字量很大的书。

当然,这并不现实。前文已经讨论过,长期做亲子共读的孩子,阅读能力其实非常有限,所以在鼓励孩子开始自主阅读时,父母需要接受孩子阅读能力的现状,允许孩子从他现阶段能"读得进去"的书入手。

一些父母喜欢寻找"年龄书单",认为孩子 6 岁了、孩子一年级了,最好能读到精准适合他这个阶段的好书。但我们认为,这种做法,很可能会严重影响孩子的自主阅读能力。原因有两个:

一是同龄、同年级的孩子阅读能力的发展程度不同。比如,同样是一年级的孩子,有的识字量很小,还停留在只能读绘本的阶段,有的甚至连绘本都需要父母给读出文字并且详细讲解,但也有部分孩子,识字量已经足够阅读纯文字书，并且已经开始独立阅读纯文字书了。一个限定书目的书单怎么可能具有这么广泛的适用性呢？

二是同龄、同年级的孩子，每个人的阅读兴趣也可能大不相同。比如，同样是二年级的孩子，有的孩子喜欢故事书，有的孩子更喜欢科普书，强迫爱读故事书的孩子去读科普书，孩子很可能就此放弃阅读。

所以，最好的办法是带孩子到书店去，让他自己选择，这样才更容易帮助孩子找到适合的过渡读物，让开始自主阅读后的读物和亲子共读时的读物能无缝衔接。

六、亲子的归亲子，阅读的归阅读

一些父母坚持做亲子共读是因为觉得这是特别美好的事，可以增进亲子关系，而且认为"孩子真想听你给他读书的时间没几年，等他长大了，你想给人家读人家也不要听了"，这段亲子共读的时光特别值得珍惜。

同为父母，我们特别理解这个想法，但为了培养孩子阅读能力的行动真的能帮到孩子，我们仍然坚信不能把阅读和亲子关系这两件事如此关联起来。有很多的日常活动可以加深亲子关系，为什么非执着于介入孩子阅读这种大人费力且对孩子无益的事呢？"亲子的归亲子，阅读的归阅读"才是对亲子关系和阅读都更有益的事。

1. 睡前故事是亲子时间，不是阅读时间

以很多家庭都有的"睡前故事时间"为例。多数父母会把睡前故事时间当成亲子共读时间，觉得自己每天照着书给孩子讲睡前故事，就是在培养孩子的阅读习惯了，这恐怕是一个美丽的误会。

睡前故事时间是亲子时间，不是阅读时间。孩子睡前要求大人讲故事是为了享受父母的爱和陪伴，享受和父母的亲密关系，并不是为了听到新故事或者有趣的事。甚至有的孩子完全不在意听到了什么。

分享一个我们家的小趣事。我家大儿天真上幼儿园那几年，只要在家里，都会自己拿书来看，但临睡前，他都会叫爸爸去给他讲睡前故事，而且最爱的睡前故事只有一个，就是《三个和尚》。给他直接讲还不行，一定要照着《三个和尚》的电影故事书来读。那时每天的场景是这样的：爸爸靠在他床上，举着《三个和尚》，老和尚念经般地读，孩子在床上躺躺、坐坐、靠在爸爸身上腻腻、自己玩玩玩具，过一会儿就睡着了。有时是爸爸念着念着先睡着了，孩子就把爸爸推醒："爸爸，别睡，讲故事。"爸爸就打起精神继续念。最好笑的是，他 4 岁左右时已经识字了，就成了爸爸的"小监工"，爸爸稍微偷懒少念了几个字，他马上毫不客气地指出来："爸爸，爸爸，你念错了，这几个字你还没念。"爸爸很郁闷："你都识字了，为什么不自己读，非得让我念？"孩子理直气壮："因为是你在给我讲睡前故事啊！"

从这件小事我们就发现，给孩子讲睡前故事真的和培养孩子阅读能力和习惯没有什么关系，父母只要把孩子睡前这一小段故事时间当成一天中最宝贵、最温馨的亲子时间就好了。

至于孩子的阅读时间，最好在睡前故事时间之外，由孩子自主安

排。每天无论是自主阅读 5 分钟、10 分钟还是 1 小时，都没关系。当然，如果不是孩子自己要求，睡前故事时间也并非必需，如果孩子希望每天睡前的时光用于自己独处，或者玩玩具，或者看书，父母也不需要非得主动去给孩子讲睡前故事。说得尖锐一点，阅读这么私人的活动，父母非得和孩子一起做，简直就和孩子上厕所时你非得盯着没有区别。

2."在一起"的真意

关于阅读和亲子关系，我们还遇到过另外一个问题：当孩子要求"一起"时，做游戏真的不如读书有助成长吗？

父母可以和孩子一起做的事有很多，完全不止游戏和读书这两个选项。比如一家人一起吃饭、一起聊天、一起玩玩具、一起外出散步、一起出门旅行，甚至可能只是一起待在家里……我们一家四口直到现在，最常做的事还是一起聊天。这样的聊天时间是我们彼此的"充电时光"，既是给自己充电，也是给亲子关系充电，让大人和孩子都时刻能量充足。

此外，当孩子要求"一起"时，父母需要考虑的不是你想和孩子一起做什么，而是孩子想和你一起做什么。

孩子想要的不一定就是游戏或者阅读，有时可能只是想让父母坐在一边，陪着他玩玩具而已。我们的原则是，孩子要求一起做的，只要不是什么不适当的事，比如一起在公共场合吵闹，或者一起搞什么破坏，我们都会尊重孩子的意愿，他想一起做什么，就一起做什么。

父母和孩子在一起最重要的意义是陪伴，帮助孩子建立安全感、对父母的信任、与父母的亲密关系。充满爱意、不带任何功利目的的陪伴本身就是对孩子成长最有益的事。

　　一些父母会走入一个误区，只要和孩子在一起，就想按照自己的意愿，带孩子做一些在大人看来有意义、有助于成长的事，不管孩子愿意不愿意。这样做，会让"在一起"完全失去意义，让孩子和父母都没有办法享受到真正的、让彼此内心安宁的亲子时光。

3. 亲子分享阅读感受

　　当然，互相分享阅读感受也是亲子关系中非常美好的事。但这种分享不是要求孩子给大人读书，也不是大人主动给孩子读书、讲书，它应该是日常生活中一种完全自然、不刻意进行的活动。

　　你在做饭，孩子在看书，他跑来问你一个问题，你回答了，他又继续回去看书；你送孩子去幼儿园，路上孩子主动给你讲了昨天看的绘本里的故事；孩子读了一本书，在饭桌上兴高采烈地跟你谈论这本书；孩子问你问题，你给他讲了自己从别的书里读到的内容，来帮助他丰富对这个问题的了解；甚至，只是和孩子待在家里，他在他的房间读他的书，你在你的房间读你的书。

　　这些都是父母和孩子互相分享丰富有趣的阅读生活的场景。分享的过程还包括引发彼此的共鸣，大家感受到想法和情感的沟通，并且内心因为这种分享而更加亲近。

　　这样的分享，自然既包含阅读的意义，也包含亲子的意义，是阅读无缝融入家庭生活的极佳方式。

关键
选择

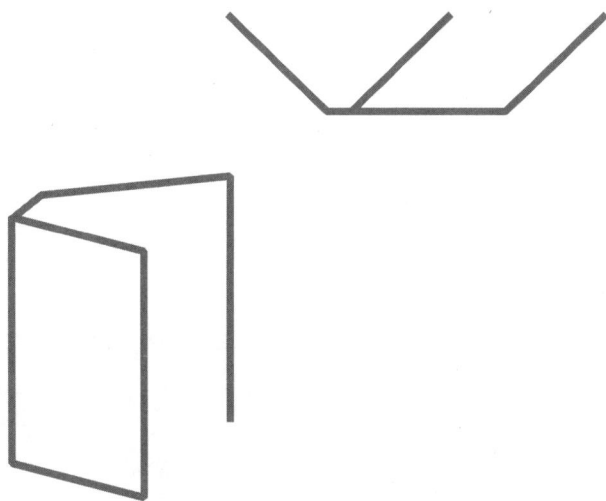

第十一章

绘本该读到什么时候

在目前的儿童阅读中，绘本阅读和亲子共读是两大非常普遍的现象。亲子共读是占绝对优势的阅读形式，绘本则是占据绝对优势的读物。

但是在与父母们分享自主阅读理念的过程中，我们频繁地遇到"绘本泡大的孩子，上学后却不会阅读"的情况。

为什么勤奋阅读绘本的父母和孩子会遇到如此窘境？过度重视绘本阅读如何严重影响孩子阅读能力的发展？读过一段时间绘本之后，孩子的读物到底该如何进阶？

一、对绘本阅读的过度重视

为免误解，首先声明，真心爸妈完全不反对孩子读绘本。我们的两个孩子在幼儿园阶段也读过不少绘本，我们反对的是让孩子只读绘本，而且一直读到上小学后好几年。

绘本画面简单美好，文字短小，有的绘本甚至根本没有文字，确实适合低幼孩子阅读，这一点在国际上已成共识。

但目前，我们国家的现状是绘本阅读被过度重视，绘本从"低幼读物"变成了"全龄读物"。读绘本几乎成为一场比赛，绘本成为很多学龄前孩子和低年级小学生的唯一读物。绘本的作用被片面夸大，绘本的内容被过度诠释，如此，读绘本这件原本特别美好的事却成为孩子阅读能力发展的桎梏，也成为父母培养孩子阅读能力过程中的一个"深坑"。

1. 读绘本比赛

相当多父母都在带孩子做亲子共读，而亲子共读又简直变成了读绘本比赛。

绘本阅读数量的纪录每每刷新我们的认知：孩子 3 岁了，我们亲子共读了 500 本绘本；孩子上幼儿园，我们亲子共读了 2000 本绘本；孩子上学前，我们亲子共读了 5000 本绘本。我还曾经看到过一个提问："听说有家庭有近 10000 本绘本，是真的吗？"

这简直让自诩在培养孩子阅读能力上做得还不错的真心爸妈羞愧得无地自容。两个孩子共有十来个书架，书架上只有不到 200 本绘本。而且孩子小时候我们既没有亲子共读，也没有让孩子在读绘本上花多少时间。

我们一边惭愧，一边又很无奈。为什么有那么多父母都坚信绘本读得越多越好，绘本读得足够多，孩子就是在阅读，就能学会阅读呢？

我们的看法是绘本以图画为主，文字量很少，除了百科知识型绘本，绝大部分故事型绘本的阅读难度在同一个水平，对阅读能力的要求不高，不同绘本需要的阅读能力差异也不大。孩子从读 200 本绘本到读 2000 本绘本，阅读技术、理解能力不会获得大幅度提升，他还是只会看图画，只能理解很简单的文字语句。

换句话说，绘本阅读量的积累不会促使孩子发生从"不会阅读"到"很会阅读"的质变。相反，只读对阅读能力要求不高的绘本，孩子对稍有阅读难度的读物都会非常畏惧，没有勇气打开。

2. 绘本偏食

读绘本比赛之外，绘本阅读中的第二个明显偏颇是绘本偏食。

一提起孩子阅读，尤其是学龄前孩子的阅读，父母们都会想到绘本，相当多父母能想到的只有绘本，他们让孩子只读绘本、读大量绘本，甚至让孩子一直读到小学三年级——绘本成了孩子早期阅读的最优、唯一和全部读物。

而事实上，绘本作为图画书，是低幼孩子的阶段性读物，把绘本阅读时间不适当地延长，一直让孩子只读绘本，不接触更适合孩子认知、理解能力、阅读需求发展的其他类型读物，既限制孩子阅读能力的提升，又会让孩子的阅读"营养不良"。

亲自喂养过孩子的父母都知道，从四五个月起，孩子需要添加辅食，辅食要慢慢地从糊状、泥状，向颗粒状、小块状、大块状过渡，直到孩子牙齿萌生良好，能够适应接近成人食物形态的食物。

不添加辅食，孩子会营养不良，但一直只吃软糯的辅食，孩子的牙齿萌生会受影响，咀嚼能力发展也会滞后，结果可能是孩子两三岁了还没办法吃常规形态的食物，这同样也会造成营养不良。

孩子的阅读也是一样。在他两三岁，既不能阅读文字，认知能力和理解能力也比较有限时，确实更适合阅读绘本。但当孩子长到四五岁，认知和理解能力都不断增强，好奇心和求知欲都变得更加旺盛时，绘本就不免显得太幼稚、太简单，不能满足孩子实际的阅读需求了。而且，一直只让孩子读这种非常"软糯"的读物，孩子的阅读能力也很难发展。

3. 绘本全能化

绘本阅读中，家长出现的第三个偏颇是绘本全能化。

一位妈妈问道："我家孩子 3 岁了，还不会自己上厕所，哪些绘本可以告诉孩子怎么如厕？"

这可把我给问住了，我们两个孩子小时候都是大人在生活中慢慢引导着，自然而然地学会自己到小马桶上大小便。教孩子上厕所这么简单的事，还用得着专门去买几本绘本回来亲子共读吗？

我们随便上网搜搜，着实吓了一跳，原来父母们希望靠读绘本做到的事还多着呢：

> 孩子脾气不好，特别容易生气、发火，什么样的绘本能帮孩子改变易怒的性格？

> 孩子胆子小，好多事情都不敢做，哪些绘本可以培养孩子

的自信？

想给孩子做数学启蒙，有哪些比较好的绘本？

能引导孩子独自睡一个房间的绘本有哪些？

……

绘本虽好，但它不是万能的，它就是给孩子看的图画书，是让孩子感受乐趣的读物，不是父母教育孩子的工具，更承担不了父母们那么多具体而迫切的期待。

比如给孩子做数学启蒙，更有效的也不是绘本，而是日常生活，因为生活里到处都是数学。宝宝有 2 只小手，2 只脚丫，每只手有 5 根手指头，这可以帮助孩子建立最初的"数"的概念。宝宝有 2 个水杯，这个大，那个小，这可以建立"大小"和"比较"的概念。我们家住 5 层，奶奶家住 3 层，5 层比 3 层高，这是建立"高矮""空间"的概念。5 元钱可以买一个冰激凌，10 元钱能买 2 个，这是建立"金钱"和"数量"的概念。咱们这里有 5 本书，3 本大、2 本小，这是建立"比较"和"归类"的概念……即使是小学五年级的数学课，老师在教学时仍然是通过生活中的常见事物来引入的。

再比如，孩子学习习惯的养成。良好的学习习惯是孩子成长过程中长时间积累的结果，其中最重要的是父母的引领和示范。如果只给孩子读一本绘本，告诉他学习习惯对小朋友来说很重要，他就能养成良好的学习习惯了吗？果真如此，所有父母就都不需要为孩子学习习惯不好而苦恼了。

确实，这些问题几乎都有相关主题的绘本，但仅凭绘本，没有父母的努力，我相信任何问题都无法得到解决——父母自己不会做的事，绘本也帮不了你。

4.绘本的过度诠释

绘本阅读中，家长出现的第四个偏颇是过度诠释。

受部分绘本推广者的影响，一些妈妈过于重视绘本的"讲读"，带孩子读一本绘本，特别希望能"彻底读透"，会花很多时间，给孩子详细解释画面、故事、故事背后的深层意义。一本很简单的绘本，能讲上一个小时，甚至一遍不足，还会连续讲上好几天、好几遍，讲给孩子听的内容，可能是绘本自身内容的好几倍。

这种方式会带来相当明显的过度诠释的问题，而过度诠释又会带来误读。比如在著名绘本《大卫，不可以》的阅读中，就有明显的过度诠释和误读。

我们两个孩子上幼儿园时自己要求买的这本书，他们都特别喜欢，现在两个人都十几岁了，这本绘本还好好地存在他们的书架上。

两个孩子都是自己读的，我们没有做任何讲解。倒是孩子们读了之后，兴致勃勃地来讲给爸爸妈妈听，说是大卫有个整天都跟他说"不可以"的妈妈。我们就告诉他们，小时候他们有时也像大卫那么淘气，喜欢探险和冒险，妈妈也对他们说过"不可以"，孩子们都觉得很好玩。

我们一直没有发现过这本畅销全球的绘本有误读的可能性，直到有一位妈妈在我们一篇关于儿童阅读的文章后留言：孩子小时候，我给他读《大卫，不可以》，后来发现我自己整个人都变了，整天跟在孩子屁股后边说"不可以""不可以"，发现这一点，我就不给孩子读了。

说到误读的可能性，咱们有必要回顾一下，这本书是怎么来的。作者大卫·香农在书的第一页写道：

几年前，我的母亲寄来一本书，那是当我还是一个小男孩时期的作品，书名叫作《大卫，不可以》，书里画的全是我小时候各种不被允许做的事，里面的文字则几乎都是"大卫"和"不可以"（这是那时候我唯一会写的字）。重新创作这本书的主要原因是，我猜想这会很有趣，同时也是纪念"不可以"这个国际通行，在每个人成长过程中必会听到的字眼。"可以""很好"当然是很棒的词，不过，它显然没有办法让蜡笔因此远离客厅的墙壁。

显然，对作者来说，这是他童年生活的一份纪念，也是一个淘气小男孩与经常气急败坏的妈妈有趣、有爱互动的纪念。虽然妈妈总是说"不可以"，但她还是会对大卫说"宝贝，来这里""大卫乖……我爱你"。

如果说这本书有更好的读法，我相信，是妈妈和孩子一起分享大卫的童年趣事，然后彼此会心一笑，"哦，宝贝，你和大卫一样哦""哦，妈妈，你也像大卫的妈妈一样"。

对于一本优秀绘本来说，让读者有这样会心的感觉就足够了。如果把它当作一个向孩子说"不可以"的范本，或者告诉孩子这个不可以、那个不可以的教育读本，一个可爱的妈妈就消失了，一个被妈妈充分爱着的无忧无虑、无拘无束的小孩子也消失了。

对绘本的过度诠释还会带来另外一个操作问题，就像一位妈妈问的："给孩子看绘本，是专注看一两本还是随意看多少本都行？"

让孩子按照父母的要求在某个阶段专注于一两本绘本，对孩子来说是"被动重读"，会影响孩子的阅读兴趣。孩子的兴趣其实非常广泛，而且他们喜欢变化，喜欢不停接触新东西。父母今天让他读这本，明天还让他读，后天还让他读，会让孩子感到无趣且无聊。很多一直由父母陪着读绘本、读父母指定的书的孩子，后来都没有发展出真正的阅读兴趣，原因之一就是他的阅读过程太过无聊。

我们不主张父母大力"开发"孩子的潜能，但主张父母要理解和尊重孩子的潜能。孩子的理解能力其实比大人想象的强得多。对一个3岁左右的孩子来说，一本绘本，大人给他读一遍，他就能理解大致内容。再被动地多听大人读几遍，不过是简单的重复，有被动地重复听一本绘本的时间，他可能会自己去读更多。在一段时间内将孩子的阅读限定在一两本书上，实际上是限制了孩子潜能的发挥，久而久之，孩子能力的发展很可能越来越缓慢。

与"被动重读"相对的是孩子的"主动重读"。有的孩子可能会在某一天突然把之前读过的某本书拿起来，津津有味地重读一遍，也有可能连续好几天，都读同一本书，这是他的主动重读。

主动重读对孩子有很大价值。他选择重读是因为从中发现了新的让他感兴趣的东西，他一遍一遍重读是因为每次重读都发现了新的东西，这是孩子自己发展出来的精读能力。

真心爸妈认为，孩子阅读最理想的状态，是他能自由地进行广泛的阅读，同时又能自主地发现自己最感兴趣的部分深入阅读。所以无论孩子是一次翻看很多本，还是反反复复读一本书，父母都不要干涉。与此相对的是父母半强制地让孩子停留在一本书上，并且强制孩子接受父母对这本书的过度诠释，那样既影响孩子的阅读兴趣，也禁锢孩子的独立思考能力。

二、为什么绘本泡大的孩子上学后却不会阅读？

对绘本阅读的过度重视以及家长在绘本阅读中出现的 4 个典型的偏颇造就了一大批"绘本泡大的孩子"，也带来了"绘本泡大的孩子上学后却不会阅读"的问题。很多父母原本期待着亲子共读绘本好几年，孩子上学后的阅读能力会遥遥领先，但现实是我们遇到很多给孩子读绘本读到上小学的妈妈，她们的孩子在绘本之外的阅读能力几乎为零，比绘本阅读难度稍微高一点点的书都无法阅读。

为什么会这样？其实，绘本的形态本身已经决定了它并不需要很强的阅读能力，也并不能帮助孩子发展出很强的阅读能力。

1. 孩子一直看图画书，文字阅读能力发展受限

一位妈妈问："孩子从 1 岁起，看了几百本绘本，但是上小学后，我发现他文字阅读能力很差，是什么原因？"

看到这位妈妈对问题的描述，我们就可以明白为什么孩子会出现这样的情况了。

绘本是图画书，画面承担主要的讲述功能，文字只起补充说明作用，所以绝大部分绘本文字非常少，甚至有无字绘本。孩子读绘本主

要是读图，自然无法发展文字理解能力。

读绘本对基本不识字的两三岁的孩子当然毫无问题，但孩子四五岁之后，开始逐渐识字，只读文字量很小的绘本，文字阅读能力的发展就会受限。更何况，相当多孩子的绘本阅读是以父母讲解为主，孩子并没有运用自己的阅读能力去读图和读文字，所以不用说文字阅读能力，就是读图能力也很难充分发展。

2. 单一题材的故事型绘本让认知能力发展受限

绝大部分绘本是单本的故事型绘本，用十几页篇幅讲述一个虚构的小故事，故事中的形象也主要是孩子日常生活中熟悉的形象。

这个特征带来一个益处，就是两三岁的孩子也能很轻松地理解绘本讲述的故事，但对四五岁以上的孩子来说，这个特征就成了局限。因为孩子能从中获取的新认知非常少，而且是"碎片式"的，这既会影响孩子通过阅读获得足够的常识启蒙、生活启蒙、心智启蒙、科学启蒙、社会历史启蒙、学习能力启蒙，也会限制孩子认知格局的发展。当进行广泛阅读的孩子已经开始上天入地、纵横千年地探索世界时，只读简单的绘本故事的孩子很可能还停留在极其细微的小日常、小情绪上。两种孩子的认知格局和认知能力的发展高下立判。

3. 绘本信息量小造成孩子信息获取能力发展受限

为适应低幼阶段孩子的认知和理解能力，绝大部分绘本包含的信息量都非常小。但阅读是获取信息的活动，如果孩子上小学前一直只读这种低信息量的读物，他通过阅读获取的新知和通过阅读获取新知的能力，都会非常有限。

我们简单比较一下很多孩子都读过的著名绘本《不一样的卡梅拉》和著名的科普童书《神奇校车》在内容上的差异，就会看得非常清楚。

《不一样的卡梅拉》第一辑的书名是这样的:《我想去看海》《我想有颗星星》《我想有个弟弟》《我去找回太阳》《我爱小黑猫》《我能打败怪兽》《我要找到朗朗》《我不要被吃掉》《我好喜欢她》《我要救出贝里奥》《我不是胆小鬼》《我爱平底锅》……

《神奇校车》第一辑的书名是这样的:《漫游电世界》《迷失在太阳系》《水的故事》《奇妙的蜂巢》《海底探险》《在人体中游览》《地球内部探秘》《追寻恐龙》《穿越飓风》《探访感觉器官》《气候大挑战》。

这两套书都是我们家两个孩子小时候很喜欢的，但他们基本上只是在 3 岁左右时看过一两次《不一样的卡梅拉》，读过了故事之后，他们的兴趣就完全转向了《神奇校车》。他们对这套书简直是爱不释手，自己反反复复地读，不停地找爸爸妈妈问问题，甚至有一大段日子，他们把晚上的阅读时间都称为"神奇校车时间"。他们从这套书里获得的知识，大部分都是他们小学科学课的重要内容，有些甚至是中学物理课的内容。除了学到很多科学常识，他们还通过这套书，建立起对学习生活和学习方法的初步认知。

而且，接触到《神奇校车》这样信息量很大、内容丰富的百科类童书之后，他们再也不愿意回去看绘本了，因为"太简单"。

4. 绘本逻辑简单让孩子理解能力发展受限

开始广泛阅读的孩子会觉得绘本"太简单"，除了绘本的信息量太小，还有一个原因，就是为照顾低幼孩子的理解能力，绘本故事通常只包含简单的逻辑——人物很少，人物关系简单；故事短小，只包含很少的情节；场景熟悉，几乎不需要交代任何背景，所以非常容易理解，需要读者自己思考之处非常少。对两三岁的孩子来说，这是优点，对大一点儿的孩子来说，就是局限。如果已经上小学的孩子只读过绘本级别的故事，从来没有遇到过理解上的困难，他的理解能力就很难发展。

迷恋绘本的父母都坚信绘本阅读对孩子有极高的价值，却很少有人了解，在绘本阅读发展比较早的台湾地区，读绘本的副作用已经显现出来。部分出版人发现，经过十多年的绘本阅读推广，孩子的阅读习惯虽有明显改善，学习语文的能力却下降了，有些孩子已经到了高年级，主要读物却依然是图画书，完全无法进入文字的世界。

这和真心爸妈发现的问题完全吻合：通过绘本，孩子确实较早接触了阅读，有了一定的阅读意识和阅读习惯，但长时间只读绘本，尤其是简单的故事型绘本，读物形态和内容都没有进阶的孩子，阅读能力就停留在读故事绘本，甚至是大人给读故事绘本的水平，上学后出现阅读困难，自然不足为奇。

三、被忽视的百科绘本

当然，并非所有绘本都是信息含量低、逻辑简单、篇幅短小的故事型绘本，在市面上的海量绘本中，还有少部分对孩子文字阅读能力、认知能力、信息获取能力、理解能力发展都极具价值的绘本——百科绘本。

你到大型图书网站去搜索以下几个关键词——科学绘本、历史绘本、地理绘本、工程技术绘本，就能找到它们。

它们的共同特征是：非虚构，侧重帮助孩子建立认知，信息量明显大于故事型绘本，文字量较大，画面主要是关键信息的图解，文本阅读难度明显高于故事型绘本。比如日本儿童科学绘本先驱人物、被誉为"日本科学绘本之父"的加古里子的作品，美国著名作家、插画家大卫·麦考利的作品。

但很可惜，百科绘本的价值被严重忽视，很少进入迷恋绘本阅读的父母们的视野。很多孩子阅读绘本好几年，几乎从未接触过此类绘本。我们曾经尝试为数位希望帮助孩子提升阅读能力的父母推荐百科绘本，收到的反馈都是：孩子特别有兴趣，特别惊喜。

百科绘本几乎被排除在绝大部分孩子绘本阅读的范围之外，与以下几个因素相关。

其一，百科绘本并非绘本主流，而且发展较晚，很少出现在绘本推荐书单中。比如"日本图画书之父"松居直在他影响广泛的著作《松居直喜欢的 50 本图画书》中推荐的经典绘本，就全部是故事型绘本，没有百科绘本。

其二，国际知名的绘本大奖主要是艺术性奖项，有的甚至是专门为纪念著名插画家而创设，不以绘画的艺术性为主要追求的百科绘本很少有机会获奖。而"大奖绘本"又常常是出版商、实体书店、网络书店推荐绘本的重要依据，也是父母为孩子选购绘本时的重要依据。

其三，和孩子共读绘本，为孩子讲读绘本是绘本推广者特别推崇的阅读方式，也是目前绘本阅读的主流方式。而讲读百科绘本需要丰富的百科知识做底蕴，难度远远高于给孩子讲故事型绘本，会给父母带来一些挑战甚至尴尬。不少内容父母自己都读不明白，更不用说能给孩子讲清楚。孩子一旦提出什么问题，父母非常容易被问住，这会大大影响父母的形象，而绝大部分父母希望在孩子心目中树立权威和全知的形象，以让孩子无比信服地追随他们讲读。

家长带孩子开启了错误的阅读方式，孩子却在为它们"买单"——即便是只读绘本，孩子原本也有机会逐步提升自己的阅读能力的，但相当多孩子的绘本阅读因此被局限在对阅读能力要求很低的故事型绘本上，错失了进阶的机会。

所以，我们特别想提醒父母们，除了避免读绘本比赛、绘本偏食、绘本全能化、绘本的过度诠释这几个明显的阅读误区，还要看到故事型绘本和百科绘本的差异，及时引导孩子的绘本阅读进阶。

对于"绘本该读到什么时候"，真心爸妈的基本建议是：孩子的阅读需要随着年龄增长逐步进阶，父母需要尽早帮助孩子接触多种类型的读物，根据孩子阅读能力的发展，及时提升读物的阅读难度，逐渐降低绘本在读物中所占的比例。

孩子3岁前，读物中就需要包含绘本之外的其他类型的适龄童书，比如科普翻翻书，不能只读绘本。3岁后所读的绘本，内容难度需要逐渐提升，不能只读"小猫小狗"式的故事型绘本（虚构绘本），要侧重内容更丰富、阅读难度也稍高的百科知识型绘本（非虚构绘本）。孩子5岁以后，绘本占所有读物的比例应该降到三分之一以下。孩子上小学后，绘本比例应该降到十分之一以下，只选择读适龄的大型非虚构绘本，放弃低龄虚构绘本。

如此，孩子的阅读能力才能得到充分发展，进而，他可以从阅读中获取充足的养分。

四、绘本之后读什么？

除了孩子上学后出现阅读困难，一些父母还有另外一个烦恼：孩子上小学后，读绘本减少了，但是迷恋上了漫画书。他们认为，孩子爱看漫画书是一件特别糟糕的事，而且看漫画还耽误了孩子爱上读文字书。

我们读画面精美、故事温馨的绘本，为什么孩子会喜欢上看那些吵吵闹闹、一点儿都不美的漫画书？怎样引导孩子开始阅读高品质的经典名著，放弃漫画书呢？

恕真心爸妈直言——做不到。不让孩子读漫画书等于人为斩断了孩子的自主阅读之路。

1. 漫画书是绘本之后的进阶读物

如果父母们知道发展心理学，读过一两本最基础的发展心理学著作，就会明白孩子的认知能力需要一点点积累才能发展和提升。在这个过程中，只有渐进，没有飞跃。

孩子完全不可能像父母期待的那样，从阅读绘本一步跨越到阅读纯文字书。他需要从阅读比绘本难度稍高一点点的阅读材料开始，慢慢锻炼自己读更多文字、理解更复杂内容的能力，而且绘本之后的阅读材料还必须符合孩子当前阶段的认知能力。

这就解释了为什么孩子在绘本之后会喜欢上漫画。虽然漫画的画风和绘本完全不同，但漫画至少保留了图画的形式。漫画书的文字比绘本稍多，但不会多到让孩子望而生畏。漫画书中的人物、故事比绘本丰富、复杂，但多数适合儿童阅读的漫画书都不会超出孩子当前阶段的理解能力。

更重要的是，漫画的内容无论是童话、科幻、玄幻，还是校园生活、百科知识，都比绘本更接近家庭之外的现实生活，正好配合刚上小学的孩子的"社会化"发展阶段——他们开始接触家庭之外更广阔的世界，也更喜欢看到广阔世界里发生的事。

40岁以上的父母，小时候应该都有读小人书（连环画）的经历，年轻一点的父母，小时候也应该都有读漫画书的经历。父母小时候读小人书、漫画书，和孩子们今天读漫画书并没有什么区别，为什么我们觉得自己读就特别正常，孩子读就需要改正呢？

真心爸妈认为，对今天的孩子来说，漫画是在绘本之后非常合适的进阶读物。不但不用忧虑孩子喜欢看漫画书，反倒应该鼓励小学低年级阶段的孩子接触不同类型的漫画书，并且从阅读漫画书中找到乐趣和成就感。

从读物形态上看，漫画书文字多于典型的图画书，所以我们称之为"图文书"。图文书包括漫画图文书、摄影图文书两种主要的样式，是图画书之后的进阶读物。孩子从图画书读起，逐渐进阶到图文书，再到插图比较多的文字书，也就是插图书，最后才能开始纯文字书的阅读。

如果这个阶段不允许孩子看漫画书，很多父母担心的状况就会发生：孩子从此不再主动阅读。

2. 桥梁书的局限

一些父母反对孩子读漫画，认为孩子在绘本之后应该读桥梁书，以实现阅读的进阶。

桥梁书的概念来自欧美的分级阅读，国内出版界也很重视桥梁书的出版。设计桥梁书的初衷是让孩子阅读难度逐渐升级的读物，增强自主阅读的意愿，从阅读中获得乐趣。

但我们也应该看到，桥梁书毕竟是出版人"规划"出来的一种图书形式，从创作者到出版数量都比较有限，并不足以满足孩子的阅读进阶需求。漫画则是一个历史悠久的出版门类，而且在全球范围内，漫画已经成为一种文化，从创作者、出版数量到内容的广泛程度，都远超桥梁书。

如果说漫画是一片广袤的大草原，桥梁书可能只是一片精雕细琢的有机小菜园。前者可能良莠不齐，但选择多样；后者可能一根杂草都没有，但选择有限。

把孩子绘本之后的阅读限于桥梁书，不但会影响孩子从广泛的阅读中摄取更多养分，甚至可能会将孩子的思维禁锢在一个狭小的世界内。这和我们培养孩子阅读能力的初衷——让孩子通过阅读，培养出属于自己的学习能力和独立思考能力，在相当程度上是背道而驰的。

3. 孩子读无厘头的漫画书怎么办

作为一种文化，漫画确实相当芜杂，这也是父母们一提到漫画书就如遇洪水猛兽的原因。

真心爸妈也确实看到过这种现象，比如我们孩子读《丁丁历险记》《蓝精灵》《史努比》《加菲猫》等经典漫画书，读各种各样的科普漫画书、历史漫画书的阶段，有的同龄孩子读的是内容比较单调、以无厘头搞笑为主的爆笑漫画，阅读品质确实差异很大。

如何避免孩子迷恋某些格调确实不高的漫画书呢？我们认为，还得靠父母潜移默化的影响。如果父母在家里谈论的事情、看的影视作品、读的日常读物都保持良好品位，孩子不太可能会迷恋那些内容贫乏的无厘头漫画，他会懂得什么是品位，懂得选择品位良好的东西。

有句流行语叫"贫穷限制了我的想象力"，套用这句话，认知的贫穷也会限制孩子的选择能力。所以父母需要让孩子见到更多好书，见过的好书多了，孩子自然也能学会分辨，哪些是真正的高品质读物，哪些书不值得浪费时间。

提升孩子的阅读品位和吃东西很像，父母只给孩子吃方便面或者街头小吃，孩子会觉得那些是好吃的东西。如果父母在家里亲手给孩子做美味饭菜，也带他去品尝真正的美食，孩子可能偶尔仍然想尝尝方便面，但肯定不会认为方便面是人间美味。

如果孩子只看无厘头漫画，父母可以带他去书店，或者让他浏览任何一家大型网上书店，让孩子看到原来有更多书可以选择。孩子选择多了，自然不会再口味单一。

在孩子读漫画书的问题上，父母还需要避免一个倾向，就是"内容洁癖"，认为孩子读到一点点大人觉得不那么好、不太理解、不太认同的东西，比如二次元流行的各种话题，就会变坏。其实没那么可怕，我们的孩子不是生活在一片纯净的真空里，他会通过同学、朋友、互联网、游戏接触到各种各样的内容，这也是孩子成长的必经阶段，如果孩子自身足够强健，就不会轻易受到所谓"不良内容"的影响。这种强健是父母通过家庭教育慢慢培养起来的，不能靠将孩子与外面真实世界里的各种流行文化、亚文化完全隔绝来实现，生活在父母营造的"无菌"环境中的孩子，才会真的缺乏抵抗力。

一位妈妈问我："孩子喜欢看一套游戏形象衍生的科学漫画书，已经看了几十本了，还要再买，怎么办呢？"我回答他："我家孩子也喜欢看，他从书里学到了很多东西，我觉得这很好。"

对有此疑虑的父母，我有一个具体建议，就是不要一听名字、一看形象、一知道来自游戏衍生，就把孩子喜欢的一些漫画书打入"不良读物"之列。你可以自己拿起一本，摘掉看漫画书和电子游戏时的有色眼镜，看看书里的内容是不是真像你想象的那么糟糕。

第十二章

什么时候开始读名著

父母们普遍期待孩子多读名著，但美好的期待常常会遭遇现实的无情打击，大人给孩子买来文学名著，孩子根本没兴趣读，有的孩子甚至非常抵触："老逼我读这些东西，我干脆什么都不读了！"

开心六年级时，有一次，真心妈妈参加学校的年级家长沙龙，听到坐在旁边的一位妈妈向另一位抱怨："你说我家孩子，就是不爱读书！我自己很爱读文学书，也给他找来文学名著，放他手边上，连马桶边都放上好书，可人家动都不动，整天就看《哈利·波特》那样的魔法奇幻的。我跟他说'那些有什么好看的'，人家说'我就喜欢'。"

那位妈妈对孩子的阅读状况很忧虑，我却觉得六年级的孩子读《哈利·波特》不但算不上不爱书，简直可以说是很爱读书而且阅读能力很不错了。

一、不爱读名著不等于不爱读书

在读名著的问题上，很多父母都误解了孩子，也误解了阅读这件事。孩子不爱读大人推荐给他们的那些经典名著，不能说明孩子不爱读书；孩子什么都不爱读，才是真的不爱阅读，或者还没爱上阅读。

换个角度想一想，孩子读不读名著真的有那么重要吗？

名著是好书，孩子爱读名著当然更好。但即便不读名著，也不是什么特别不好、特别严重的问题，父母完全不需要纠结。好书浩如烟海，名著只是其中的一部分，喜欢阅读的孩子，即使不读名著，也可以从大量的其他类型读物中获得知识、滋养精神和思想。

我们得承认，每个孩子的兴趣都是不同的。有的孩子特别喜欢运动，有的孩子特别不喜欢运动；有的孩子很早就发展出对文学作品的兴趣，爱上读文学名著，有的孩子则发展出对科学的兴趣，爱上科学读物。我们不能说不那么喜欢运动的孩子就一定不如热爱运动的孩子，也不能说爱上科学阅读的孩子就一定不如爱上文学阅读的孩子。

成人的阅读也是一样。不以学术或者写作为生的成年人，持续阅读经典文学名著或者是经典学术著作的也并不很多。大家的日常阅读多是兴之所至，想读什么就读什么，但这种阅读已经足够丰富我们的知识，扩大我们的视野，丰富我们的内心体验了。

父母逼着孩子读名著，其实是按照自己的理想来打造孩子。这和认为孩子应该培养艺术方面的兴趣和特长，就逼着孩子去学钢琴、学画画一样，都是把孩子当成自己手里的一团泥巴，想捏成什么样就捏成什么样。被这样塑造出来的孩子是没有自我的，他不知道自己到底想要什么，也不会自己主动追求什么，这对孩子一生的发展相当不利。

二、读名著需要足够的阅读能力

父母倾向于把孩子不爱读名著归结为态度问题，认为这是孩子不爱读书的表现，却常常忽视孩子不爱读名著的真正原因——绝大多数文学名著是写给成人读者的，远超小学阶段多数孩子的阅读能力，孩子阅读它们有很多困难。

1. 篇幅带来的阅读难度

文学名著通常篇幅较长，甚至很长，即便是短篇小说，也会达到几千字以上。这么长的纯文字读物，超出了孩子现阶段的阅读能力。

孩子在学龄前，阅读兴趣通常集中于以图画为主、文字很少、篇幅也很短的读物。小学低年级的孩子阅读兴趣通常集中于图文结合、段落短小、文字篇幅不长的图文书上。

孩子文字阅读能力的发展，需要从读单个段落只有一句话，整本书就一两百字的读物开始，慢慢提升到读单个段落只有几句话、整本书几千字的读物，之后是单个段落一两百字、整本书几万字的读物，再到单个段落数百字、整本书十几万字的读物。这个过程需要阅读时间、阅读量、阅读经验的积累，不会有大人想象的那么快。

一些父母会想，现在有很多专门为孩子出版的名著改编本，很简单的，每一篇篇幅也都不长，有的还有注音，很适合孩子阅读。但是，那些读物通常经过大幅度缩减、改写，甚至语言都完全改成孩子们熟悉的童话风格，留下的只有故事情节，原著风貌已经荡然无存。严格说，它们只是名著故事的概括，并非名著本身。

我们不能认为给孩子读名著就是读这样加工过的名著，或者读这样的名著简化版就够了。读原文、原著，没有删节、缩略、改编、翻译（将文言翻译成白话），读的就是这本书完成时的样子，孩子才是真的在读名著。

2. 文体带来的阅读难度

小说篇幅太长，不适合孩子，但是诗歌、散文篇幅不长，总该适合孩子了吧。

这又是一个误解。诗歌是最高级别的文学样式，文字高度凝练，内容和思想非常深邃，看起来文字最少，读起来却是最难的。很多成人能读小说、散文，但是读不了诗歌。不是读不了诗歌的文字，而是不能理解诗歌的内容。大人尚且如此，更何况孩子？

话虽如此，很多父母依旧不解。我们不是从孩子刚会说话起就教孩子背"床前明月光""两个黄鹂鸣翠柳"了吗？诗歌哪里难读了？这些我们耳熟能详的古诗确实很容易上口，但其实要孩子真正理解它们却并不容易。而且，这些字面意思相对简单的古诗只是中国古代诗歌中数量极少的部分，大量的古典诗篇对阅读能力的要求是极高的。

比起诗歌来，散文阅读的难度稍低，但对孩子来说，读起来也并不容易。因为散文记事并不重故事情节，看起来不跌宕起伏，写景抒情也笔法灵活、不拘一格，读者要非常投入地阅读，才能因作者的记述而引发思考、共鸣或者美感体验。

经典名著的主要体裁是小说、散文、诗歌还有戏剧，作为纯文学，它们对读者阅读水平的要求都很高。小学阶段之前的读物中很少包含纯文学文本，孩子暂时读不进去、不爱读，是因为他的阅读水平还没达到这种程度。

3. 文学语言带来的阅读难度

除了篇幅、形式，经典名著超出孩子阅读能力的地方还有语言。

经典名著使用的是书面语，有些话还经过作者的高度加工，包含着作者特别使用的意象和隐喻，并且作者通过语言营造出文学作品特有的审美意义，所以文学作品中的语言，虽然看起来是一样的汉字，却对读者的语言理解能力有相当高的要求。

孩子在日常生活中使用的是通俗、流畅的口语，在儿童读物里读到的是简洁、意象不丰富、审美意义不那么强的简单书面语，有的读物甚至就是口语叙述，父母让孩子突然接受高度加工的文学语言，怎么可能毫无困难呢？

说到读名著，父母首先会想到故事耳熟能详、人物形象也非常熟悉的《西游记》，认为孩子从《西游记》开始读名著特别合适。但随便从《西游记》原著中截取一段试着读一下，就不难发现，这样的文字，大部分成人都很难做到逐字读懂确切意思，孩子读不进去，毫不奇怪。

那座山，正当顶上，有一块仙石。其石有三丈六尺五寸高，有二丈四尺围圆。三丈六尺五寸高，按周天三百六十五度；二丈四尺围圆，按政历二十四气。上有九窍八孔，按九宫八卦。

四面更无树木遮阴，左右倒有芝兰相衬。盖自开辟以来，每受天真地秀，日精月华，感之既久，遂有灵通之意。内育仙胞，一日迸裂，产一石卵，似圆球样大。因见风，化作一个石猴，五官俱备，四肢皆全。便就学爬学走，拜了四方。目运两道金光，射冲斗府。

4.内容和思想带来的阅读难度

父母关注的经典名著通常是文学作品。真正的文学作品是一种艺术形式，用语言文字，表达对历史、社会、生活的理解，其中的内容和思想，和现实生活有一定距离，人们需要有很强的认知能力、理解能力，有一定的生活阅历和情感体验，甚至具备相当丰厚的知识积累，才能读得进去、读得懂。

但是这些都是孩子暂时不具备的。我们从一位妈妈口中得知她的儿子读《三国演义》的经历，能很好地反映当下孩子们阅读名著的现状："孩子四年级，老师让读《三国演义》，每天摘抄好词好句，写总结心得发给老师。我发现孩子读得特别吃力，因为历史背景太宏大、人物太多、关系也太错综复杂了，孩子经常因为读不懂而感到非常挫败。"

真心妈妈自己大学的专业是中国文学，如果有的父母也有专门的文学学习的经历，应该非常容易理解前文的意思。当然，没有学过文学也没关系，父母只要明白经典名著阅读难度很高，超出大部分小学阶段孩子的阅读能力，让孩子能读名著不是很多大人想象的那么简单，就足够了。

三、让兴趣自然发展

兴趣是孩子最好的阅读导师，只要孩子开始阅读了，让他按照自己的兴趣读下去就好。

父母们经常把兴趣挂在嘴边，但其实很少有人认真想过，兴趣到底是什么。

汉语里，兴趣指的是兴致，是对事物喜好或者关切的情绪。心理学认为，兴趣基于精神需要。人若对某种事物或某项活动感到需要，他就会热心于接触、观察这种事物，积极从事这项活动，并注意探索其奥妙。这就很容易理解，为什么孩子做感兴趣的事会废寝忘食，他不感兴趣的事，你怎么逼他都不愿意去做。

同时，兴趣又与认知和情感相联系。若孩子对某种事物或某项活动没有认知，也就不会对它有情感和兴趣。反之，认知越深刻，情感越炽烈，兴趣也就会越浓厚。这就可以理解，为什么小学阶段的孩子，还暂时不会对经典名著产生兴趣，因为无论是名著的篇幅、形式、语言，还是内容和思想，都超出了孩子现阶段的认知。

孩子的阅读兴趣和阅读能力是慢慢发展起来的。不同年龄段孩子的阅读兴趣都会符合相应的年龄特点和孩子当时的认知能力。所以父母需要允许孩子按照自己的兴趣进行自主阅读活动。

那么，现在不要求孩子读经典名著，孩子会不会以后都不读它们呢？

这完全不需要担心。已经有阅读兴趣的孩子，只要他一直能从阅读中获得乐趣，随着阅读能力、认知能力的提升，迟早会进入阅读名著的阶段。这个阶段因人而异，有的孩子会从初中开始，有的孩子会从高中开始。所以，如果你的孩子才上幼儿园或者小学，真的不用着急。

即便孩子已经上初中、高中了，也不用着急，而且着急也没用。这个阶段的孩子已经有了自己的想法，不会事事听从父母的安排，父母也不应该再一厢情愿地去干涉孩子。

四、当心适得其反

我们不主张逼孩子读名著的另一个重要原因是这样可能适得其反，让孩子对阅读望而却步。

一些父母把孩子的阅读误解为只读经典名著，明明孩子已经发展出阅读习惯和阅读兴趣了，却给孩子贴上"不爱读书"的标签。这个错误的标签也会产生一个很负面的作用，让孩子误以为父母不认可自己的阅读，看不到自己的努力，从而失去了阅读兴趣。

另一些父母，他们小学阶段的孩子确实还没爱上阅读。我们不能把这种状况的原因归结为"孩子天生不爱读书"，很可能是父母在培养孩子阅读能力时，选错了入门途径——逼着孩子从阅读名著入手，孩子完全找不到兴趣。

经典名著当然是阅读世界里价值最高的宝藏，但这也意味着，要走向名著阅读，孩子要走阅读世界里最难走的路、爬阅读世界里最高的山。这会很容易把孩子吓到，让他觉得阅读是特别困难的事。

有的父母会担心，如果不从名著入手培养孩子阅读，以后孩子的阅读品位会不够高。

从小培养孩子阅读能力，只是为他打开一扇通往阅读世界的大门，让孩子看到阅读的有趣、美妙之处。之后，他看到的那些好玩的、有趣的东西会吸引着他一步一步走进去，找到更多宝藏。阅读世界大得很，我们常说"条条大路通罗马"，最初的阅读之门开在哪里，其实没有一定之规。况且孩子最早读到的书，都是父母帮助选择的，只要大人不帮孩子选择那些确实品质低劣的书，在孩子选书时，为他提供必要的引导和帮助，就不需要太过担心孩子未来的阅读品位。

对孩子来说，比较美好的阅读经验其实来自多元化阅读，广泛、自由地读各种各样的读物。就像在原野上自由奔跑，在这发现一棵有趣的小草，在那采一朵漂亮的小花，这些小小的收获，让他们越来越兴致盎然，然后走着走着，发现一座大森林，发现好多美丽的宝石……这样，孩子才能通过自己的探索，发现阅读的妙处。父母要做的，只是带着他从一个最容易入门的地方开始而已。

关于小学阶段孩子阅读名著，我们的具体建议是：

（1）不要操之过急，允许孩子有一个通过日常阅读积累，让阅读水平和阅读能力慢慢进阶的过程。

（2）鼓励孩子在小学阶段保持日常阅读，并且从三四年级起逐渐从图文读物向插图读物过渡，从五六年级起逐渐从插图读物向纯文字读物过渡。

（3）上学前就爱上阅读并经常阅读的孩子，到了小学高年级或者初中低年级，他的阅读能力会基本达到能阅读文字比较平易的文学名著的程度，这时父母配合学校的要求，为他准备学校指定的文学名著就好。如果孩子自己很有兴趣读，当然不错；如果孩子没有兴趣，我们可以让孩子把名著阅读当成一份作业。

（4）父母一定不要给孩子布置阅读名著的任务，让孩子在自己的阅读世界中自由徜徉是我们保护孩子阅读兴趣最好的方式。

第十三章

阅读与性别：男孩、女孩读的书要区分开吗？

父母们经常有这些疑问：

我家 × 岁男宝，应该看什么书？

我家 × 岁女宝，应该看什么书？

如何给男孩买书？

如何给女孩买书？

给男孩看的书和给女孩看的书差别大吗？

这些问题让我们发现，在培养孩子阅读能力的过程中，性别差异是不少父母会考虑的因素。

我家两个孩子都是男孩,我们在女孩的具体教养上没有直接经验。但是,最早开始帮孩子选书时,我们没有考虑过该给男孩子选择什么样的书,在孩子开始自己选书后,我们也没有特意告诉过孩子他们应该因为自己是男孩而多读什么类型的书。

关于性别,我们有一个基本的观念:无论是男孩还是女孩,孩子首先要是个独立的"人",在这之上才是男孩、女孩,未来的成年男性、丈夫、父亲,成年女性、妻子、母亲角色的区分。

一个孩子要成长为有自我、有独立思考能力、能独立面对社会、能过自己的生活、能承担外界压力、心智健康的成人,才能适应未来的性别角色。在自我发展、社会化上有所欠缺的孩子,无论男孩还是女孩,恐怕未来生活中都会面临很大困难。

阅读为孩子打下一生的学习能力的基础,同时帮孩子获取充足的知识、必要的观念,建立起独立的思考能力。知识和思想没有性别,所以没有必要在培养孩子阅读能力时,首先设定性别上的区分。

一、家庭中的性别刻板印象

父母们对阅读与性别的考虑与中国家庭中相当普遍存在的一个现象——性别刻板印象相关。

刻板印象是心理学名词,指人们对某个对象,可以是人,也可以是现象,形成一种概括的、固定的看法,并把这种看法推而广之,认为所有此类对象整体上都具有这种特征,从而完全忽视每一对象的个体差异。

性别刻板印象可以说是刻板印象中相当典型的一种。它是人们对男性和女性的假想特征所抱有的信念，是一种简单的性别归类，或者叫"贴标签"。

"女司机"就是一种性别刻板印象。抱有这种印象的人，认为女性开车一定技术差、毛手毛脚、容易出差错。"女博士"也是一种刻板印象。抱有这种印象的人认为女博士就是只会读书、不懂生活、没人敢娶。此外认为女性在理性思维、动手能力上天生弱于男性，而且不需要努力改变，也是一种性别刻板印象。

当然，性别刻板印象并不仅仅针对女性，人们对于男性也有不少刻板印象。比如认为男性就应该勇敢、强壮，男孩子不应该喜欢布娃娃之类的玩具，等等。

在很多家庭中，性别刻板印象都会被披上"性别意识培养"的外衣，悄悄影响孩子的观念，让孩子不知不觉中接受"男人比女人如何""女人比男人如何""男孩子就应该怎样""女孩子就应该怎样"的观念。比如，如果男孩子想学十字绣，就会被大人阻止，"那是女孩子玩的，男孩子不要学"；如果女孩子想买变形金刚玩具，大人也会劝阻，"那是男孩子的玩具，你还是买芭比娃娃吧"。

这种刻板的性别观念很可能对孩子产生负面影响。

性别刻板观念会影响孩子看待周围人和自己的出发点。在一个家庭中，如果有人总是强调妈妈在思维能力和学识上不如爸爸，家里的男孩可能就会认为，女性是不如男性的，这会让他看不起女性，包括自己的妈妈、女性同学和未来的妻子。家里的女孩则可能认为，反正我是女孩子，我某方面，比如理性思维、数学思维、科学思维不够强，是天生的，改变不了也没有必要改变。

　　这种观念也会影响孩子的学业。我们经常发现，一些女孩在小学阶段学习成绩本来很不错，到了初中增加物理、化学、生物等理科科目，马上就"怯场"了。她们根本不去做足够的努力，学习成绩自然明显滑坡。而认为"除了生理上的性别差异，男性和女性没有能力上的差异"的女孩，会更容易有优秀的表现。

二、家庭中的性别歧视

　　性别刻板印象对男性女性都会有影响，我们更需要注意，它对女性的影响可能比男性更大。因为多数女孩在成长过程中接触到的性别刻板印象远远多于男孩，而且这些性别刻板印象，常常达到性别歧视的程度。

　　一个女孩如果能从出生起就记录下自己听过的"你一个女孩子，比男孩子还……"的次数，这个数字一定大得惊人，而且这些话大部分来自亲人，尤其是女性亲人——妈妈、姥姥、奶奶或者其他女性长辈。

　　换成一个男孩，他听到过的"你一个男孩子，比女孩子还……"几乎屈指可数。很少人会那么说，因为太不自然，即便是觉得男孩子太安静不太好，旁人形容起来也是"安静得像个小女孩"，语气比较委婉。

　　相近的句式还有"女孩子就是……"。女孩子不肯随便将就一个地方理发，喜欢漂亮衣裳，不肯妈妈给穿什么就是什么，所以女孩子就是麻烦；女孩子不爱爬高、不爱疯跑，所以女孩子就是胆小；还有，女孩子就是不擅长逻辑思维，女孩子就是不认路，女孩子就是柔弱，等等。

一个女孩如果从出生起就记录下自己听过的"女孩子就是……"的次数，这个数字应该也不会小，而且这些话仍旧大部分来自身边的女性亲人，有时候是出于自谦，有时候甚至带着嫌弃。等一些女孩子长大后，这些话又会从女孩子自己嘴里说出来，用自嘲或者撒娇的语气。而男孩子最多也就是常听到"男孩子就是淘"，语气多半是骄傲、自得的。

女性成长过程中，会不断遇到性别身份、性别角色的话题，男性则很少遇到。对女性性别身份、性别角色的谈论几乎是从胎儿期开始的，也会从她生长的家庭，从关系最亲密的人开始。而且，不幸的是这些话题常常带着歧视色彩。

"女孩子比男孩子还……"包含歧视，"女孩子就是……"也包含歧视。这种歧视的话常常是不经思考地脱口而出。说出这种话的人可能并不能接受这些话包含了歧视的说法，如果认真讨论，他们通常还会急切地表示"男孩女孩都一样，我并不觉得女孩子有什么不好"。

性别不平等的现实伴随了人类社会几千年，这种观念的源起非常复杂，众说纷纭，而且极难改变。新锐、高能的历史学家尤瓦尔·赫拉利在他的《人类简史——从动物到上帝》中讨论了肌肉理论、流氓理论、父权基因理论之后，也得出了令人沮丧的结论："现在我们已经清楚地看到，父权制度其实并没有生物学上的基础，而只是基于毫无根据的虚构概念。但这么一来，又该怎么解释它为何如此普遍，而且稳固得难以撼动？"

尽管父权制度可能毫无根据，但它确实稳固而且深入，深入家庭，深入日常生活的细节、话语。父母可能无意中向自己的女儿传递了这样的观念：女孩包括女人，就应该是柔弱的、感性的，需要被呵护、被照顾、被体贴的，而且女性怀孕、生子、育儿都是艰辛的，所以"有权利"享受更多关爱。

部分妈妈可能会经常向女儿示范女性的"低能"，包括过度重视外貌、动手能力差、学习能力差、情绪化、逻辑性不强，等等。

因为持续关注育儿的日常、细节的缘故，我们对随处可以听到的家长对女孩子的歧视性表述非常敏感，而且每每诧异于说话者毫不在意的态度。如果说话者知道他日常的、包含歧视的性别观念表述正在把他的女儿、孙女过早地置于性别不平等的现实中，他们还会这么说吗？可能会，也可能不会。

坦率地说，现在给女孩成长营造的带有性别歧视的成长环境，完全无法让人乐观。正因如此，家人才更应保护她们，避免让她们过早地受到性别歧视的伤害，让她们能够充分地作为一个独立个体的"人"，而不是"女孩"或者"女人"生存，进而获得应有的发展。

三、鼓励女孩子的智慧而不是美丽

美国非虚构作家丽萨·布鲁姆，讲过一个与小女孩聊天的故事。她去参加晚宴派对，见到朋友家的漂亮女儿，本来想赞美这个小女孩："哦，玛丽，你真的太可爱了！来让我看看你！穿着那件漂亮的百褶裙转个圈，再走个模特步，你这个小美人！"但她忍住了，转而问小姑娘："好高兴见到你。嗨，你最近在读什么书？"小姑娘在小小吃惊之后，非常兴奋地说："我现在就去拿过来！我可以读给你听吗？"

为什么要这么做呢？她也给了解释。

现在，12 岁以下的女孩携带睫毛膏、眼线笔和唇膏的比例已经达到 15%~18%。结果呢，饮食失调的案例在增多，她们的自尊反而降低了。不仅如此，25% 的年轻女性更愿意赢得模特大赛冠军，而不是获得诺贝尔奖。就连成功的女大学生都说她宁愿性感，而不是智慧。

如果你教会小女孩们外表是她们第一件要注意到的事，那么你就是在告诉她们外表比其他任何事情都重要。这就几乎等于让她们在 5 岁的时候就开始节食，在 11 岁的时候浓妆艳抹，在 17 岁的时候做隆胸手术，在 23 岁的时候打肉毒杆菌。

男女平等是讲了几十年，甚至上百年的话题，然而现实生活中女性"被物化"和"物化自身"的情况却似乎愈演愈烈。各种媒体上的"买买买"都在告诉女性"你是为物质而生"，随处可见的护肤、减肥、美容整形商业信息又在告诉女性"你的价值在美貌和肉身"。各种"女本柔弱"的说辞还告诉女性"你的心智成熟、内心强大无足轻重"。

对女性的性别刻板印象强大到让人感到恐怖，而相当多女性的自觉认同则更让人忧虑。女性为什么就一定要是柔弱的、感性的、被照顾的？女性为什么认为自己在社会、生活和婚姻中就应该是弱者的角色？女性为什么不能理性而强大？

这个社会并没有为女性准备一个提供特别照顾的花房，在家里被作为小公主疼宠的女孩子最终都要面对自己的生活、婚姻、人生挑战。女性自身不够强大，如何能笑对人生？

作为受过充足教育，和先生共同创业多年的职业女性，两个孩子的妈妈，真心妈妈尤其不能认同父母把对于女孩的性别刻板印象传递给自己的女儿。

虽然年轻时我也曾抱怨自己的原生家庭对我寄予相当高的希望，但人到中年回头去看，我常常不由得感谢自己的父母，他们没有刻意告诉我女孩该如何如何，女孩有这样那样的局限。他们把我养成了从不自居柔弱，有时甚至在意识上相当"强悍"的女性，这让我不但能努力追求学业、事业、人生成就，也能毫无压力地适应妻子、母亲的角色。

所以，从一个女性、一位妈妈的角度说，真心妈妈想特别想提醒家有女孩的父母，在生活中过度强调女孩子的女性角色、女性特质，对孩子来说未必是好事，甚至坦白地说，这就是家庭中对于女性的一种贬低和歧视。它会在不知不觉中，弱化女孩的学习能力、成长愿望，把女孩培养成生活和人生中的弱者。

如果父母在孩子的阅读生活中，再为女孩做刻意的、偏向女性化的选择，女孩子的认知成长很可能会从小受到人为的限制和误导。

四、我们的建议

当然，关注性别刻板印象、性别歧视对孩子可能产生的负面影响的同时，我们也确实需要看到，男孩和女孩因为性别差异，在阅读兴趣上会比较早地表现出一些不同。

父母如何在认同性别带来的兴趣差异的同时，避免将女孩的阅读内容误导到过于褊狭的范围呢？真心爸妈有以下几个具体建议。

1. 避免引导女孩过早开始女性化的阅读

阅读是孩子建构知识、思想、内心的重要途径，读什么样的书，最终会影响到孩子成为什么样的人。

而就我们了解，男孩的阅读范围比较普遍地比女孩宽广，而女孩在阅读上表现出性别偏好常常比男孩更早、更明显，比如女孩会更热爱公主故事，会对表现母性的内容更有偏好，不太乐于接触科学知识类型的内容，也更早接触浪漫言情故事。这固然与性别差异有关，但与父母在培养孩子阅读能力上的早期引导也脱不开关系。

虽然女孩因为性别原因，可能会发展出比较女性化的阅读偏好，但是在开始引导阅读时，父母还是需要避免落入性别差异化的思维陷阱，刻意为女孩选择更多以公主故事为主题的图书，以免孩子形成女性柔弱、需要照顾等在性别上自我贬低的认知，进而影响女孩知识结构的搭建。

一些父母其实很早就发现自家女儿开始偏向女性化的阅读，一位妈妈有点烦恼地问："我家 5 岁的女儿迷恋公主故事,绘本基本不看了,到书店看到公主书就不走了，请问如何引导？"

这恐怕与父母在孩子刚刚开始阅读时为她选择读物的倾向性、父母与孩子在日常生活中经常讨论的话题有关。我们的建议是，父母丰富与孩子交流的话题，尽量减少与孩子谈论公主、美貌、身材、服装等女性化的话题，为孩子准备更丰富类型的图书供她自由选择，和孩子商定买公主故事的量，引导孩子看到更丰富类型的题材，让孩子知道，世界这么大，不止有做公主这一件事。

2. 性别认知图书外，无须在选书时区分性别

除了直接培养孩子明确的性别认知——我是男孩、我是女孩——类型的图书，父母没有必要在为孩子选书、引导孩子阅读上区分性别。

既无须有意识地为男孩子选择与武器、战争、王子相关的，被认为可以帮助培养孩子"男性气概"的书，也没有必要有意识地为女孩子选择与女性、母爱、公主相关的，被认为可以帮助培养孩子"美好女性气质"的书。

一位妈妈提问："有哪些书能让女孩更有教养，提升气质，提高情商？"没有确定的哪一本书或者哪些书能做到这些，真正对女性自我提升有帮助的，是持续的、广泛的阅读。

我们关注的教养、气质、情商，是在孩子从小到大的整个成长过程中形成的，它们都需要内在的学识来支撑。孩子读几本关于女性气质、女性礼仪和教养的书，可能会改变一些外在表现，但缺乏内在支撑的"气质"只是表象，并不能帮助女孩真正从容地面对生活。当一个女孩子因为生活中一些小小的不快而变得多疑、情绪化，甚至沦为"怨妇"时，学识和素质的不足就会一一暴露出来，再好的外表也不能帮助隐藏这些欠缺。

所以我们的建议是，不要为女孩专门选择那些女性励志读物，要想自己的女儿成为真正有教养、有气质、有情商、有力量、有学识、

有见解、有思想的女性，父母应该引导孩子进行没有性别色彩的阅读，也就是真正的阅读者的阅读。

当然，不同性别的孩子在实际的阅读过程中确实会有一些兴趣差异，但是，父母没必要，甚至不应该对这种差异做刻意的强化和引导，否则很容易局限孩子的阅读兴趣，甚至导致孩子拒绝接受其他类型的读物。

3. 引导孩子广泛阅读

在培养自家两个孩子阅读的过程中，我们发现，题材广泛的阅读对他们帮助极大。

孩子们小时候读绘本，读《米老鼠》《加菲猫》《史努比》《猫和老鼠》《蓝精灵》这样的漫画故事书，读《神奇校车》这样的科普漫画书，接着又开始读科普百科、魔术、历史、科幻、玄幻等题材的书。开心小学高年级时居然自己发展出对心理学图书的爱好。这样广泛的阅读让他们成为知识面宽广，对科学、社会、历史都有自己见解的孩子。

其中对科普书的阅读更是直接影响了他们相关科目的学习。开心上小学时，科学课一直是他的最爱之一，因为课上的内容他大多在科普读物中接触过，科学课程学习对他来说毫无压力。甚至有一次，全班同学都在科学课上神思游离时，只有他一个人聚精会神地从头听到尾，而且不断地跟老师互动。

天真上初二时，课程一下子从原来的语文、数学、英语为主，扩展到语文、数学、英语、地理、历史、生物、政治等多门课程。就我们观察，他非常轻松地接受了新课程，因为他已在自己的阅读中接触过这些课程的相关内容，还能保证迅速将每一门课程和自己已有的知识建立连接。

　　说到这里，我想再谈谈女孩子的阅读和成绩。关于女孩的成绩一直有个不公允的说法，就是女孩在小学很轻松就能名列前茅，到了初中就比较容易让位于男生。真心爸妈自己在小学、中学时代，也注意到了这种现象，但这也并非普遍现象。

　　一些父母会将这种现象归因于女孩更擅长文科，不擅长数理化。但这种不擅长是从哪里来的呢？我们觉得不是天生的智力、兴趣上的差异造成的，这种偏科很可能恰恰来自父母在女孩成长过程中引导孩子建立的"女孩感性，不善于理性思考"的认知，以及女孩早期阅读中普遍缺乏科普读物。

　　所以我们建议家有女孩的父母更需注重引导孩子广泛阅读，尤其是接触更多科学读物，以免在孩子升入初中后，出现理科课程明显偏弱的状况。

　　最后再分享一些真心爸妈自己的阅读体验。因为所学专业的缘故，真心爸爸的阅读会更偏重历史、社会，真心妈妈的阅读更偏重文学、传播、文化，但我们在日常生活中，既会分享彼此读到的新书和从书中得到的启发，也会深入讨论遇到的社会、历史、文化、心理等话题。这让我们多了许多共同语言，夫妻之间的交流也不仅限于家庭、孩子、柴米油盐。自然，真心妈妈自己也有一部分很女性化的阅读，比如关于断舍离、极简生活、收纳整理、手作等方面的书，也会拉着真心爸爸分享。

　　因为兴趣广泛，老有话题可说，日常生活中的小小不快、摩擦都显得没那么重要了，有趣的内容太多，也根本没时间自怨自艾和互相抱怨，这也算是广泛阅读带来的小小收获吧。

第十四章

阅读与识字

不少父母遇到一个反复纠缠的难题——阅读和识字的关系。

说到阅读，大家会认同阅读的必要性和培养阅读能力的重要性，但问题马上来了：孩子不识字，他怎么读呢？孩子应该先学识字，还是先开始阅读？我该让孩子边阅读边识字吗？

下面这些，都是我们收集到的具体提问：

读绘本时，为了让孩子多识字，是否该逐字指读？

孩子喜欢看书，但是识字太少，而且很抗拒边看书边指读识字，怎么办？

孩子愿意听大人讲故事，不愿意在听的过程中插入识字，但小朋友快 5 岁了，如果不教识字，他的阅读能力也无法提高，如何合理安排呢？

宝宝幼儿园中班，书读了不少，但就是不识字！看到他幼儿园班里其他同学都认识很多字了，我特别着急，怎样才能让孩子一边阅读一边多识字呢？

一、两种观点和做法

我们和很多父母讨论过此类问题，发现大家有两种截然相反的观点和做法。

一种是认为"不识字就不能读"，所以需要大人给孩子读书，或者给孩子指读识字。

比如我们在文章中讲要让孩子尽早开始阅读，一位读者就特别气愤地留言："幼儿园的宝宝识字吗？你倒是说说他怎么读？"原话的结尾还加了三个问号。

这样的父母坚信不识字的孩子根本看不懂书，阅读就应该是大人读、孩子听。从孩子很小的时候开始，他们就自己勤奋地给孩子读书，到孩子三四岁时，他们认为应该开始识字了，就在读书时逐字给孩子指认。但是坚持这么做几年之后，等孩子上小学了，父母会发现，孩子根本不喜欢自己阅读，而且尽管在家做了不少指读识字，孩子的识字量非但不比同龄孩子多，反而要明显偏少。

另一种父母认为"不识字不影响阅读"，阅读应该让孩子自己读，父母不教识字、不指读。

一位妈妈说："我家宝宝 26 个月，不识字，自己看绘本，也不用我给讲睡前故事。看书时，他会自己尝试着讲述所看到的景象，遇到不认识的事物才向我求助。"

另一位妈妈说："我儿子 6 岁，可以自己读侦探小说了。他读书的时候，不认识的字和不理解的地方就直接问我，我全力回答，用他理解的话给他解释。我还没坚持多久，孩子阅读能力就得到了非常大的提高。识字不是我教的，幼儿园教孩子指读唐诗认字，不到半年，孩子就可以自己看绘本了，一年之后自己读报也没什么问题了。"

真心爸妈是后一种父母，我们也认为，第二种方法更能帮孩子享受到真正的阅读乐趣，对孩子识字也更有帮助。

二、阅读是阅读，识字是识字

1. 阅读不只是读字

成年人的阅读材料是以文字为主的，一个成年人如果不识字，几乎无法进行阅读活动。但对于学龄前甚至小学低年级的孩子来说，阅读完全可以通过读图进行，孩子不识字或者识字量不大并不影响他在这个年龄段享受到高质量的阅读。

我曾在飞机上遇到一个三四岁的小女孩，她自己拿着绘本，安安静静、翻来覆去地读了二三十分钟。我观察她看书的方式，发现她的目光不是停留在文字上，而是停留在画面上，很显然她还不太识字，但她看书时的专注程度、专注时间，都让人可以肯定，她是真的"读"进去了。

一些一二年级的孩子因为识字量不大，会偏爱漫画书。漫画书以图为主，穿插少量文字，孩子即使识字不多，也能毫无困难地理解其中的内容。如果孩子给你讲他从漫画书中看到的故事，你会发现他讲得绘声绘色、非常具体，这就说明孩子通过读图获取了大量信息。

大一点的孩子开始读文字书时，因为识字量还没有成人那么大，还是会遇到很多生字，他会直接跳过这些字或者"蒙"着读，也不影响他对书中内容的理解。

其实，成人在阅读中遇到生字的时候也很多，很少会去查字典，大多是跳过去不理，并不影响自己把握书中的主要内容和主要观点。除非是读古籍，某个字不认识就影响理解，才需要去查清楚。

所以，父母不要简单地认为阅读就是"读字"，也不要认为孩子读"文字书"才是真正的阅读，读绘本或漫画书就不是阅读。孩子的阅读能力增强是随着识字量增加循序渐进的过程，一般会经过"图画书—图文书—插图书—文字书"几个阶段，让孩子按照自己的节奏经历这个过程，他就能拥有非常好的阅读状态。

2. 识字是为了阅读，阅读不是为了识字

我们特别理解父母对孩子早点多认些字的期待，也认同识字量大确实能让孩子更有效地自主阅读的事实。但识字和阅读是完全不同的两种活动、两个过程，希望孩子通过阅读一举两得的父母，恐怕很容易走入误区。

识字是认识一个文字符号并理解它所指代的含义的活动，是非常具体的学习过程。阅读是从各种形式的阅读材料中获取信息的过程，对于热爱阅读的人来说，还是从书中获取乐趣的过程、与所读内容在头脑和心灵中互动的过程。

如果把识字活动挤进阅读活动，会把阅读的空间完全侵占，当我们让孩子一边阅读、一边识字时，实际上会只剩下识字，真正的阅读消失了。很多孩子抗拒在阅读时指读，不是因为他不喜欢识字，而是他不喜欢识字活动打扰到他兴致勃勃的阅读，影响他的阅读乐趣。

将阅读和识字混为一谈，父母要么是对"识字"这个学习过程的理解有偏颇，要么是对阅读活动的理解有偏颇。

我更愿意这样表述阅读和识字的关系：识字的目的是更好地阅读，但阅读的目的不是识字。

文字是承载语言的符号，孩子进入小学之后，绝大部分的阅读需要借助文字进行，孩子识字多，自然能更有效地阅读以文字为主的图书。所以，识字的目的是更好地阅读，既包括"读课本"这样目的明确的阅读，也包括或为了获取更多知识或纯粹为了享受阅读乐趣的阅读。

正如我们已经在本书第二章、第三章详尽阐述过的，培养孩子阅读能力是为了帮助孩子发展学习能力和建构人生，不是为了学校学习，当然，更不是为了识字。把识字作为阅读的目的，或者目的之一，也是对阅读真正价值的曲解和贬低。

如果阅读和识字是两回事，不能一举两得，父母该怎么做才能让孩子在阅读和识字上都有进展呢？我们的建议是，先放下对孩子识字的担心，专注于帮孩子享受阅读乐趣。

不阅读的孩子很多，不识字的孩子几乎没有。我们很容易见到识字没有问题，但完全不热爱阅读的小学生、初中生、高中生、大学生，但恐怕找不到几个从小爱看书，却在识字上有困难的孩子。

孩子学习识字的任务虽然相当庞大，但学会识字却比大人想象的容易得多，也快得多。

孩子认知水平发展到一定程度会自然地不满足于只能读图的阅读，识字欲望会变得特别强，他会自己听读音来识字，看书时遇到不认识的字，会特别积极地问父母，甚至走在路上都会不停地问"这个字念什么，那个字念什么"。到那时，孩子会在很短的时间内认识很多字。

即便孩子上小学前识字量非常小，他上学后识字量也会突飞猛进，因为小学低年级的语文课有一大部分内容就是学习生字。只要孩子的学习能力没有问题，这种正规的强化训练非常有效。一位妈妈说："孩子刚上一年级时，还几乎不认识什么字，结果到了一年级下学期，就可以自己脱离拼音看书了。"

一些父母担心孩子识字量小，上学后影响学习。其实真正对孩子学业成就构成威胁的不是识字量，而是阅读能力。通过强化训练，我们能很快教孩子认识很多字，但阅读能力无法硬性强化，如果没有阅读能力，即便孩子认识所有的字，这些字对孩子来说也只是一个个单独的符号，他无法透彻理解这些符号本身以及它们组合到一起时的意义。

3. 区分识字场景和阅读场景

将阅读和识字两种活动结合在一起，有两个明显的负面作用，一是让孩子无法享受阅读，二是让识字效率变得很低。

所以我们的建议是，把"识字场景"和"阅读场景"区分开，识字的时候就是识字，阅读的时候就是阅读，二者各自在不同时段进行，互相独立，互不干扰。

我们在文章中解说阅读和识字的关系，一位妈妈特意写了一段长长的留言，分享她自己的经验：

> 　　同意作者的观点，阅读就是阅读，要让孩子真正沉浸在阅读之中，不要再掺杂其他任务而打搅孩子享受阅读。我儿子上小学前不认识几个字，一年级非常吃力！今年二年级，突然不知从哪里学会了那么多字，不带拼音的儿童小说，整天看得着迷。倒是朋友家有个孩子，以前识字比我家孩子多，我还羡慕得不行呢，结果那个孩子现在独立读文字书还是很吃力。我儿子以前看绘本，我也试图指读，但感觉没有效果，还干扰孩子看图，就放弃了。现在真没有想到，有些觉得他根本不可能认识的字，人家自己就认识了。

　　这位妈妈其实就是自觉地做了区分识字场景和阅读场景的工作。那么，什么样的场景是识字场景，什么样的场景是阅读场景呢？

　　孩子拿书来问"妈妈，这个字念什么"，是识字场景；走在外面，孩子指着路标问你上面写的是什么，是识字场景；孩子自己拿识字卡片来看，也是识字场景。

　　孩子自己在翻书看，是阅读场景；孩子让父母读书给他听，也是阅读场景。

　　两种场景的差异就是孩子自己当时有没有识字的欲望。有的父母不懂得区分这两种场景的差异，就会有些小困惑。比如，一位妈妈问："女儿进入识字敏感期，让我给她读书时，遇到她眼熟的字会很兴奋，我要停下故事的连续性，跟她强化识字呢，还是一带而过继续读故事呢？"

这种情况，其实就是孩子在阅读中对识字发生了兴趣，已经从阅读场景转换到识字场景中了。如果大人拒绝跟孩子一起"转场"，坚持认为阅读不能被打断、一定要把故事读完，会损伤孩子的阅读兴趣和识字兴趣。

当然，识字的目的是阅读，孩子认识的字如果不能被用于阅读，那么他认识的只是一些"死"的文字，毫无用处。如何既不影响孩子的阅读乐趣，又能帮孩子慢慢学会通过文字来阅读呢？

一个重要的操作细节是引导孩子到书中识字的活动，在识字场景中进行，不在阅读场景中进行。

在识字场景中，孩子正为认识一个新字感到很高兴，你引导他到书中找到这个字，他会很有成就感，很可能会同时要求认识句子中的其他字，并理解整句话的意思，这样他学到的字就开始应用于阅读了。经常有这样的活动，孩子就能慢慢学会看书时不只读图，也读文字。而如果孩子明明沉浸在阅读场景中，正被图画中有趣的内容吸引，大人把他叫过来，教他指读，或者要求他去找一个认识的字，他会觉得被打扰，会很恼火、很抗拒。

回到前面说过的一个普遍现象：一些父母认为孩子不认识字，阅读就得是大人读给他听，而且大人给孩子读书还可以帮孩子识字。

我非常不建议这么做。因为这既不能有效帮助孩子阅读，也不能有效帮助孩子识字。

一是大人读、孩子听，不是孩子自己阅读，培养不出孩子自己的阅读能力。《亲子共读不是真正的阅读》一章已经详细地讨论过这个问题。

二是大人读、孩子听，孩子和文字的接触太少，既不容易熟悉书中的文字，也不容易产生识字欲望——大人都读给他听了，他为什么还要自己识字呢？

一位妈妈说：

> 我觉得孩子小的时候肯定是靠大人阅读，我给孩子看的都是绘本，边看边读，平时她自己也会看一些以图片为主的书。她对书很有欲望，现在4周岁，也能认识一些字，但要自主阅读，还是远远不够的。希望6周岁时能慢慢做到自主阅读吧，必须有个过程。

这位妈妈很有耐心，但一般情况下，如果孩子一直是自主阅读，到三四岁时，就会有很强的识字欲望，上小学之前就能认识很多字了。

另一位妈妈也讲了自己孩子阅读的故事，她的做法很纠结。

> 我女儿这月底就5岁了，目前已实现自主阅读。半岁时从看黑白卡片开始，到现在二三年级的课外读物如《爱丽丝梦游仙境》《绿野仙踪》等都能自己读。
>
> 我们睡前有亲子共读，周末有空进书店，有碎片式阅读习惯。最初的亲子共读是手指着读，我跟她说好得边看图边看字，但常常没读两句她问题就来了，所以我和她约好等我读完一段再提问。当然书中一些我感觉她理解不了的词句，我会边读边

解释。在阅读中，我还会不时提问，并且跟她约好，如果她答错3个问题，我将停止阅读。所以她为了多听故事，不得不全神贯注。

虽然她现在能认识大多数的字，能主动阅读，但我觉得小孩子的理解还是有限的，所以我认为亲子共读还得坚持。

这位妈妈不但把识字植入了阅读，而且在阅读时还不允许孩子提问。现在孩子能自主阅读了，妈妈却还是不放心，认为孩子理解力有限，需要坚持亲子共读，这就对孩子的阅读介入、干涉太过了。

4. 指读识字是否真的必要？

在第八章《帮孩子发展阅读技术》中，我们已经讨论过，指读最初的来源就是指读识字，但相当多的父母将指读识字发展成结合识字与阅读双重目的的指读阅读。而真心爸妈认为，指读阅读会将孩子导向不会阅读。

那么，如果不在阅读时指读，而只在识字场景下做指读识字，是否就不会影响孩子阅读能力的发展，同时又能帮孩子有效识字了呢？只在识字场景下做指读识字，确实不会产生指读阅读那样的负面效果。不过，真心爸妈认为，指读识字对识字来说也并非效果上佳的方式，并非"要识字必须做指读"。

指读偏重读音，但知道一个字的读音是什么，离真正认识这个字还差得很远，就像我们使用自然拼读法几乎能读每一个英文单词，但是并不算"认识"这个词。一个字除了字音还有字义，字义才真正决定这个字是什么。除了字义，认识一个字还需要了解它和别的字能组成哪些词，这些词的具体含义和用法是什么。孩子对一个字认识到这个程度，才算是真正认识了它。

此外，指读识字是一个字一个字地认，做指读几年，孩子可能才能达到认识常用字的程度。而孩子真的进入识字状态，常常是一批一批识字的，他会很快地实现从"不识字"到"认识很多字"的飞跃。

所以，我们也不建议父母通过指读识字训练孩子识字。小学语文老师在语文课堂上指着黑板上的生字让孩子认，是为了更有效地组织几十个孩子的生字学习。父母把这个方式生硬地搬到家里，用于带一个孩子识字，就不免有过于机械之嫌。

三、如何帮孩子快乐地学会识字？

一些父母特别关心怎么教孩子识字最有效，但我们不主张用"有效"的方法"教"孩子识字，而是主张用"自然"的方法"带"孩子识字。每个孩子的发展阶段和兴趣点都不同，开始学习识字的时间和方法也不能照搬他人的，这里分享一些我们的观点和方法，供大家参考。

1. 不早于 3 岁开始教孩子识字

父母在日常生活中发现孩子开始问"这个字念什么"，才需要有意识地慢慢引导孩子识字。孩子大约 3 岁开始产生识字的兴趣。我家两个孩子开始对识字感兴趣都是在 3~4 岁。3 岁之前，他们也会非常有兴致地阅读，但他们更感兴趣的是书上的图画，而不是文字。

父母养育孩子的目标，应该是培养快乐健康的宝贝，不是人人羡慕的早慧、天才宝贝，所以我们极不主张对孩子做"超前教育"，包括过早教孩子识字。孩子真的开始认起字来，识字量的增长速度会非常快，大约一年，他就能认识日常生活中接触到的大多数常用字，父母完全没有必要着急，把一年就能做到的事做上五六年。

兴趣是孩子学习的基础，孩子有兴趣会学得很快，没兴趣怎么教都不成，还会引起他的逆反心理，所以，在带孩子识字上，父母既需要避免操之过急，也需要避免跟别人家孩子比较，"××都认识好几百个字了，咱们也得抓紧"。

2. 不强迫，不设识字量目标

不要强迫孩子识字，也不要一发现孩子对识字开始感兴趣，就着急给孩子设定识字量目标，"我们要在上学前认识 500 个字或 1000 个字"，更不宜在家给孩子规定每天上识字课。

生硬地教孩子识字确实可快速达到数量上的目标，但孩子只知读音、不知字义，也不会使用学到的生字，很容易快速遗忘学到的内容。当孩子发现自己无法迅速达到父母的要求，或者被批评"昨天才教的，怎么今天就忘了"时，就会很沮丧，他的自信心也会受到影响。

更好的办法是让孩子按照自己的兴趣，自然而然地一点点积累。这样，孩子识字量的提升看起来是没那么快，但孩子每认识一个字都是真的认识了，这才是真效果。

3. 不从拼音开始

汉字不是拼音文字，是从象形文字发展而来的。我国从 20 世纪 50 年代才开始使用汉语拼音，在那之前，一直主要使用反切方法为汉字来注音。我国最早的一部字书（字典）、东汉许慎编著的《说文解字》用的就是反切，比如解释"小"字为"物之微也……私兆切"。这种以他字解本字的方法，与汉语拼音相比，看似烦琐，其实更形象，也更容易理解。

所以带孩子识字，要从字形、字义开始，不要从拼音开始。对孩子来说，拼音本来就是不那么容易掌握的新知识，让孩子先记住、会写某个字的拼音，再去认识这个字，难度等于是加倍的。

一些父母可能正是因为担心孩子上学后学拼音有困难，才想让孩子尽早接触拼音。但孩子的认知和理解能力是逐渐发展的，一年级孩子感到困难的事，四五岁的孩子只会觉得更困难。

4. 在生活中自然学习

父母不必把帮孩子识字当成一个大工程、大任务，其实生活中有很多带孩子识字的机会，把握好了就能让孩子自然而然地认识相当多的常见字。

比如带 3 岁左右的孩子到公共场所，可以引导孩子认识"入口""出口"和其他指示牌；带孩子走在路上，可以引导孩子认识交通标志；给孩子买零食，可以引导孩子认识包装上的商品名称；带孩子组装玩具，可以引导孩子看安装说明上的文字。

这些在生活中自然学习识字的方法，比带孩子刻意完成识字的任务要有趣、有效，孩子也不会有任何压力和抗拒。

5.解释每个字的意思给孩子听

带孩子识字不能只识其音，不解其意。只告诉孩子这个字念什么，不给孩子解释意义，孩子就等于不认识这个字。边讲读音、字形，边解释每个字的意思给孩子听，孩子会觉得更有趣、更形象，也更容易理解和记住。

比如，很简单的"人"，孩子很容易认识。但什么是人呢？如果不解释，孩子就不会知道确切的意思。父母的解释不必像字典那么标准，没有明显偏差、不会误导孩子就可以了。我们不需要告诉三四岁的孩子"人是一种高等动物"，但可以告诉孩子：你是人，爸爸妈妈是人，其他小朋友也是人；有小孩，有大人，有老人；有男人，有女人；有中国人，也有外国人……

这样，我们既带孩子认识了这个字，也帮孩子建立了对"人"的基本认知，这个字就和孩子所了解的世界和生活关联起来，不是一个僵硬的符号了。

6.给孩子解释部首和造字方法

孩子识字时如果不认识部首、不了解造字方法，就只能一个一个地认，没有办法把相关的字联系起来，这样他识字的效率会很低，也掌握不到自己学习新字的方法。

我们两个孩子识字是从象形字、造字方法开始的。通过接触最初的象形字和造字方法，他们知道了某个基本的字是怎么来的，是什么意思，也明白这个字和别的字组合在一起，别的字就会有了这个字包含的意思。这样，只要认识了某个部首，他们就可以大胆"猜字"，所以只用了不到一年的时间，他们就认识了一大批字，达到自己边蒙、边猜读文字书的程度了。

这么说可能有点抽象，我们来举个例子。比如讲"山"，我们可以对照图片告诉孩子，"山"是象形字，就是从山的形状来的，中间高的部分是最高的山峰，两边低的部分是矮一些的山峰，这样孩子就能明白了。然后可以告诉孩子，"山"不光是一个字，它既是一个偏旁，又是一个部首。如果一个字中有"山"，那么这个字的意思就和山有关。我们可以写给孩子常见的岩、岭、峰、峦、岗等字，这样孩子就对这个偏旁理解得很透彻，也会对这些与山相关的常见字有初步认识。

如果父母有足够的耐心，孩子也非常感兴趣，一个"山"字，还可以继续延伸——有自然形成的山，也有人工堆砌的假山；因为自然形成的山通常比较大，所以我们形容什么东西比较多，会说"堆成山"；形容人很多，会说"人山人海"。

再比如讲"木"，我们可以告诉孩子，一棵树是"木"，很多的树就是"林"，为了不画那么多的树，就用两棵树来表示树林，"木"是会意字。

讲过了"木"和"林"，还可以顺便讲"人"和"众"，告诉孩子，一个人念人，两个人念从，三个人表示很多人，念众；之后还可以讲"石"和"磊"，一块石头是石，三块石头堆在一起就是"磊"，是很多石头的意思。

这样，孩子就能大致明白这种造字方法，他可能就会问："那三个'口'能不能这样堆在一起，三个'日'能不能堆在一起啊？"

这样的识字方法既能启发孩子思考，也能引导孩子发现汉字的规律，效率自然比单独一个一个指认彼此不相关的字高得多。

有的父母带孩子识字时，特别关注笔画、笔顺，希望孩子能认了，就要会写。这就很容易出现一种情况：明明刚刚认识了这个字，把这个字换一个地方，孩子就又不认识了。这是因为只记笔画、笔顺，这个字对孩子来说根本就只是"一幅小画"，而不是一个有意义、和其他文字有关联的"字"。

7. 可以借鉴传统的"韵文识字法"

父母们都知道《三字经》，很多人会将它当作"国学经典"，觉得让孩子从小学这些，是让他们学习"国学"，还要求孩子理解和吸收其中的观念。当然，这也引起很多争议，有人认为《三字经》中的很多观念是糟粕，不应该让孩子学习。

我们暂且不讨论《三字经》的内容如何，只指出一个错误：《三字经》其实不是国学经典，而是蒙学经典，是儿童开蒙时学的课本。它和著名蒙学课本——《百家姓》《千字文》，合称"三百千"，都是传统的识字课本。

这三个课本有一个共同特点，就是把孩子要认识的基本汉字，组成简单的词组和短句，句式整齐，合辙押韵，朗朗上口，易读易记。孩子刚刚开始学识字时，单独去认识一个陌生的字既困难，又枯燥，把一个个单字组成有韵律的词组或者短句，孩子念起来就容易得多。

父母也可以学习这种"韵文识字法"，要么用《三字经》《百家姓》

《千字文》，要么用简单的诗句，像是"白日依山尽，黄河入海流。欲穷千里目，更上一层楼"这样的诗句，引导孩子边朗读边识字，效率也比指读高得多，而且孩子也不易反感。

8. 上学前，不要求孩子会写字

就像阅读和识字是两回事一样，识字和写字也是两个过程。学龄前的孩子认识很多字很容易，但孩子手指小肌肉的发育程度还不够，要他们准确地控制好手指，学会工整地写字是很困难的。勉强孩子学写字，会让孩子对识字也心生厌倦。

孩子能在上学前认识很多字就已经非常棒了，等到他上小学，自然有很多机会学习书写姿势、书写方法、反复练习书写学到的新字，父母不需要把小学功课强行挪到学龄前来。

第十五章

阅读与写作文

　　一名小学生给我讲了一件事："爸爸为了让我写好作文，要求我每读一本书都写一篇读后感，我本来挺喜欢看书的，但一想起'读后感作业'就头疼，都不敢看书了。"

　　我告诉他，我家两个孩子和他一样怕写读后感，我自己现在每天写文章，但上学时也怕写读后感。阅读就是阅读，和写读后感没有关系，要是我小时候也有父母布置的读后感作业，怕也跟他一样什么书都不敢读了。

　　孩子写作文是不少父母的焦虑之一。有人发愁二年级的孩子不会写"看图说话"，有人着急三年级的孩子不会写小短文，有人烦恼五六年级的孩子写作文困难，还有人忧虑上初中的孩子的写作水平。于是，大家纷纷到阅读上想办法，或要求孩子写读后感，或要求孩子做读书笔记，或要求孩子摘抄好词好句。只要认为想到的办法可能对孩子写作文有帮助，就全都用上。

那么，这些方法真的有用吗？

一、会读就能会写吗？

1. 阅读和写作是两种不同的能力

阅读确实有益于写作，但父母不能期待孩子读过一些书，很快就能变得善于写作。因为阅读和写作是两种不同的能力。

阅读是通过文字、图片或其他文本符号获取信息，写作是用语言文字将自己心中所想表达出来，会阅读不一定自然地导向会写作。孩子写作文是一种写作学习。小学低年级的孩子，无论是否有阅读习惯、阅读量是大是小，开始学写作文时都会遇到写作技术上的困难，包括如何开头、如何结尾、如何规划内容、如何组织语言，等等。

为什么孩子学写作这么难呢？因为他之前没写过。这就像孩子小时候从不会自己吃饭到能够独立吃饭的过程，他必须先学会用小勺子舀起东西来送到嘴里；孩子从不会用筷子到熟练用筷子，也得先学会用手指掌控筷子的方向和力度。

孩子写作文也一样。他需要经过一个学习过程，才能知道如何使用文字表达想法。这个过程会比学会加减法、学会写字要长得多，父母需要给孩子时间，让他一点点熟悉、掌握。

2. 阅读需要长时间积累才能影响写作质量

古人说"读书破万卷，下笔如有神"，以现阶段大多数孩子的阅读量来说——尤其很多孩子读的都还是内容非常简单、表达也比较幼儿化的绘本，相当一部分还是父母读给他们听的——要达到无论遇到什么样的作文题目都能提笔就写的程度，基本上是一个美好的理想，如果不说是"幻想"的话。

要让阅读帮到孩子写作文只有一个办法：继续读、大量读，孩子读过的内容足够多、知识面足够广、独立思考能力足够强，写作文对他来说就越有的可说，就会越发简单。

热爱阅读、阅读量也很大的孩子，学习写作文要比不爱阅读的孩子轻松得多，因为他头脑中已经积累了丰富的词汇、素材，已经通过阅读培养出很强的语言文字理解能力。假以时日，等他掌握了写作文的基本技术，这些积累就会转变为他的写作能力，他会越写越好。

不爱阅读的孩子，积累的词汇量和素材都不够丰富，独立思考能力和语言文字理解能力也很有限。他可能比较快地学会了作文该怎么写，但是缺乏语言、内容和思考能力的支持，他的作文很可能只有个"空架子"，看起来像样，实际上套话连篇、苍白空洞。

同时，缺乏阅读的支持，孩子会越写越不爱写，越写越差。每个人在上学时都学过写作文，但是很多人成年后却一个字也不想写，想写也写不出来，原因正在于此。

着急让孩子通过阅读提升作文水平，把阅读和帮助提升写作能力画等号，只能像本章开头说的那个"写读后感"的例子一样，给孩子的阅读兴趣泼上一盆冷水。

二、"阅读附加作业"的副作用

一位妈妈问："孩子二年级，平时阅读量还可以，也能自主阅读，该怎么引导孩子写读书笔记和读后感呢？"我的回答是不用引导，孩子的自主阅读能坚持下去，他的作文水平就完全不用担心。

还有一位妈妈问："孩子二年级，让他暑假读一些简单的古文或散文，会不会对将来学文言文或写作文有帮助？"我的看法是，现在读古文和散文太早了，孩子不会喜欢，还是让他自己选择读物吧。

真心爸妈重视孩子阅读，也写文章、开音视频课程讲解如何培养孩子的阅读能力，但从不认为写读后感、做读书笔记、摘抄好词好句是孩子需要在阅读时做的功课，也不认为父母需要安排孩子读点什么特别选择的读物，以为写作文做好准备。

对一个真正的阅读者来说，阅读应该是件快乐的事，而不是让人倍感压力的事。一个成熟的成人读者，可能会从写书评、做读书笔记中获得很大乐趣，但是对于刚刚开始阅读的孩子来说，阅读的同时要完成这些"作业"，肯定不是乐事一桩，再加上完全是机械式抄写的"好词好句"，孩子的阅读会变得乐趣全无。要培养孩子成为真正的阅读者，兴趣是根本的出发点，任何可能消除或者降低孩子阅读兴趣的要求都应该尽量避免。

此外，我们还需要考虑，这些"阅读附加作业"对提升孩子作文水平真的会有帮助吗？

1. 读后感的副作用

读后感是中小学作文练习中经常出现的题目，课程设计的初衷可能有三：一是培养学生的阅读习惯和阅读后的"输出"能力；二是读后感是书评的雏形，读后感写作练习可以为未来的书评写作打下一些基础；三是希望学生通过读后感的写作，从阅读中受到人生、理想或者其他方面的有益教育。

但是我很怀疑这些目的是否真能达到。作为一个从小学起就被要求写读后感，一直写到高中毕业的读者，我非常清楚，读后感其实是很多孩子最厌烦的作文题目之一。

就某篇文章或某本书写读后感是一种典型的命题写作，而且语文课程中要求的读后感，通常要写出非常正面的内容，哪怕读者个人并没有从中获得那些感受。读后感还常常有字数要求，我们又如何确定一个人读这本书的感受一定会达到 500 字或者 1000 字呢？所以读后感这种约定俗成的作文样式，很大程度上限制了孩子的自由思考和自由表达，自然也无法让人发自内心地喜欢写。

很多孩子的读后感都是为写而写，其中并没有自己的真实理解、真实感受和真实收获。到网上稍微搜索一下"读后感"，你会发现无比多的关于"某某书的读后感该怎么写"的提问，写读后感对中小学生来说，恐怕"完成作业"的意义远远大于阅读和分享的意义。

学校作业尚且如此，如果父母再给孩子加上额外的读后感作业，孩子很可能就会敷衍了事地写出"我读了……我从中学到……"这样空泛的文章，这对于锻炼孩子的写作能力没有任何帮助。

要培养孩子深度阅读的能力和阅读后的输出能力，其实有一种比读后感更有效的方式，那就是阅读分享。

《书语者：如何激发孩子的阅读潜能》的作者、美国著名语文教师和阅读倡导者唐娜琳·米勒，在她教的班级中灵活地采用各种口头和书面的阅读分享方式。孩子们可以组成阅读小组讨论一本书；可以在班级中做"图书推介"，向同学们介绍自己喜欢的书；也可以做"图书评论"，就一本书发表自己的分析和评价。她发现，这些方式的效果都优于传统的书面读书报告。

真心爸妈发现两个孩子都不喜欢写读后感，但都特别喜欢班级中讨论分享形式的读书会，他们会为读书会精心准备提纲演示文稿，然后自由地讲一二十分钟。

我们从未在家里布置过读后感作业，但是会有很多时间，根据孩子的兴致，随机展开关于某本书的讨论，可能讨论故事、作者，也可能讨论自己从中发现的疑问，或者发表对这本书的评价。孩子从这些讨论分享活动中获得的乐趣和成就感远远大于写读后感，当然，这些讨论培养出来的口头表达能力也帮助增强了他们的书面表达能力。

2. 读书笔记的能力要求

做读书笔记是一种深度阅读方式，资深阅读者在读重要读物时经常采用这种方式。做读书笔记可以记录重要内容以备查阅，可以帮助加深对所读内容的理解和印象，也可以记录自己在阅读时的所思所想，这样，阅读一本书的收获可以大大提升。

但并不是所有好的方法都要用于刚刚开始阅读的孩子。父母同时需要考虑读书笔记对写作者的几个基本要求。

一是对能力的要求。做读书笔记对阅读能力、理解能力、思考能力、概括能力都有很高的要求。这些要求，至少对小学阶段的孩子来说，是比较难达到的。

二是对阅读经验的要求。做读书笔记需要把握书中的核心内容或最令人印象深刻的内容，同时还需要记录阅读者从中获得的触动、启发、共鸣、思考，这些都需要阅读者有丰富的阅读经验，这些经验显然需要长期的实践积累才能获得。

三是对写作经验的要求。读书笔记不是一种固定的文体，每个人都有自己的写法，但都需要既有实质性的内容，又有清晰的文字表达，因此，做出真正有价值的读书笔记，是需要一定的写作经验积累的，哪怕只是在书的空白处随手记下一些感悟，也需要一定的概括力和精准的语言表达能力。

如果勉强要求刚刚开始阅读的孩子做读书笔记，他很可能只是重复性地记录下"我今天读了某本书，讲的是……"，这既对提升写作水平没有帮助，也容易让孩子畏惧、抵触日常阅读。

真心爸妈认为，从年龄上看，写读书笔记至少需要在孩子上初中之后才开始，孩子自愿自发地进行是另一个重要条件。

3. 摘抄好词好句的副作用

一些父母会认为，孩子记下的好词好句多了，作文自然能写得漂亮。但问题是，这种"漂亮"文章常常并不是每一句话都发自写作者内心的真正的好文章。孩子写作文时脑子里总想如何用上那些所谓的"好词好句"，一篇文章很可能就成为这些词句的肤浅堆砌。

我们很容易读到一些充满诗词名句、名家格言以及各种繁复华丽修饰语的中学生作文，文章浮华的风格很容易让人觉得写作者"文笔非常好"，但仔细想想文章到底讲的是什么，又会发现它们与"言之有物"的好文章，实在是相距太远。

所以讨论孩子写作文，我特别不赞同对"好词好句"的关注。真正美妙的文字表达，并不在你要求孩子记下来的那些只言片语上，它是一个作者全部思想和技巧的综合产物，作者写下来时是鲜活的，你记下来就成为僵死的，再生硬地使用，就会成为让读者生厌的东西。只有通过持续的阅读，不断接触那些美妙的文字表达，体会其中的思想和美感，让它们沉淀到孩子头脑的深处，它们才能在需要的时候自然浮现出来，成为孩子可以轻松驾驭、自由使用的资源。

三、如何尽快改善孩子写作文不好的状况？

既然家长们常用的方法几乎没用或有负面作用，那如何提升孩子的写作能力和水平呢？

1. 放下焦虑，告诉孩子写作文就是用文字说话

很多父母都是孩子还没开始学写作文，就担心孩子将来学不会写作文或写得很糟糕。另一些父母是一见孩子作文成绩没有期待得那么好，就马上着急。

这些焦虑都会传染给孩子。学任何东西都一样，你越觉得它困难，学起来就越没信心；越觉得它不难，学起来就越轻松。

写作文很难吗？真的不难，不过就是用文字说话而已。正如叶圣陶先生所说：

> 　　作文与说话本是同一目的，只是所用的工具不同而已。所以在说话的经验里可以得到作文的启示。倘若没有什么想要表白，没有什么发生感兴，不感到必要与欢喜，就不用写什么文字。一定要有所感才写。若不是为着必要与欢喜，而勉强去写，这就是一种无聊又无益的事。

尽早打消对写作文的焦虑，把写作文看成和日常说话一样的寻常事，会让父母和孩子都更加轻松地面对作文。

2. 鼓励孩子日常做完整的口头表达

说话是口头表达自己的想法，写作文是用文字表达自己的想法，两者并没有本质差异。日常口头表达比较好的孩子，很少会对写作文感到困难。

但问题是，很多孩子在生活中就没有做完整的口头表达的习惯，也没有机会培养口头表达能力。一些家庭，父母只管命令孩子，很少听孩子说话；一些家庭，父母和孩子从来不聊天，大家都不善于清晰、完整地表达自己的想法；更多家庭是从无讨论问题、各自表达想法的习惯。这些自然都会限制孩子口头表达能力的发展，也会影响孩子整体的表达能力。

改善的办法是多聊天，多讨论，多给孩子说话的机会，鼓励孩子完整表达自己的想法。这样既能帮孩子提升口头表达能力，也能帮孩子提升独立思考能力。这两个能力提升了，写作文的困难程度就会大大降低。

3. 先讨论，再动手写

孩子二三年级刚刚开始学写短文时，经常会不知道写什么，也不知从哪儿写起。父母可以先和孩子讨论，这个话题能写什么、能怎么写，给孩子一些启发，同时也帮孩子理顺思路，之后再让孩子照着讨论清楚的思路动笔写下来。

这个过程其实就是破题、打腹稿的过程。经过几次这样的讨论，孩子慢慢就会明白写作文该如何厘清思路了。

4. 教会孩子模仿

小学阶段的作文题目大多是模仿性题目，通常是这个单元学习了什么样的文章，单元作文就要求写这个类型的文章。让孩子从模仿课文开始写，孩子会觉得更容易入手。

不要一开始就要求孩子写到多好，能模仿课文的结构、行文，甚至语句、内容写出一篇自己的小短文来，就是成功。

模仿练习是学习写作的一种重要方式，通过模仿，孩子可以学习优秀作品的句子构成、文风、节奏，最终习得他人的技巧并达到熟练运用。

5. 鼓励孩子自由地写，不随意批评孩子的作文

很多孩子在写作文之前，都满腹忧虑：写得不好怎么办？爸爸妈妈认为我写得不好怎么办？

有了这重担忧，孩子马上就紧张起来，即便是对他来说很容易的题目，思考时也会打不开思路，下笔时也会缩手缩脚。

我们需要让孩子明白，写作文应该放开了想、自由地写，暂时放下老师、父母对作文评价不好的担忧，先追求"把自己想表达的东西都写下来"这个目标。这是相对容易达成的目标，也会使孩子大大增强对写作文的信心。

当然，父母同时也要约束自己，不要一看到孩子的作文写得没有大人期待得那么好，就马上表示不满和批评。孩子是在学习写作文，还不是成熟的写作者，而且孩子年龄还小，阅历有限，思考肯定会不成熟，父母对文章结构、素材组织、语言表达的那些要求，对孩子来说都太高了。

还有一种可能，我们不得不承认，相当比例的父母在日常工作和生活中都是不写作的，既不从事文字工作，也对任何形式和内容的写作毫无兴趣。这些父母对孩子作文的评价未必专业，甚至可能根本就不够资格评价孩子的作文到底写得好不好，贸然评价孩子的作文，很可能有失偏颇或者误导孩子。

6. 父母了解清楚写作到底是怎么回事

有些父母，可能自己上学时就很怕写作文，离开校园后更是从来没有写过任何一篇完整文章，但就是认为，自己有评价孩子作文的能

力。当然，有的父母承认自己没有这个能力，于是就送孩子去作文辅导班，希望能收到立竿见影的效果。

真心爸妈的两个孩子没上过任何作文辅导班，所以我们不清楚它们的效果到底如何。但孩子们经常跟我们讨论写作文的事，我们也会把自己对写作和写作文的理解分享给他们。讨论多了，孩子就慢慢建立起对写作文的概念，甚至学会了区分"写作文"和"写作"。开心在小学六年级时对这二者做了一个概括，我觉得特别精准：在学校写作文是写出题者想要你写的东西；写作是写自己想表达的东西。

然后他们就懂得，在写考试作文时，如何运用课堂上老师教的"写作文技巧"，尽量把作文写得符合"规范"；平时做写作文练习时，如何尽量训练自己的"写作能力"，在配合作文要求的同时，尽情地表达自己的观点。

我们很赞同孩子们的理解。孩子的写作能力最初确实是通过语文课的作文学习打下基础的。但如果孩子只知道按照老师和课程的要求写作文，只会写高分考试作文，恐怕无法得到真正的写作能力训练。等到离开学校，他很可能就是一个不懂什么是写作，一篇文章也不想写，一篇文章也不会写的人。

要帮助孩子提升写作文的能力，真心爸妈更推崇的方式是鼓励孩子日常的自由写作，比如写日记、写简短的个人随笔，甚至有的孩子在小学阶段已经开始自发地尝试写小说、写诗。这些写作活动，只要是出于孩子内心真正的兴趣，都会成为提升写作文能力的重要途径，还可能为孩子未来的写作兴趣打下基础。能在成年后各自坚持不同题材、体裁写作的人，未必是上学时写作文特别好的学生，但一定是很早就有自发的写作兴趣的孩子。

对写作和写作文不是很有概念的父母，可以去找一本书——叶圣陶先生的《怎样写作文》。叶圣陶先生是文章大家，也是深谙中小学生教育的教育家，他写给孩子们的写作书，包含文章至理，又简单平实，很容易读懂。读明白这本书，相信写作文对父母和孩子来说，就不再是那么可怕的事，父母更不用着急逼着孩子把阅读当成作文训练的一部分了。

写到这里，咱们又回到了我们这本书的第一章提出的问题——孩子为什么需要阅读？

阅读对于孩子的意义，是发展学习能力和建构人生。这两个作用的价值，都远远超出"通过阅读写好作文"。

所以我们的建议是，父母需要把孩子的阅读和写作文当成两件完全不在同一层面的事来看待。阅读是人生大事，让它服务于"写好作文"这样具体而微的目标，实在是有违阅读之道。

我有一个梦想：客厅变书房

这是真心爸爸徐智明 2019 年 8 月在贵州遵义搁和第二届"搁书节"上的演讲，我们已经把它发展成大家共同参与的"客厅变书房"行动。我们也把这个梦想分享给《阅读手册》的读者，希望更多父母致力于将家庭建设成学习成长型家庭。

今天的话题是阅读，我想分享一个设想：把家里的客厅变成书房。

几乎在所有的家庭里，客厅都处于房子最中心的位置，占据最大的空间。我们买房的时候，销售也会向我们刻意强调客厅的面积。如果买了新房子，我们会拿着户型图和装修公司讨论装修方案，在没有特别需求的前提下，大客厅通常原样保留。装修公司会把客厅作为设计重点，因为这里是一个家的门面，当然同时也耗去了大部分装修资金。

最后，我们得到了理想中的美好大客厅——会有一整面墙留给电视，电视拥有专门的电视柜，甚至背后还有一面重金打造的电视墙。沙发放在对面，方便一家人坐下来舒舒服服地享受晚饭后和假期中的电视时光。

我想这可能是绝大部分城市家庭已经实现或者正在向往的理想生活图景。人们生活越富裕，对客厅的要求越高，电视会越来越大，客厅会越来越漂亮。

既然是谈论阅读，我为什么要从客厅开始？如果我们需要书房，三居室中面积最小的次卧改造成书房，或者如果住房面积不够，把阳台改造成小书房，不就行了吗？

不过，我想说的不是如何在家里给书房找到一个位置，而是用书房替代客厅，让书房从小的、偏的房间，变成大的、占据家庭中心位置的房间。

因为客厅和书房代表的是完全不同的生活形态，而且客厅对我们生活形态的影响，远远不像它看起来那么简单、美好。客厅和占据客厅主要位置的电视正在深度建构我们的日常生活。

电视正在深度建构我们的日常生活

作为物理空间的客厅是建筑学课题，我所见的研究很少。但客厅的主角——电视，几乎从它诞生的那一天起，就成为社会学家、传播学家和教育学家特别关注的研究对象，因为作为大众传播最重要的载体，它对家庭生活形态和受众的影响，实在无法忽视。

电视成为家庭生活的中心

研究休闲的学者发现，现代生活中休闲时间在日益增加，而电视普及之后，人们把增加的休息时间主要花费在看电视上。看电视已经占据大部分休息时间，现代休闲很大程度上是围绕电视进行的。

建筑师的一项重要任务是在设计房子时，为家庭设计出可供一家人看电视的空间。尽管人们不愿意承认家庭成员在一起的时间主要是看电视，但很大程度上这是个事实，家庭生活以电视为中心，这样的生活方式在美国已经有三代人亲身体验。

在我们国家，电视进入家庭早于家庭拥有单元式住房，但一进入家庭，电视就占据了房间中最醒目的位置和晚饭后主要的休息时间。家庭拥有单元房后，电视又自然成了客厅的中心，同时继续占据首要的娱乐载体的位置。

你可能会想，智能手机出现后，手机给我们的生活带来的改变不是更大吗？但手机与电视不同。作为个人使用的传播工具，手机对家庭生活的建构作用远远弱于电视。只要家庭的中心仍然是客厅，客厅的中心仍然是电视，电视作为家庭生活中心的地位就仍旧不可撼动。

家庭生活不自觉地被物品和物品背后的大众文化主导

法国社会学家让·鲍德里亚在他的名著《消费社会》中深刻地分析了"物品"真相。他认为"人们消费物品的符号功能而不是实际用途，所以物品在消费社会中的真相是摆设，一切都可以变成摆设，而且一切都可能是摆设"。从这个意义上说，客厅、电视、电视柜、电视墙、沙发，在现代生活中都是具有摆设意义的物品。人们不自觉地被这些摆设的符号功能左右，却很少思考它们给日常生活带来的真正价值如何。

大众文化学者又有解读物品的不同视角。他们认为，现代社会的场所和商品都是供消费者消费的一种文本，包括我们居住的住房和家庭中使用的物品。当然，人们也会用自己的方式解读这些文本。不过就我观察，对住房而言，只有极少数居住者会突破地产商提供的解读方式，建立起自己的居住模式。我们去买一套房子，户型图告诉你，这是客厅，那是餐厅，那是主卧、次卧，我们会不由自主地按照这个框架想象我们住进来之后的生活。如何消费住房也是我们的大众文化之一，人们认同流行、依附流行，很少追求独特和个性。

父母和孩子都会不自觉地被电视节目驯化

这是传播学者关注的话题。他们研究电视如何进入生活、影响生活、电视在日常生活中的角色以及人们如何解读电视。一个代表性的观点是，电视本身就是消费主义的战利品。在观看电视时，我们成为双重消费者，既是媒介的消费者，也是电视展出的商品的消费者。

在消费电视的过程中，人们会不知不觉地被电视传播的内容教育或者说驯化。人们谈论热门肥皂剧、热门真人秀节目，认同或者反驳剧中人的三观，以真人秀比赛的胜出者为自己的人生楷模或者孩子的学习榜样，甚至我们还会经常看到有人写文章，特别认真地讨论向某位明星学习育儿,或者某电视剧中的父母在育儿上有什么可借鉴之处。

人们很少注意到，原本是为了娱乐而看电视，自己却入戏太深，让电视内容完全融入我们的生活，甚至影响我们的观念和行为。这其实是非常值得警惕的事，但多数人忘记了警惕，而选择全面认同。

电视一定程度上消解了家庭生活

人们在客厅中放置舒服的沙发时曾经设想，客厅是一家人聚在一起聊天交流的地方。但事实上，两个人并排坐在沙发上，做较长时间的对视交流是很困难的事，开着电视时更是如此，大家的目光都停留在电视屏幕上，很少关注身边的家人，彼此之间的交流极少，交流的内容还常常被电视节目内容主导。

看电视时，一个人就能影响全家的活动。客厅在家庭的中心，电视又有一定的音量，一个人在看他喜欢的节目，其他人除非躲进房间关上房门，否则都会被迫听到或者看到电视内容，而关上房门又阻隔了家人之间的交流。

电视还会引发家庭中的权力之争。虽然男性并不乐于承认他们看很多电视，但西方传播学者通常认为，家庭中的电视遥控器主要由男性掌握；女性喜欢和朋友、同事聊电视，也希望自己掌握遥控器；孩子也常常介入家庭中的电视之争，不过他们通常争不过父母,因为"去写作业""去学习"是很难辩驳的理由。

日常生活在建构孩子

到现在为止，我谈论的都是客厅和电视如何深度建构我们的日常生活。那么，这又如何影响到我们对孩子的家庭教育，包括家庭阅读氛围的营造呢？这就进入了我的第二个观点：日常生活在建构孩子。

美国社会学家安妮特·拉鲁基于深入观察 12 个美国家庭的 9~10 岁的孩子后，完成了一本教育社会学著作《不平等的童年：阶级种族与家庭生活》。她发现，"家庭生活的各个关键要素紧密结合，组合成一套教养孩子的文化逻辑"，这些关键要素包括孩子的日常生活如何组织、家庭中运用语言进行交流的方式、家庭和教育机构的关系，等等。

我个人认为，"日常生活"也就是孩子所处的家庭环境、氛围，成人和孩子做什么样的日常活动，对孩子的影响尤其明显：日常生活的主要内容和所有细节都会对孩子的成长产生影响。所以我认为"日常即教育"——你不需要刻意对孩子做什么，家庭生活经历和经验已经足够充分发挥家庭教育的功能，无论这种自然进行的家庭教育的作用是正面的还是负面的。

电视的作用是娱乐，沙发的作用是休息，客厅代表的是偏重娱乐、休闲的生活方式。住房最中心的位置主要是娱乐功能，代表娱乐在家庭中是最重要的。

与此相伴的是典型的成年人生活场景——坐沙发、看电视、刷手机，孩子此时看到的父母是休息、不工作、不学习的。在这样的生活场景中，阅读很难成为家庭的主流活动。

如果不考虑对孩子的影响，作为成年人的生活方式，这些虽然不那么积极但也毫无问题。但涉及孩子，作为父母，我们就需要考虑到日常生活对孩子的教育作用。

父母爱看电视，孩子也一定爱看电视；父母窝在沙发上刷手机，孩子也一定爱玩手机；父母很少阅读，孩子也一定很少阅读。电视的干扰还是孩子发展专注力的一个障碍。如果孩子长时间接触电视，还会像成人一样被电视节目内容过度影响观念和行为。

此外，看电视对学业成就也有影响。教育学者的研究表明，电视对学业成就的总体影响是负面的。也有学者认为，对孩子看电视有所限制的父母，对孩子有更高的期许，而对孩子看电视持相当纵容态度的父母，对孩子的期许较低，教育愿望也较低。

如果在一个家庭中，书房具有重要的地位，情形会大不相同。书房的功能是阅读、工作、讨论、交流，在书房中发生的交流，内容也会和在客厅中对着电视的交流完全不同。一个拥有书房并认真使用的家庭，会更偏向学习和成长而不是休息和娱乐，父母和孩子都是如此。

所以我今天才会提出这个设想或者叫倡议：把客厅变成书房。

改造日常生活就是改造家庭教育

我自己是客厅变书房的实践者。真心妈妈硕士和博士的研究方向都是大众传播对日常生活的影响，我自己又开书店多年，我们可能是较早意识到需要避免以电视为中心的家庭生活对孩子产生负面影响，应该让书和阅读尽早进入孩子的日常生活的父母。大约 12 年前，我就在自己家里实施了客厅变书房的行动。

当时我们搬到 200 多平方米的一套大房子，开发商在房子的最好位置预留了超大面积的客厅，我们把客厅的位置改造成两个大房间，一间是两个孩子的卧室，一间是他们的书房。同时把另一个大房间变成真心妈妈的书房，预留的餐厅位置变成我的书房，只在房子中心位置留了一个足够大的餐厅，作为一家人吃饭聊天的场所。大电视放到主卧，我偶尔看看电影；餐厅旁边挂了个稍小的电视屏幕，供孩子偶尔看看动画片。

后来朋友们来我们家，第一眼都很奇怪：你们家没有客厅吗？

其实没有客厅丝毫没有影响到我们家的待客功能。我们每年都会有几次十几个人的朋友聚餐，被朋友戏称"徐府家宴"。每次大家围着餐桌畅饮畅聊好几个小时，反倒比坐在沙发上更自在、热闹。

我们把自家没有客厅、12 年不看电视的经历写成文章，获得了十多万的阅读量，也收获了不少质疑：如果孩子不看电视，会不会知识面很窄，什么都不知道？

我觉得这种担心没有必要，因为孩子通过阅读获得的信息，会远远比通过电视获得的更丰富也更有深度，而且阅读教会人思考，电视让人不思考。

当然，仅仅把客厅变成书房，孩子并不会自动开始阅读，想让孩子开始阅读、爱上阅读并享受阅读，确实还需要一些具体的方法来引导。但是，让书房在家庭中占据重要位置，一定会是一个积极的开端。这一点，我熟悉的开书店的朋友、做文字工作的朋友，都是有力的例证，他们孩子的阅读都不成问题。

客厅变书房的意义还不止于引导孩子亲近书和阅读，我认为更深远的意义在于，我们开始尝试摆脱以电视为中心的生活方式以及这种生活方式对观念和行为的影响，引导整个家庭从娱乐型家庭变成学习成长型家庭，并由此为孩子建构出对他的人生和学业成就更有积极意义的日常生活。

这也正是我今天想跟大家分享的第三个观点：改造日常生活就是改造家庭教育。

客厅和电视正在深度建构我们的日常生活，日常生活又在深度建构孩子，所以改造日常生活就是改造家庭教育。这是我提议"客厅变书房"的基本逻辑。

如果我们能放弃"一个家一定要有一个像样的客厅"的执念，把客厅变成书房并不困难：把电视移入卧室，变成个人娱乐工具，它就不再是整个家庭生活的中心；电视让出的位置，我们可以留给书桌；把沙发稍微缩小一点，或者干脆淘汰沙发，换成小型座椅，我们就能得到一整面墙的位置来放置书架；有了书架，但是它们空空荡荡，你会很不好意思，就会一点点买书来填满它。然后，一些更让人开心的事就会慢慢发生。客厅变书房，代价不高，成效可期，真的值得一试。

后 记

为父母，当尽力亦尽责

这本书源于我们 2015 年 11 月写的一篇名为《培养孩子阅读习惯的 11 个秘诀》的文章。当时我们的两个孩子一个 13 岁，一个 9 岁，都已经在我们夫妻的培养下，成了阅读能力和学习能力很强的孩子。有朋友知道我们从孩子几个月大的时候就开始培养孩子的阅读能力，就请我们把自己的经验写出来分享给大家。之后，不断有读者找我们讨论关于孩子阅读的问题。

随着两本育儿手记《育儿基本：找到好方法，轻松做爸妈》《育儿基本 2：与孩子合作》的出版，我们也建立起了十几个育儿讨论群，与数千名读者讨论家庭教育问题。其中，如何培养孩子的阅读能力和习惯仍然是最受关注、讨论最多的话题之一。

在持续的讨论中，我们发现相当多的家庭都存在父母过多地介入和干预孩子的阅读这一问题。他们无意中努力地培养出一直在"读"，但阅读能力严重不足甚至完全无法自主阅读的孩子。于是，我们继续撰写文章，分享更符合阅读常识的阅读理念和具体的阅读培养方法。

几年间，相关文章累计达到数十万字，"自主阅读"的理念和方法逐渐清晰和完整，于是有了今天的这本《阅读手册——成就孩子一生的阅读培养法》。就我们有限的涉猎，它很可能是国内迄今第一本系统讨论父母如何在家庭中培养孩子自主阅读能力的书。我们也希望这本书能稍行引玉之功。

给孩子什么样的家庭教育，包括如何培养孩子的阅读能力，其实都是父母的选择问题。无论父母选择什么样的理念和方法，都会对孩子的一生产生至关重要的影响。美国经济学教授马赛厄斯·德普克和法布里齐奥·齐利博蒂在《爱、金钱和孩子：育儿经济学》中说"父母总是尽最大可能为孩子在社会上立足做好准备"，并且"父母基本上知晓不同教养方式的利弊，在这一前提下，做出他们认为的对自己也对自己所关心的孩子的最优决策"。很多父母也相信，自己已经"尽力"，做出的选择也都是有益于孩子的，但就我们观察，自认"尽力"的父母做出的决策，却常常不够理性，未能"尽责"。

在阅读培养上，非常典型的情况是，相当多父母一味跟风绘本阅读、亲子共读、阅读打卡等"流行"的阅读方式，却并未足够理性地思考：我所采用的阅读培养方法是否真的有益于孩子阅读能力的发展，是否真的有利于孩子的终身成长？缺乏这样的思考，我们在阅读能力培养上的"尽力"，很可能就成为"用尽蛮力"。

著名教育学者约翰·哈蒂在他的著作《可见的学习：对800多项关于学业成就的元分析的综合报告》中，发现了家庭影响学生学业成就的一个微妙因素——家长对学校教育话语的理解。这种理解包括对学习本质的理解，对课堂学习的理解，对如何帮助孩子参与学习的理解，等等。他认为，父母对这些"教育话语"的理解越多、越准确，对孩子学业帮助越大；反之，则越无助于孩子学业成就的获得。

作为两个孩子的父母，真心爸妈完全认同这一观点，并且认为不仅在学校教育领域，在孩子成长全范畴内，父母对所有相关问题的认知水平越高、做出理性选择的能力越强，越有助于孩子一生的发展。父母致力于提升自己的认知水平和理性选择能力，才能做到既尽力，又尽责。

作为父母，我们希望自己能成为尽力尽责的父母；作为家庭教育研究者，我们也希望能通过自己的工作，帮助读者不断提升对阅读的认知，提升理性选择家庭教育方式的能力。两个角色都责任重大，我们不敢轻忽，不敢妄言，也不敢轻信任何商业化的引导或者做出基于商业目标的引导。所以在这本书中分享给您的，都是我们基于自己对阅读的全部认知，通过慎重研判，已经用于我家两个孩子的阅读能力培养并取得成功的理念和方法。我们建议您避开的误区，也是我们自己完全避开的误区。真诚地希望这本书能对您有所帮助。

最后，感谢头条号、微信公众号"真心爸妈"的读者朋友们。正是因为你们在评论里、在讨论群里提出的问题、提供的案例，才有了今天这本书，这本书既是答案，也是我们共同创造的成果。

感谢今日头条的陈诗莹、秦楠、胡丁玲、马丽等朋友，感谢今日头条连续五年的"千人万元计划"合约，正是你们的催稿和合约才有了100多万字的家教育儿文章和陆续出版的几部拙作。

感谢罗振宇老师、樊登老师、林少兄、雷文涛兄的倾力推荐，希望这本书在你们的加持下产生更广泛的影响力。

感谢中信出版社张芳、孙时然、韩笑、刘凤至，感谢中信书院蒋蕾和吴双，正是你们长达将近一年的认真编辑和规划，才有了今天这份答卷。

也感谢读到这里的你，咱们下一本书再见！

高志宏

徐智明

2020 年 4 月

此次本书再版，恰逢我们在儿童阅读研究领域的第二本书出版，感谢帆书旗下光尘出版 CEO 慕云五老师、光尘大川编辑部负责人上官小倍老师的关注和厚爱，我们得以将两本书以更清晰架构——《阅读手册：成就孩子一生的阅读培养法》更名为《阅读手册（上）：自主阅读》，以及新书《阅读手册（下）：全学科阅读》——呈现给读者朋友。两本书均可单独阅读，我们也建议您通读两本，以全面理解培养孩子自主阅读的理念和读物选择策略。需要提醒的是，如果您已经购买过《阅读手册：成就孩子一生的阅读培养法》，无须重复购买《阅读手册（上）：自主阅读》。

真心爸妈　高志宏（微信号 kuaishubaogao）

徐智明（微信号 zhenxinbama25）

2024 年 7 月